Ein Buch der Zeitschrift **Blinker**

Carl-Werner Schmidt-Luchs

Modernes Meeresangeln

Nordsee & Ostsee

Jahr-Verlag GmbH & Co.

Copyright © 1997

Jahr-Verlag GmbH & Co.
Tel. 0 40/3 89 06-0, Fax 0 40/3 89 06-3 02
Jessenstraße 1, D-22767 Hamburg

Ein Buch der Zeitschrift Blinker

Die Deutsche Bibliothek – CIP-Einheitsaufnahme
Modernes Meeresangeln / Carl-Werner Schmidt-Luchs. (Red.: Michael Szameit.
Ill.: Rainer Jahnke). – Hamburg: Jahr, 1997
(Ein Buch der Zeitschrift Blinker)
NE.: Schmidt-Luchs; Jahnke, Rainer; Szameit, Michael (Red.)

Redaktion:
Michael Szameit

Illustrationen:
Rainer Jahnke

Einbandgestaltung und Layout:
Kirsten Klempau

Titelfoto:
Mike Millmann

Lithografie:
Helmut Gass Reprotechnik
Hamburg

Einband-Lithografie:
Helmut Gass Reprotechnik
Hamburg

Druck und Bindung:
Sebald
Sachsen-Druck Plauen

ISBN 3-86132-205-6

Inhaltsverzeichnis

Vorwort   Seite 11

Meeresangeln hat Tradition   Seite 13

I. Kapitel: Angelplätze   Seite 16

Nordsee

Die Top-Angelplätze der Nordsee   Seite 18

Niedersächsische Küste

▶ **Emden**   Seite 20
1. Emdener Seedeich, 2. Rysumer Nacken,
3. Emdener Hafen, 4. Jarßumer Hafen, 5. Ems

▶ **Ostfriesland, Sielhäfen**   Seite 25
1. Schöpfwerk Leybuchtsiel, 2. Norddeich Hafen,
3. Neßmersiel, 4. Dornumersiel, 5. Bensersiel,
6. Neuharlingersiel, 7. Harlesiel, 8. Schillig

▶ **Jademündung**   Seite 28
1. Horumer Siel, 2. Hooksiel, 3. Wilhelmshaven,
4. Eckwarderhörn

▶ **Wesermündung**   Seite 32
1. Fedderwardersiel, 2. Bremerhaven, 3. Bremen

▶ **Elbemündung**   Seite 34
1. Cuxhaven, 2. Glameyer Stack

▶ **Ostfriesische Inseln**   Seite 38
1. Borkum, 2. Norderney, 3. Baltrum,
4. Langeoog, 5. Spiekeroog, 6. Wangerooge

Schleswig-Holsteinische Küste

▶ **Brunsbüttel, Meldorf, Büsum**   Seite 43

▶ Eidersperrwerk, Eiderstedt, Holmer Siel, Schlüttsiel, Dagebüll　　Seite 45

▶ Nordfriesische Inseln　　Seite 48
1. Amrum, 2. Föhr, 3. Sylt

▶ Helgoland　　Seite 54

▶ Angelschiffsliste Nordsee　　Seite 58

Ostsee

Die Top-Angelplätze der Ostsee　　Seite 62

Schleswig-Holsteinische Küste

▶ **Flensburger Förde**　　Seite 67
1. Bootsangeln, 2. Innere Förde, 3. Bockholmwik,
4. Langballigau, 5. Westerholz bis Neukirchen,
6. Einmündung Steinbergau, 7. Habernis,
8. Norgaardholz, 9. Steinberghaff, 10. Ohrfeld,
11. Gelting und Wackerballig

▶ **Falshöft bis Damp**　　Seite 73
1. Falshöft, 2. Gammeldamm, 3. Golsmaas,
4. Pottloch, 5. Maasholm, 6. Schlei, 7. Kappeln,
8. Schönhagen, 9. Damp

▶ **Eckernförder Bucht**　　Seite 77
1. Fischleger, 2. Klein Waabs, 3. Langholz,
4. Lehmberg, 5. Karlsminde, 6. Hemmelmarker See,
7. Eckernförde, 8. Aschau, 9. Noer,
10. Schwedeneck, 11. Stohl

▶ **Kieler Förde**　　Seite 80
1. Strande, 2. Innenförde, 3. Wendtorf

▶ **Probsteier Küste**　　Seite 83
1. Heidkate, 2. Kalifornien, 3. Schönberger Strand,
4. Stakendorfer Strand, 5. Schmoel, 6. Hohenfelde

▶ **Hohwachter Bucht**   Seite 87
1. Bootsangelei, 2. Hubertsberg, 3. Behrensdorf,
4. Lippe, 5. Sehlendorf/Frederikenhof,
6. Eitz (Weißenhäuser Strand), 7. Johannistal

▶ **Fehmarnsund**   Seite 90
1. Heiligenhafen, 2. Fehmarnsundbrücke /Festlandseite,
3. Großenbrode

▶ **Insel Fehmarn**   Seite 92
1. Bootsangelei, 2. Fehmarnsundbrücke/Inselseite,
3. Wulfen, 4. Staberhuk, 5. Katharinenhof, 6. Gahlendorf,
7. Klausdorf, 8. Windpark Klingenberg, 9. Presen,
10. Ohlenburgs Huk/Marienleuchte, 11. Puttgarden/Hafen,
12. Niobedenkmal, 13. Teichhof, 14. Altenteil,
15. Markelsdorfer Huk, 16. Westermarkelsdorf,
17. Bojendorf, 18. Püttsee

▶ **Mecklenburger Bucht, Westteil**   Seite 101
1. Ölendorf, 2. Dahmer Schleuse, 3. Leuchtturm Dahmeshöved,
4. Bliesdorf, 5. Pelzerhaken, 6. Neustadt, 7. Sierksdorf,
8. Niendorf, 9. Brodtner Steilufer, 10. Travemünde

▶ **Fischschutzbestimmungen an Schleswig-Holsteins Küste**   Seite 106

Mecklenburg - Vorpommersche Küste

▶ **Mecklenburger Bucht, Ostteil**   Seite 110
1. Barendorf, 2. Groß Schwansee, 3. Brook,
4. Warnkenhagen, 5. Kleinklützhöved, 6. Steinbeck,
7. Großklützhöved, 8. Redewisch-Strand, 9. Boltenhagen,
10. Tarnewitz, 11. Wohlenberger Wiek, 12. Eggers Wiek,
13. Zierow, 14. Wismar, 15. Redentin, 16. Damekow,
17. Insel Poel, 18. Roggow, 19. Rerik, 20. Kühlungsborn,
21. Heiligendamm, 22. Nienhagen, 23. Geinitzort,
24. Warnemünde/Rostock, 25. Rostocker Heide,
26. Graal-Müritz, 27. Fischland (Dierhagen, Wustrow, Ahrenshoop)

▶ **Darßer Bodden**   Seite 130
1. Saaler Bodden, 2. Koppelstrom, 3. Bodstedter Bodden,

4. Barther Bodden, 5. Grabow, 6. Darßer Westküste, 7. Nordküste

▶ **Strelasund** Seite 136
1. Barhöft, 2. Prohn, 3. Stralsund, 4. Strelasundbrücke,
5. Neuhof, 6. Stahlbrode

▶ **Rügen mit Hiddensee** Seite 140
1. Dranske, 2. Bakenberg-Möwenort-Kreptitz, 3. Kap Arkona,
4. Vitt, 5. Lohme/Glowe, 6. Saßnitz, 7. Saßnitz/Mukran,
8. Granitzer Küste, 9. Nordperd, 10. Thiessow,
11. Zickersee, 12. Hagensche Wiek, 13. Having,
14. Stresower Bucht, 15. Lauterbach, 16. Zudar,
17. Strelasund, 18. Kubitzer Bodden, 19. Ummanz,
20. Schaprode, 21. Hiddensee

▶ **Rügen, Binnenwasser** Seite 156
1. Wieker Bodden, 2. Breetzer Bodden, 3. Lebbiner Bodden
4. Tetzitzer See, 5. Neuendorfer Wiek, 6. Großer Jasmunder
Bodden, 7. Kleiner Jasmunder Bodden

▶ **Greifswalder Bodden** Seite 162

▶ **Peenestrom** Seite 169

▶ **Usedom** Seite 171
1. Karlshagen/Trassenheide, 2. Zinnowitz, 3. Koserow,
4. Ückeritz, 5. Bansin, 6. Heringsdorf/Ahlbeck

▶ **Achterwasser** Seite 174

▶ **Stettiner Haff** Seite 176

▶ **Angelschiffsliste Ostsee** Seite 177

▶ **Fischschutzbestimmungen an**
   Mecklenburg-Vorpommerns Küste Seite 182

▶ **Geeignete Plätze für Großveranstaltungen** Seite 184

II. Kapitel: Fische, Fang und Verwertung   Seite 186

Nordsee-Angelkalender   Seite 187

Ostsee-Angelkalender   Seite 188

Synonyme   Seite 190

Aal   Seite 192
⇨ *Pöddern*

Aalmutter   Seite 193

Barsch   Seite 194

Butt (siehe Plattfische)

Dorsch   Seite 197
⇨ *Pilken: Sachkunde, Geräte, Stückliste*
⇨ *Pilkpraxis vom Angelkutter*
⇨ *Wrackangeln, Stückliste*
⇨ *Bootsangeln mit Naturködern*

Finte   Seite 216

Flunder (siehe Plattfische)

Franzosendorsch   Seite 218

Hecht   Seite 218
⇨ *Watangeln*
⇨ *Bootsangeln*

Hering   Seite 223
⇨ *Paternosterangeln*
⇨ *Stückliste*

Hornhecht   Seite 226
⇨ *Fetzenköderangeln*

Hundshai *Seite 231*
➪ *Fangmethode und Geräte*

Kliesche (s. Plattfische)

Knurrhahn *Seite 235*

Köhler *Seite 235*
➪ *Paternosterangel*

Lachs (s. Meerforelle)

Leng *Seite 237*

Makrele *Seite 238*
➪ *Fangmethoden*
➪ *Geräte*
➪ *Stückliste*
➪ *Ein Fangtag an Bord*

Meeräsche *Seite 246*
➪ *Fangmethode mit Anfüttern*

Meerforelle *Seite 249*
➪ *Unterscheidung vom Lachs*
➪ *Angelplätze Nordsee*
➪ *Angelplätze Ostsee*
➪ *Watangeln*
➪ *Schleppangeln*
➪ *Saison*

Plattfische *Seite 263*
➪ *Flunder*
➪ *Kliesche*
➪ *Scholle*
➪ *Seezunge*
➪ *Steinbutt*
➪ *Fangmethode Brandungsangeln*
  ★ Nordseeregeln ★ Ostseeregeln ★ Angelplätze
  ★ Geräte ★ Zubehör ★ Stückliste ★ Köder ★ Taktik

Pollack	*Seite 290*
Regenbogenforelle	*Seite 291*
Scholle (s. Plattfische)	
Seehase	*Seite 292*
Seeskorpion	*Seite 293*
Seezunge (s. Plattische)	
Sprotte (s. Hering)	
Steinbutt (s. Plattfische)	
Stint ⇨ *Paternosterangeln*	*Seite 295*
Stöcker	*Seite 297*
Wittling ⇨ *Naturköderangeln vom ankernden Boot*	*Seite 297*
Wolfsbarsch	*Seite 299*

III. Kapitel: P r a x i s — *Seite 302*

▶ **Verwertung** — *Seite 302*
Gleich nach dem Fang, Lagerung, Verarbeitung von Überfängen, Räuchern, Kleinfische und Reste in die Suppe, Keine Gerüche in der Küche, Würmer im Fisch, Trophäenfische, Markierte Fische

▶ **Köder, natürliche** — *Seite 308*
Wattwurm, Seeringelwurm, Miesmuschel, Sammeln von Ködern, Fische als Köder

▶ **Köder, künstliche** — *Seite 312*
Pilker, Blinker, Wobbler, Weichplastikköder, Paternoster, Fliegen, Lockköder

▶ **Gerätetips** *Seite 317*
Ruten, Rollen, Schnur, Wirbel, Springringe,
Posen, Seitenarme, Schlepparme, Stopper, Perlen,
Werkzeug, Pflege

▶ **Kleidung** *Seite 327*

▶ **Sportbootangelei** *Seite 329*

▶ **Seekarten - Schatzkarten für Angler** *Seite 332*

▶ **Seekrankheit besiegen** *Seite 334*

▶ **Recht** *Seite 335*
Angelerlaubnis, Ködersammeln, Mindestmaße,
Schonzeiten, Verbotszonen, Angelwettbewerbe,
Feststehende Geräte, Töten und Verwerten von Fischen,
Der rücksichtsvolle und weidgerechte Meeresangler

▶ **Adressen** *Seite 339*

▶ **Literaturempfehlungen** *Seite 340*

Wichtig!
Die meisten Angelplatzbeschreibungen auf den Seiten 20 bis 176 sind in der Überschrift mit den Nummern der jeweiligen Seekarte für das Gebiet versehen. Diese Seekarten sind käuflich erhältlich - Bezugsadressen finden Sie im Abschnitt *Praxis* auf Seite 334.

Vorwort

Meeresangel-Experte Carl-Werner Schmidt-Luchs unterwegs.

Der Vorläufer zu diesem Buch, das zweibändige Werk **Das Angeln im Meer vor westdeutschen Küsten,** *erschien 1969. Seither hat sich das Meeresangeln - wie prophezeit - stark entwickelt. Inzwischen werden die Küstenangelreviere von vielen bis weit ins Binnenland verstreuten Anglern mehrfach im Jahr besucht. Damals wie heute ist der Bedarf an genauer Information groß, zumal sich das Revier mit der Küste Mecklenburg-Vorpommerns fast verdoppelt hat und genaue Informationen über die dortigen Angelmöglichkeiten kaum zu erhalten sind.*
Das vorliegende Buch gibt nun umfassend Auskunft über das WO, WAS, WIE und WOMIT beim Angeln an der Küste. Es versteht sich als gründliche Darstellung des Meeresangelns in Deutschland an der Schwelle zum nächsten Jahrhundert. Es will ein treuer, verläßlicher Begleiter am Salzwasser sein, und das nicht nur für „alte Hasen", sondern auch für alle Newcomer.
Der Autor möchte sich bei all jenen bedanken, die ihn mit Auskünften und tätiger Mithilfe unterstützt haben: Werner Bachmann, Niebüll; Jürgen Brammer, Rastorf; Gisela Büttner, Hamburg; Volker Clausen, Büsum; Wilfried Dobbrunz, Kiel/Bad Oldesloe; Reimer Eilers, Helgoland; Peter Freuck, Bergen (Rügen); Gerhard Friemel, Sagard; Günter Großmann, Kiel; Günter Herzog, Buxtehude;

Hans-Jürgen Krause, Ralswiek; Holger Krön, Hattstedt; Ulrich Meier, Wolgast; Thomas Müller, Wismar; Wilhelm Müller, Kiel; Ulrich Ney, Borkum; Gerhard Niepel, Zinnovitz; Hermann Paech, Meldorf; Jens Radke, Sylt; Gerhard Rosenboom, Dornumer Siel; Albrecht Schneider, Rostock; Peter Schnoor, Eckernförde; Rita Schwalbe, Bergen (Rügen); Friedhelm Sprenger, Barhöft; Mike Usdau, Brunsbüttel; Paul H. Visser, Norderney; Mario Voigt, Groß Stieten; Klaus Waldecker, Emden; Karl-Heinz Wilde, Saßnitz; Uwe Wolf, Wilhelmshaven.

Ein besonderer Dank gilt auch den Ämtern, Behörden und Organisationen, die das Buchvorhaben unterstützten: Bundesamt für Seeschiffahrt und Hydrographie, Hamburg; Bundesgrenzschutz See, Neustadt; die Bundeswehr Standortkommandos, Abtlg. f. Schießsicherheit; Deutscher Fischerei-Verband; Fischereiamt Mecklenburg-Vorpommern, Rostock; Landesnationalparkverwaltungen der drei Küstenländer; Ministerium für Landwirtschaft und Naturschutz, Schwerin; Staatliches Fischereiamt, Bremerhaven.

Danke auch Verlagen und Redaktionen, die mit wertvollem Material zur Textgestaltung beigetragen haben:
ANGELWOCHE, Herr Rolf Schwarzer; BLINKER, Herr Karl Koch

Carl Werner Schmidt-Luchs
Hamburg, im Herbst 1996

Meeresangeln hat Tradition

Mit dem Ende dieses Jahrhunderts können Deutschlands Meeresangler auf eine fast einhundertjährige Geschichte zurückblicken. Die ersten Aufzeichnungen stammen aus Helgoland. Dort angelte kein Geringerer als Carl Hagenbeck, der Gründer des weltberühmten Tierparks in Hamburg, schon zu Kaiser Wilhelms Zeiten viele Haie.

Auch in der Folge ließ Helgoland die Hochseeangler nicht los. Im November 1939 erschien im *Deutschen Angelsport*/Berlin ein Aufsatz von Walther Reuter mit der Überschrift: „Es geht aufwärts mit dem sportlichen Angeln im Meer". Er berichtet über seine und anderer Angler Fänge rund um Helgoland. Damals wie heute benutzten die Angler die berühmten Börteboote, offene, geräumige und sehr seetüchtige Holzboote, und es wurden Hundshaie, Dorn- und Heringshaie, daneben auch viele Rochen gefangen. Der damalige Fischbestand muß großartig gewesen sein.

Verfasser W. Reuter und seine Angelfreunde waren vermögende Leute, die sich das Angeln samt Reise, so wie Carl Hagenbeck schon viel früher, leisten konnten. Zu damaliger Zeit waren Einkommen und Freizeit beim größten Teil der Bevölkerung knapp bemessen. Schon Autor Reuter beklagt die hohen Kosten für Bootscharter, Unterbringung und Verschiffung, die es einem Normalsterblichen unmöglich machten, das Meeresangeln in dieser Form auszuüben.

Man suchte nach Auswegen und fand sie in Form von Ruderbooten, die, in Reihe vertäut, von einer gecharterten Barkasse in die Kieler Förde geschleppt wurden. Schon zwischen den beiden Weltkriegen angelten unsere Vorväter dort im Hochsommer Makrelen, mit langen Bambusstangen, Fetzenköder und Makrelenpose.

Erst nach dem Zweiten Weltkrieg entwickelte sich mit wachsendem Wohlstand und Freizeit das Hochseeangeln rapide. Die meisten Aktivitäten nahmen von Kiel aus ihren Lauf. Bereits 1950 veranstaltete der Landesverband Schleswig-Holstein im Verband Deutscher Sportfischer ein „Landesverbands-Makrelen-Hochsee-Preisangeln". 1952 wurde in Kiel die *Hochseeangler-Vereinigung* gegründet, und auch Helgoland machte wieder von sich reden. Bilder von Hochseeanglern in Knickerbockern und mit großen Nottinghamrollen, umrahmt von gefangenen Haien, machten die Runde. 1954 eröffnete Fischer Reimer Eilers auf Helgoland ein Haiangelunternehmen. Mit seinem Kajütboot *Hai* schipperte er viel Prominenz zum Angeln, darunter damals sehr bekannte Künstler wie Peter Beil, Bob Iller, Hein Ries, die Direktoren der schwedischen ABU-Fabriken und Professoren der Universität Leiden aus Holland. Bei Drei- und Sechstagetörns wurden bis zu 33 Haie täglich erbeutet; Rundfunk, Wochenschau, später auch das Fernsehen berichteten in Reportagen.

In Heiligenhafen begann 1955 Fischer Willy Freter mit der Organisation von Hochseeangelfahrten. Er sollte fünfzehn Jahre später eine Ostseeangelflotte von

1970: Kapitän Willy Freter, Heiligenhafen.

1911: Carl Hagenbeck (li.) auf Helgoland.

1962: Günter Herzog (r.), Helgoland.

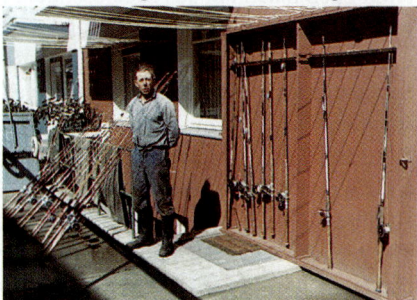

1964: Reimer Eilers, Helgoland.

14 Schiffen mit einer Kapazität von 700 Plätzen unter seiner Reedereiflagge vereinen. Überall entstanden damals entlang der Ostseeküste Hochseeangelunternehmen. Jetzt ging es, wie 1939 von W. Reuter angekündigt, los mit dem Meeresangeln in Deutschland.

Schon bald erschien das bis dahin erste Buch über das Meeresangeln in Deutschland von Robert Loebell: *So fängt man Seefische* (1961). Im selben Jahr wurde Wilhelm Müller der erste deutsche Europameister im Meeresangeln. Er gewann die von der CIPS in Kiel veranstaltete „Europameisterschaft im Meereswettfischen".

Ein Jahr später begann Günter Herzog in Helgoland mit einem weiteren Haiangelunternehmen. Die Fischer R. Eilers und G. Herzog fuhren nun in speziell ausgerüsteten Börtebooten mit drehbaren Kampfstühlen und schwerem amerikanischem Hochseeangelgerät von Mitte Juni bis Ende Oktober zu den Haigründen. Angler aus vielen europäischen Ländern reisten in Scharen an.
Im Jahr 1966 wurde die Deutsche Sektion der EFSA (European Federation of Sea Anglers) in Kiel gegründet. Zur selben Zeit boten Angelkutterkapitäne vor westdeutschen Küsten bereits 800 Plätze an. 1969 erschien das erste umfassende, zweibändige Werk über das deutsche Meeresangeln mit dem Titel *Das Angeln im Meer vor westdeutschen Küsten*. 1971 kaufte der Landessportfischerverband in Kiel einen eigenen Angelkutter mit dem Namen *Fritz*. 1972 fand in Hamburg die Gründungsversammlung des *Hochseesport-Verbandes Deutschland* (HSVD) statt, und noch im selben Jahr entschloß man sich, diesen Verband dem Anglerdachverband in Westdeutschland zu unterstellen, und er wurde zum „Fachbereich Meeresfischen" im VDSF.
1975 war die Angelkutterflotte in Westdeutschland auf 60 Schiffe angewachsen und beförderte an einem Wochenende bis zu 8000 Angler. Und 1986 waren es bereits 94 Schiffe, die für das Meeresangeln zur Verfügung standen. Nach einer wissenschaftlichen Studie über die „fischereiliche und wirtschaftliche Bedeutung der Sportangelei in der Kieler Bucht" belief sich, hochgerechnet, der Umsatz an Bord der Schiffe auf etwa 43 Millionen Deutsche Mark.
In den achtziger Jahren erfuhr das Meeresangeln durch die Belebung des Brandungs- und Watangelns einen erneuten Aufschwung. Die Watfischerei auf Meerforellen wurde zunehmend begünstigt durch die enorme Hegearbeit der organisierten Anglerschaft an Norddeutschlands Flüssen, wo in fast zwei Dutzend Bruthäusern Jahr für Jahr Millionen von Meerforellen aufgezogen und für die Abwanderung ins Meer in die Bach- und Flußläufe ausgesetzt wurden (und werden). Die Brandungsangelei nahm durch eine wachsende Zahl von Veranstaltungen der Angelorganisationen ihren Aufschwung. Mit der Einführung neuer Geräte und Techniken wurde diese Angeldisziplin immer beliebter.
Mit Beginn der neunziger Jahre und der Vereinigung aller deutschen Küsten belebte sich die Meeresangelszene erneut. Mit der Gründung des *Deutschen Meeresangler Verbandes* (DMV) im Jahre 1990 und mit der Einbindung der darin organisierten Mitglieder im *Deutschen Angler Verband* (DAV) und in die EFSA schließt sich der Kreis der fast einhundertjährigen Geschichte des Meeresangelns in Deutschland.

I. Kapitel: *A n g e l p l ä t ze*

Nordsee

Die Nordsee, Randmeer des gewaltigen Atlantischen Ozeans, zählt weltweit zu den fischreichsten Seegebieten. Vom Norden her gelangt mit den Ausläufern des Golfstroms die Fischvielfalt der riesigen atlantischen Weiten zu uns, oft nach langen Wanderungen und oft nur zeitlich begrenzt, um zu laichen. Durch den Ärmelkanal, dem äußersten Südwesten unserer Nordsee, dringen lusitanische Fischarten aus der Biskaya bis nach Borkum, Helgoland und Sylt vor. Ein Angelparadies? Ja! Jedoch gänzlich anders als die Ostsee, bedingt durch viele unterschiedliche hydrographische Einflüsse. An erster Stelle steht der Salzgehalt. Mit 3,5 % liegt das Nordseewasser weit über dem Ostseewert, der vor unserer Küste etwa 2% beträgt. Viele Fische mögen es salzig, so beispielsweise Schellfisch, Pollack, Heilbutt, Seezunge, Köhler, Leng, Makrele, Conger, Rochen, Haie und viele mehr. Sie bevölkern die Nordsee, dringen aber nur als Irrläufer in die Ostsee ein und verschwinden dort wieder, weil es ihnen nicht salzig genug ist. Die Gezeiten mit bis zu vier Meter hohen, wechselnden Wasserständen zwischen Ebbe und Flut (Bremen, Weserschleuse) und den dadurch bedingten oft reißenden Strömungen - bis zu 12 km/h in den Flußmündungen - haben großen Einfluß auf die Fischwanderungen und damit auf die Angelmöglichkeiten. Alle zwölfeinhalb Stunden gibt die See an der gesamten deutschen Nordseeküste riesige Ländereien für Stunden frei, es werden die Watten sichtbar, sie „fallen trocken", kein Fisch kann dort mehr leben. Der Angler muß sich also allerorten auf die Gezeiten einstellen. Ein Tidenkalender, an der Küste überall in den Buchhandlungen zu erhalten, gehört deshalb zur Grundausrüstung eines Nordseeanglers.
Die bei uns vorherrschenden westlichen Winde drängen das Nordseewasser mit ständig wechselnder Höhe an unsere Küste. Gepaart mit der Flut entstehen dabei die gefürchteten Sturmfluten, die im Winterhalbjahr regelmäßig die Vorländereien überfluten, die Halligen einschließen und an den Deichen, Sieltoren und Schleusen rütteln. Aber auch Winde zwischen Stärken vier und sechs bringen bereits erheblich wechselnde Wasserstände, die täglich zweimal über die norddeutschen Rundfunksender oder im Ansagedienst der TELEKOM bekanntgegeben werden. Ein Angler sollte vor einem Angeltag an der Nordsee stets die Windentwicklung beobachten.
Wind und Gezeiten beeinflussen das Angeln an der Nordsee wie folgt: Angeln von Buhnen, Kais und Molen: Bei steigendem Wasser, also für etwa sechs Stunden, ist es am erfolgreichsten. Ausnahme sind die durch Schleusen verschlossenen Hafenbecken. Flundern, Aale und im Frühjahr Heringe gehen als Hauptbeute an die Angel. Im Sommer - vor allem bei anhaltenden ablandigen östlichen Winden und langen Schönwetterperioden - gelangen Hornhechte und Makrelen bei

Flut bis vor die äußeren Schutzbauten (Wilhelmshaven, Büsum, Meldorfer Hafen, Holmer Siel). Vereinzelt: Meeräschen, Meerforellen und Wolfsbarsche.

Brandungsangeln

Nur vor den Stränden und Hörns der Ost- und Nordfriesischen Inseln lohnt sich das Brandungsangeln. Es ist weniger von der Brandung als von der Tide abhängig. Beste Bedingungen herrschen bei mäßiger Brandung, auflaufendem Wasser und Dämmerungszeiten. Aber es beißt auch am hellichten Tage an der Nordsee, wenn das Wasser aufläuft: Die Fische sind sehr vom Tidenrhythmus abhängig. Plattfische sind die Hauptbeute, im Sommer Hornhechte und in Tiefwassernähe an den Hörns bei Ostwind und auflaufendem Wasser auch Makrelen.

Bedingt durch die fernen Angelplätze auf den Inseln hat das Brandungsangeln an der Nordsee nicht die große Bedeutung wie an der Ostsee erlangen können.

Hochseeangeln

Im Sommerhalbjahr, vom 1. Mai bis Ende September, stehen rund zwei Dutzend Boote mit einer Kapazität von rund 700 Plätzen (1996) in allen Küstenhäfen zur Verfügung. In der Makrelensaison (Juni - August) kommen selbst in kleinsten Inselhäfen noch viele weitere Boote - meistens Fischkutter - hinzu. Zielfisch ist dann die Makrele, die in Schwärmen auf den Außentiefs der großen Prielströme in der Deutschen Bucht erscheint. Es werden 8- bis 10-Stunden-Törns angeboten, vereinzelt auch kürzere Fahrten.

Im Winterhalbjahr laufen nur sehr wenige, größere und sehr seetüchtige Schiffe regelmäßig aus (1996: drei Schiffe in Büsum und Cuxhaven). Dann ist der Dorsch Zielfisch, der in großen Mengen bei den zahlreichen Wracks befischt wird. Für diese Angelei ist sehr genaues Navigieren mit modernsten Geräten erforderlich; nicht alle Schiffe, die in der Vor- und Nachsaison auslaufen zum Wrackangeln, sind damit im selben Maße ausgerüstet. Die Nordsee-Hochseeangelei ist sehr von den Gezeiten und dem Wind abhängig. In vielen tideabhängigen Häfen können die Kutter nur bei Flut ein- und auslaufen. Das bedingt von Woche zu Woche verschobene Aus- und Einlaufzeiten. Bei westlichen Winden ab Stärke fünf vor der Anreise mit dem Bootsführer telefonieren! Häufig müssen - vor allem bei weiter zunehmendem Wind - die Angelfahrten abgesagt werden.

Pöddern

Der Aalfang mit dem Pödder (siehe unter „Aal" im Abschnitt „Fische") wird in den Prielen und an den Stromkanten der Flußmündungen vom Boot aus betrieben. Im Juli/August ist Hochsaison für diese Art von Angelei sogar in den Häfen.

Mit dem Kutter hinaus auf die Nordsee - für viele Angler das schönste Erlebnis.

Schiffsfriedhof Deutsche Bucht
Ziel der Hochseeangelei

Rund 1800 Wracks liegen im deutschen Küstenbereich, allein 1100 davon in der Deutschen Bucht. Dampfer, Kutter, U-Boote und andere Kriegsschiffe aus zwei Weltkriegen, Container, Bohrinseln und Flugzeuge liegen unberührt auf dem Grund (ausgenommen innerhalb der Hauptschiffahrtswege), solange sie nicht die Schiffahrt gefährden.

Für die Fische der flachen, im Schnitt nur 30 bis 40 Meter tiefen südlichen Nordsee mit eintönig glatten, tischebenen Sand-, Schlick- und Geröllgründen bedeutet dies eine willkommene Abwechslung, denn alle Hindernisse sind bewachsen mit Seepocken, Seeanemonen, Schwämmen, Seenelken, vielen Tangarten und Algen: alles gesuchte Verstecke, Ruheplätze und Jagdreviere für die Flossenträger.

Für die Berufsfischer ist die Schleppfischerei inmitten dieses riesigen Schiffsfriedhofs riskant. So werden gute, hakstellenfreie Schleppkurse über eine lohnende Distanz bei den Kapitänen wie Geheimpapiere behandelt. Manche Fischer haben sich deshalb umgestellt und betreiben mit speziellen Netzen und Techniken die Wrackfischerei, denn bei einem einzigen Wrack lassen sich auf diese Weise viele Zentner Fische - hauptsächlich Dorsche - fangen.

Auch die Angelkuttereigner an der Nordseeküste haben sich darauf eingestellt und fahren zu den Wracks. Großartige Fänge mit Rute und Rolle in nur wenigen Stunden bei nur einem Wrack ließen die Angler aufhorchen. Die gut mit elektronischen Ortungsgeräten ausgerüsteten Boote sind seither lange Zeit im voraus ausgebucht. Diese Disziplin des Meeresangelns ist in Deutschland noch jung und deshalb in der Entwicklung. Es ist zu erwarten, daß die Methode und Technik des Wrackangelns sich verbessern wird und daß dadurch Fische erbeutet werden, die bisher selten an die Angel gingen: insbesondere Pollack, Leng, Haie, Rochen und Conger.

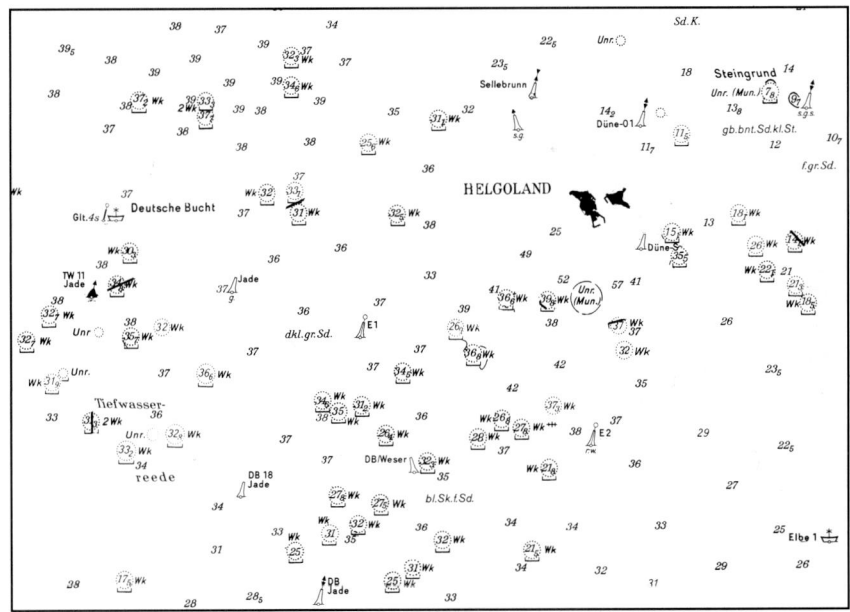

Positionen beangelbarer Wracks in der Deutschen Bucht um Helgoland.

Emsmündung: 1. Emdener Seedeich, 2. Rysumer Nacken, 3. Emdener Hafen, 4. Jarßumer Hafen, 5. Ems

Niedersächsische Küste,

von West nach Ost, Seekarte Nr. 87

▶ **Emden**, *Seekarte Nr. 91*

Die Emsmündung im äußersten Westen des deutschen Meeresangelgebietes - unmittelbar an der holländischen Grenze - zählt zu den herausragenden Küstenangelgebieten. Das frei beangelbare Küstengewässer reicht landeinwärts bis zur Emsseeschleuse bei Papenburg; das sind - von der Flußmündung gerechnet - etwa 50 Flußkilometer. Die Leda ist bis zum Sperrwerk bei Leer ebenfalls Küstengewässer.

1. Emdener Seedeich

Auf einer Länge von über 10 km grenzt er überall an tiefes Wasser. Hier wird bei auflaufendem Wasser geangelt, denn das ablaufende Wasser wird etwa eine Stunde nach dem Einsetzen so reißend, daß Angeln unmöglich ist. Vor den letzten zwei Deichkilometern zur Knock beim Schöpfwerk dehnt sich das Knockster Watt mit etwas beruhigtem Wasser aus und bildet so ein bevorzugtes Angelgebiet. Mit Watt- und Tauwurm können bei einer Tidensitzung im Schnitt 30 Aale und Plattfische gefangen werden. Im Sommer herrscht reger Ausflugsbetrieb. Parkmöglichkeiten gibt es überall, im Sommer aber oft überbelegt.

2. Rysumer Nacken

Bei anhaltenden westlichen Winden und hohem Wasserstand können hier ab Ende Oktober Dorsche gefangen werden; der schwerste bekannt gewordene Fisch, mit Wattwurm erbeutet, wog 11 Pfund. Parken ist am Deich möglich.

3. Emdener Hafen

Er ist begrenzt durch die Molenkopflinie vor der Emdener Seeschleuse und darf nur mit Angelschein des Bezirksfischereiverbandes Ostfriesland (BVO) beangelt werden. Aal, Plattfisch und viele kleine Zander sind die Hauptbeute. Man fängt sie bevorzugt mit „Bliekschen", fingerlangen Heringsfischchen, die man mit der Senke in Stillwassernischen erbeutet. Wenn der warme Kühlwasserstrom des Kraftwerkes läuft, gilt der Auslauf im Winterhalbjahr als bevorzugter Angelplatz. Sogar Meeräschen und Meerforellen werden erbeutet.

4. Jarßumer Hafen

Im Herbst, wenn die Wollhandkrabben verschwinden, werden hier sehr gut Aale, Plattfische, Meerforellen und sogar Meeräschen gefangen. Das Gebiet zählt mit zum Emdener Hafenbereich und darf nur mit BVO-Karte beangelt werden.

Solche reizvollen Stimmungen erlebt nur der Brandungsangler.

5. Die Ems
Sie gilt flußaufwärts bis Leer als gutes Aal- und Flunderangelrevier. Im Gebiet Hatzumer Sand, oberhalb von Oldersum, werden gute Zander im Spätsommer und Herbst gefangen. Vereinzelt gibt es Lachse und Meerforellen. Anfahrt über Oldersum Richtung Leer. Bootsangelei: Im Jarßumer und Petkumer Hafen bestehen Möglichkeiten, Kleinboote zu Wasser zu lassen. Mehrtagesangelfahrten wer-

Der Emdener Seedeich beim Knockster Watt - ein beliebter Angelplatz.

Das seewärtige Ende des Emdener Seedeiches - sehr gut für Aal und Plattfisch.

den bei Bedarf durchgeführt mit MS Eltra, Kapitän U. Ney in 26757 Borkum. Allgemeine Auskünfte: Stadtverwaltung 26723 Emden. Angelauskünfte, Angelkarten (für insgesamt 125 Gewässer Ostfrieslands): Britta's Angelshop, Cirksenastr. 17 a, 26723 Emden und Bezirksfischereiverband Ostfriesland (BVO), An der Verbindungsschleuse, 26725 Emden.

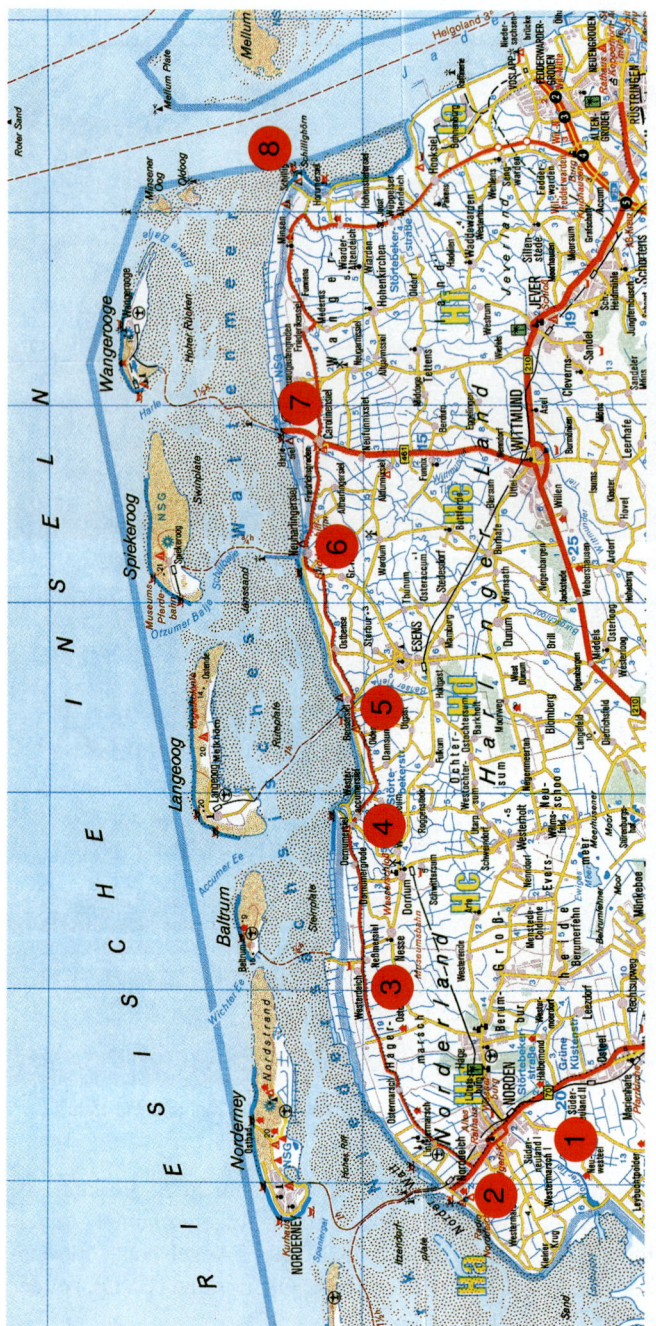

Ostfriesland, Sielhäfen und Inseln: 1. Schöpfwerk Leybuchtsiel, 2. Norddeich, Hafen, 3. Neßmersiel, 4. Dornumersiel, 5. Bensersiel, 6. Neuharlingersiel, 7. Harlesiel, 8. Schillig

▶ Ostfriesland, Sielhäfen, *Seekarte Nr. 89*

Die gesamte ostfriesische Küste zwischen Emden und Wilhelmshaven ist geprägt von hohen Seedeichen, die das weite, flache, teilweise unter dem Meeresspiegel liegende Land schützen. Schöpfwerke und Siele in den Deichen müssen das Land entwässern. Diese Bauten bilden in den Deichen Durchlässe zur See; das ausströmende Wasser zieht viele Fische an, vor allem Aal, Flunder, Stint, Meerforellen und Meeräschen. Diese Fische sind seewärts vor den Sielen zu fangen, allerdings immer nur bei auflaufendem Wasser und nur in den seewärtigen Sielhäfen und Fahrrinnen. Von fast allen Häfen werden im Sommerhalbjahr Hochseeangelfahrten mit Kuttern unternommen. Liegeplätze und Slips für Angelsportboote sind fast immer vorhanden; Auskünfte erteilen die Hafenmeister.

1. Schöpfwerk Leybuchtsiel
Landseitig befindet sich ein Sportboothafen im See des Nordertiefs (kann mit BVO-Karte, s. Emden, beangelt werden). Die Leybucht und weite Teile der Küste mit großen Gewässerabschnitten sind Schutzzone I des Nationalparks Wattenmeer und dürfen nicht befischt werden. Auskünfte: Fremdenverkehrs-GmbH Krummhörn - Greetsiel, Zur Hauener Hooge 15, 26736 Greetsiel.

> **MERKE**
> Nordseefische kommen ans Ufer mit der Flut und beißen bis zum Höchststand. Dann verschwinden sie! Beim Bootsangeln beißen sie, solange es strömt; Beißpausen gibt´s beim Gezeitenwechsel alle sechs Stunden.
> Deshalb: Gezeitenkalender beschaffen!

2. Norddeich, Hafen
Der Hafen ist tidefrei. Von hier aus verkehren Schiffe zu den Inseln Juist und Norderney, die Bundesbahn endet am Hafen. Das Angeln im Hafen und von den Hafendämmen, insbesondere vom langen östlichen Leitdamm, bringt Aale, Plattfische und große Meeräschen an den Haken. Ab Norddeich werden im Sommerhalbjahr zeitweilig Makrelenangelfahrten veranstaltet. Auskünfte: Kurverwaltung, Dörper Weg, 26506 Norden-Norddeich.

3. Neßmersiel
Fährstation nach Baltrum. Im Hafen und entlang des Leitdammes im Fahrwasser können bei aufkommendem Wasser Aale und Plattfische gefangen werden. Allgemeine Auskünfte: siehe Dornumersiel.

MS „Atlantis" im Hafen Dornumersiel.

4. Dornumersiel
Der geräumige Hafen und der lange Leitdamm bieten selbst zu Niedrigwasserzeiten gute Angelmöglichkeiten. Im Fischereihafen finden sich auf den Kuttern oftmals frische Köder; das Angeln kann gleich zwischen den Booten beginnen. Mehrere Kutter bieten im Sommer Makrelenangeltouren an, einige Schiffe laufen von Mai bis September auch zum Wrackangeln aus. Es kann mit Fahrzeugen direkt an die Boote herangefahren werden; ausreichende Parkplätze sind im Hafen vorhanden. Im Sommer herrscht reger Badebetrieb. Auskünfte: Kurverwaltung, Westerstr. 3, 26553 Dornum.

5. Bensersiel
Fährhafen für die Insel Langeoog, weniger betriebsam als die anderen Sielhäfen. Der kilometerlange Leitdamm fällt bei Ebbe fast gänzlich trocken. Im daneben liegenden Fahrwasser und im Hafen kann bei auflaufendem Wasser geangelt werden (Aale und Plattfische). Von Mai bis September laufen Kutter zum Makrelenangeln aus. Auskünfte: Kurverwaltung, Kirchplatz, 26427 Esens.

6. Neuharlingersiel
Fährstation zur Insel Spiekeroog, der malerischste Sielhafen des Gebietes, im Sommer ein vielbesuchter Ort. Der Hafen und das Fahrwasser am Leitdamm, der bei Ebbe trocken fällt, können bei aufkommendem Wasser beangelt werden.

Der Leitdamm Bensersiel fällt bei Ebbe fast völlig trocken.

Mehrere Eigner bieten Kutter für Makrelenangelfahrten an. Auskünfte: Kurverwaltung, Am Kurzentrum, 26427 Neuharlingersiel.

7. Harlesiel
Fährhafen für die Insel Wangerooge. Hafen und Fahrwasser sind bei auflaufendem Wasser beangelbar. Der Leitdamm am Fahrwasser fällt bei Ebbe fast trocken und kann auf großer Länge begangen werden. Hauptsächlich Aal und Flunder, im Hafen liegen mehrere Kutter für das sommerliche Hochseeangeln. Auskünfte: Nordseebad Carolinensiel-Harlesiel, Postfach, 26409 Wittmund.

8. Schillig
Die einzige Stelle des gesamten Gebietes mit reinem Natursandstrand. Bei Flut läuft das Wasser aus dem nahegelegenen tiefen Jadefahrwasser bis ans Ufer; dann wird vor dem Caravanplatz auf Plattfische geangelt. Bei Ebbe watet man bis ans Fahrwasser heran und versucht mit möglichst weiten Würfen, tiefes Wasser zu erreichen. Der Lohn sind schöne Plattfische, im Sommer Hornhechte, in der kalten Jahreszeit auch Dorsche. Im Hochsommer herrscht drangvolle Enge, die das Angeln fast unmöglich macht. Auskünfte: Kurverwaltung Wangerland, Zum Hafen, 26434 Horumersiel.

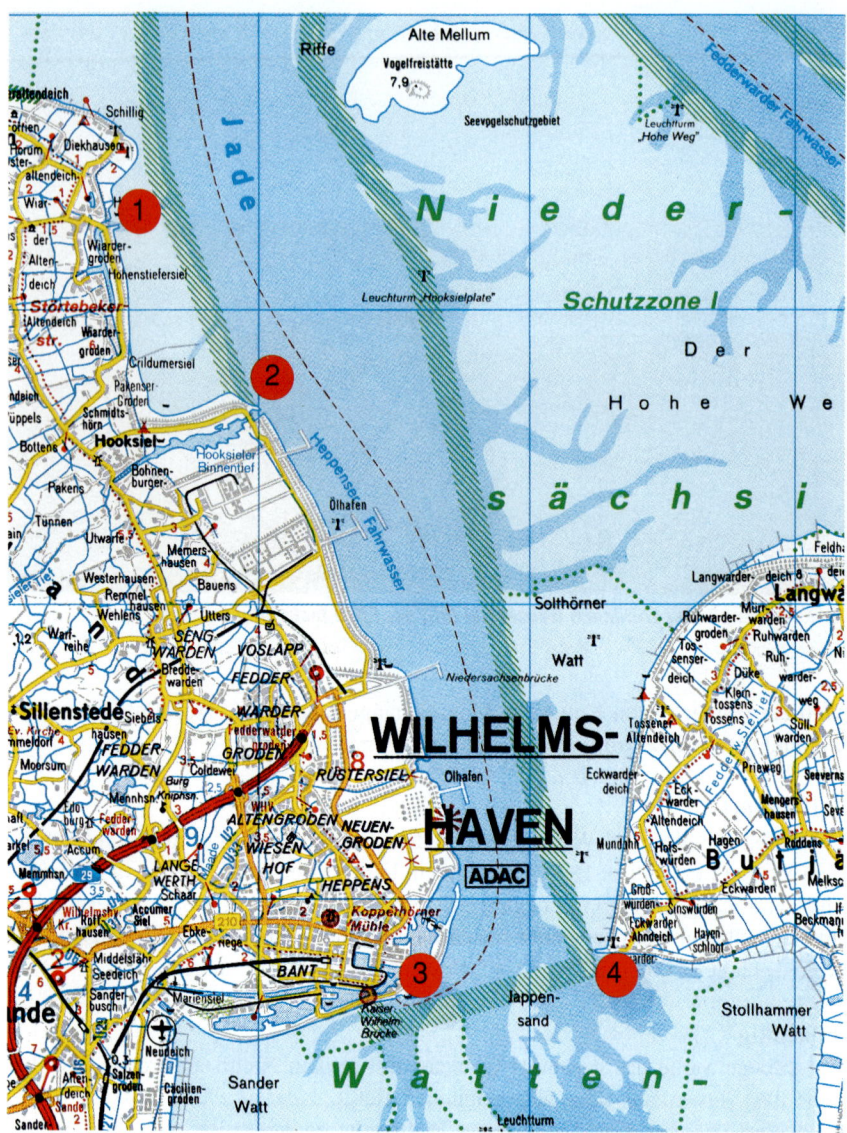

Jademündung: 1. Horumer Siel, 2. Hooksiel, 3. Wilhelmshaven, 4. Eckwarderhörn

▶ **Jademündung**, *Seekarte Nr. 7*

Der Jadebusen ist mit seinen weiten, zeitweilig trocken fallenden Watten und den großen Flachwassergebieten anglerisch unergiebig. Zwischen Wilhelmshaven und dem gegenüberliegenden Eckwarderhörn hat sich jedoch eine breite, teilweise sehr tiefe Rinne gebildet, durch die alle Wasser des Meerbusens im Zwölfstundenrhythmus ein- und ausströmen. Sogar Riesentanker können gefahrlos an der Ölpier festmachen, Stromtiefen bis zu 30 Metern öffnen den Fischen zu allen Zeiten gute Wanderwege.

1. Horumer Siel
Das alte Siel ist ans tiefere Wasser verlegt worden und heißt jetzt Wangersiel, das hauptsächlich als Yachthafen genutzt wird. Von den hohen Molen wird viel geangelt: Aal, Flunder, vereinzelt Dorsche. Parkplätze sind vorhanden. Allgemeine Auskünfte: Kurverwaltung, 26434 Horumersiel.

2. Hooksiel
Der alte malerische Sielhafen gehört neben Greetsiel und Neuharlingersiel zu den drei Schmuckstücken an der ostfriesischen Küste. Der neue Hooksieler Außenhafen wurde weit über das Watt bis an das Heppenser Fahrwasser verlegt und reicht deshalb nahe ans tiefe Wasser heran. Von den Hafeneinfahrtsmolen kann sehr gut geangelt werden: Hauptbeute sind Aal und Plattfische, in der kalten Jahreszeit auch Dorsch und Wittling, im Frühjahr Hering, Stint und vereinzelt Finte. Im Hafen befindet sich das Büro der Reederei ELBEPLAN GmbH, Hooksiel, mit Angeboten zu Hochseeangelfahrten (s. Angelschiffsliste NORDSEE unter Wilhelmshaven).
Parkplätze sind vorhanden. Weitere Auskünfte: Gerätehändler Uwe Wolf/Fa. Samen-Römer, 26384 Wilhelmshaven, Allgemeine Information: Gemeindeverwaltung Hooksiel in 26434 Wangerland.

3. Wilhelmshaven
Neben Emden ist dies der wichtigste Angelplatz Ostfrieslands, denn mit den Gezeiten strömt das Wasser des riesigen Jadebusens unablässig an der langen Vorhafenmole vorbei. Während der angrenzende Vorhafen tideabhängig ist, sind alle übrigen tiefen Hafengebiete durch eine Schleuse gesichert und besitzen nur schwach schwankende Wasserstände. Die Fangaussichten im gesamten Hafenbereich sind gut, man benötigt einen Hafenangelschein. Die Ölverladepiers dürfen nicht betreten werden. Bester Angelplatz ist die lange Außenmole des Vorhafens. Dort ist die Gleitfloßangelei wegen der meist starken Strömung am erfolgreichsten anwendbar; während der kurzen Stauwasserzeiten wird auch mit dem Grundblei gefischt. Aale, Plattfische, große Aalmuttern, Wittlinge, im Juli/August Hornhechte und Makrelen, in der kalten Jahreszeit Dorsch und Pollack sind die Beute.
Im Vorhafen und in den abgeschleusten Hafenbecken angelt man dagegen vermehrt mit dem Grundblei und fängt dort die bereits genannten Fische - und zu-

Das Buhnenwerk Eckwarderhörn - eine der besten Angelbuhnen an der Nordsee.

sätzlich im April Heringe, Stinte, in der übrigen Zeit vereinzelt Seezungen, Meeräschen, Seeskorpione, Franzosendorsche und sogar Meerforellen.
Für alle Fische hat sich der Wattwurm als bester Köder bewährt. Die Anfahrt zu allen Angelplätzen erfolgt über die Kaiser-Wilhelm-Brücke, Parkplätze sind überall vorhanden.
Allgemeine Auskünfte: Wilhelmshaven - Information, Börsenstr. 55, 26382 Wilhelmshaven; anglerische Auskünfte und Hafenangelschein bei Angelgerätehändler Uwe Wolf, Fa. Samen-Römer, Gökerstr. 86, 26384 Wilhelmshaven.
Hochseeangelfahrten ab Hooksiel, siehe oben, Punkt 2.

4. Eckwarderhörn
Zusammen mit Wilhelmshaven auf der anderen Seite des Jadebusens bildet das Hörn die Schnürstelle, an der das gesamte Wasser dieser Bucht im Gezeitenrhythmus vorbeiströmen muß. Ein mächtiger, ca. 100 Meter langer Flügeldeich verhindert, daß die Strömung das Land unterspült. In seiner unmittelbaren Nähe verläuft eine tiefgespülte Rinne von fast 30 Meter Tiefe. Ständig läuft hier ein starker Strom, nur beruhigt an den Flanken der „Flügel" des Deiches.
Die Flügeldeichanlage bildet einen ganz hervorragenden Angelplatz, der dieselben sehr guten Fangmöglichkeiten wie im gegenüberliegenden Wilhelmshaven bietet, mit dem Unterschied, daß es außerhalb der hochsommerlichen Ferienzeit

Blick auf die Flügelbuhne von Eckwarderhörn.

hier absolut ruhig ist. Nur nördlich vom Leuchtturm befindet sich ein kleiner Badeplatz, hinter dem Deich ein Parkplatz; der Weg zum Angelplatz muß zu Fuß zurückgelegt werden. Nach Wilhelmshaven besteht von Juni bis August eine Personenfährverbindung.

Im starken Strom vor den Flügeldeichen liegen unter Wasser zahlreiche Tetrapoden und Betonklötze. Vorsicht ist deshalb beim Grundangeln geboten, und schwere Bleie (ab 200 g) oder Krallbleie müssen im starken Strom verwendet werden. Zur Makrelen- und Hornhechtzeit kann sehr erfolgreich mit dem Gleitfloß in halber Wassertiefe gefischt werden; viele Möwen und Seeschwalben weisen raubend den Weg zum Fisch.

Im beruhigten Wasser wird auf Aal, Flunder, in der Vor- und Nachsaison auch auf Dorsch und Wittling geangelt. Immer zahlreicher werden Meerforellen auch mit dem Wattwurm erwischt; am Anleger kann man zeitweilig große Meeräschen beobachten. Aber auch alle Fische des Wilhelmshavener Reviers (s. dort) können hier an den Haken gehen.

Auskünfte: Butjadingen Kur- und Touristik GmbH, Strandallee, 26969 Butjadingen.

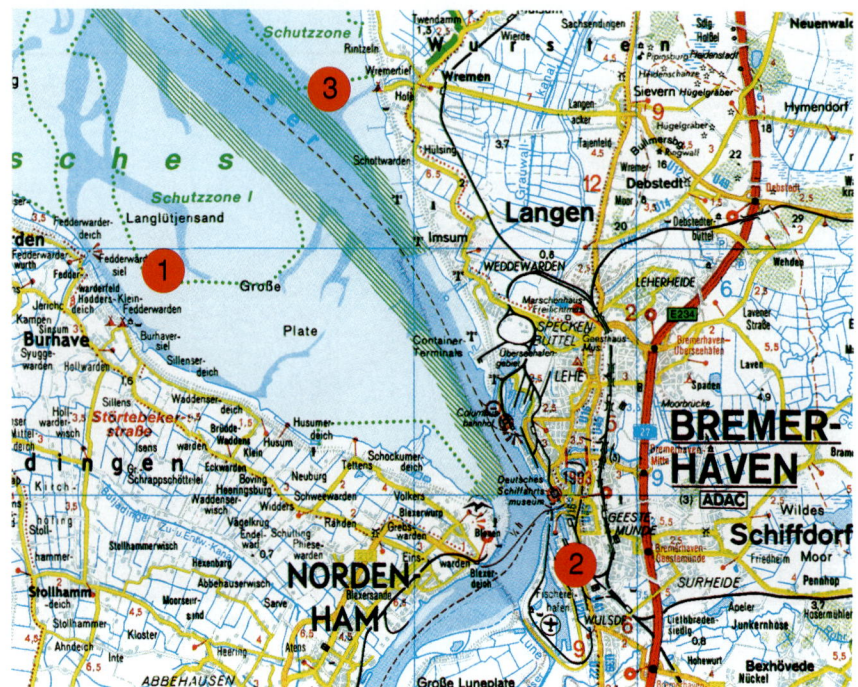

Wesermündung: 1. Fedderwardersiel, 2. Bremerhaven, 3. Wremen

▶ **W e s e r m ü n d u n g ,** *Seekarte Nr. 4*

Dieses Gebiet ist gekennzeichnet durch das enge, lange Weserfahrwasser mit Tiefen für große Seeschiffe, gesäumt von ausgedehnten, flachen Watten, die zum größten Teil in die Schutzzone I des Nationalparks Niedersächsisches Wattenmeer fallen und deshalb für jegliche Fischerei gesperrt sind. Vom Weserschifffahrtsweg zweigt das Fedderwarder Fahrwasser ab und verläuft zumTeil nahe am Deich mit guten Angelmöglichkeiten zwischen Fedderwardersiel und Husumer Deich; im Sommer wird hier viel mit Kleinbooten geangelt.

Das angelscheinfreie Küstengewässer endet unmittelbar oberhalb Bremerhaven auf der Linie Blexen - Wulsdorf; weseraufwärts ist das Angeln nur mit der Weserkarte des Landes Bremens möglich (Ausgabe u. a. Fischereiamt Bremerhaven, Fischkai 31, 27572 Bremerhaven).

1. Fedderwardersiel
Im Hafen, vor allem am Krabbenkutterplatz, gibt es frische Köder und immer Aale

und Plattfische zu fangen: Auffällig sind die großen Flundern, der Rekord steht bei einem Fisch von 64 cm Länge. Bester Köder sind kleine Stinte, die man im August mit der Senke erbeuten kann. Am Hafen befindet sich auch der Parkplatz. Im Sommer herrscht reger Ausflugsverkehr, bedingt auch durch den großen Campingplatz. Östlich es Hafens liegt der Butjadinger Yachtclub mit einer Slipanlage. Die Bootsangelei wird im Fedderwarderpriel zwischen dem Deich und dem Langlütjensand, einer verbotsfreien Zone, viel betrieben.
Ebensogern wird von den vielen Buhnen geangelt, die zur Deichsicherung zwischen Fedderwardersiel und dem Waddensersiel angelegt wurden. Die Buhnenköpfe reichen unmittelbar ans tiefe Prielwasser heran. Hauptbeute sind Aal und Plattfische. Vom Boot wird entlang des Priels gepöddert. Im gesamten Gebiet herrscht im Sommer viel Betrieb.
Von Fedderwardersiel fahren im Sommerhalbjahr Kutter zum Hochseeangeln.
Auskünfte: Butjadinger Kur- und Touristik GmbH, Strandallee, 26969 Butjadingen.

2. Bremerhaven
Das Staatliche Fischereiamt hat hier seinen Sitz, es ist für alle Belange der Küstenfischerei im Bereich Niedersachsens zuständig.
Das tiefe Weserfahrwasser reicht unmittelbar an die Kais und Molen heran und untersteht, ebenso wie alle Hafenbecken, der Stadt Bremen/Bremerhaven. Für alle Gewässer ist ein Hafenangelschein erforderlich, zu erhalten beim Hansestadt Bremischen Amt (HBA), Bussestr. 27, 27570 Bremerhaven. Die Erlaubnis ist unterteilt in die Bereiche Fischereihafen und übrige Hafengebiete.
Insbesondere im Bereich der Geestemündung und vor der Doppelschleuse zum Fischereihafen sowie im Fischereihafen selbst wird geangelt. Hauptbeute sind Flundern und Aale, alle anderen Seefische werden nur selten gefangen. Parkplätze sind überall vorhanden.

3. Wremen
Kleiner, tideabhängiger Krabbenkutterhafen mit langem Priel durch das hohe Watt. Die Nähe der Weserfahrrinne bringt mit der Flut immer Plattfische und Aale ans Ufer, im Hafen und Fahrwasser wird dann geangelt - auch mit kleinen Sportbooten. Reger Camping- und Badebetrieb herrscht im Sommer. Bedarfsfahrten zum Makrelenangeln und Krabbenfischen werden veranstaltet.
Auskünfte: T. und M. Friedhoff, Am Wremer Tief 4, 27638 Wremen.

Elbemündung: 1. Cuxhaven/Kugelbake (A), Cuxhafen/Häfen (B), 2. Glameyer Stack

▸ Elbemündung

Mächtig breit strömt die Elbe bei Cuxhaven in die Nordsee, aber das fischreiche Tiefwasser beschränkt sich auf eine Rinne, die direkt an Cuxhaven und etwas weiter landeinwärts unmittelbar an Brunsbüttel vorbeiführt. Diese Rinne gehört zu den am meisten befahrenen Schiffahrtswegen der Welt; Schiffe aller Größen und Klassen passieren den Angler fast auf Wurfweite. Gezeitenhub und Strom sind mächtig, im Wasser herrscht immer Bewegung. Die Sportbootangelei ist stark durch die Befahrensbestimmungen auf dem Hauptschiffahrtsweg eingegrenzt.

1. Cuxhaven

Die Stadt wird viel von Küstenanglern besucht, weil an einem der vielen Angelplätze immer etwas gefangen wird. Außerdem ist die Stadt Anglern gegenüber aufgeschlossen: Ein Hafenangelschein ist nicht erforderlich. Die unmittelbare Lage an der Nordsee und das stark salzhaltige Meereswasser, mit jeder Flut an Cuxhaven vorbeiströmend, bringt viele Seefische an die Angeln. Der Fährhafen westlich des Anlegers „Alte Liebe" ist Abfahrtsstelle mehrerer Hochseeangelschiffe, die ganzjährig auslaufen, im Winter also auch ständig Dorschangelfahrten unternehmen. In der Elbmündung wird traditionell viel gepöddert, der Angelverein „Hol rutt" widmet sich dieser Angeltechnik im Sommerhalbjahr vom verankerten Boot. Nur Boote ab vier Meter Länge eignen sich für das unruhige Revier. Parkplätze sind im Hafen überall vorhanden. Auskünfte: Kurverwaltung, Cuxhavener Str. 92, 27476 Cuxhaven. Herausragende Angelplätze sind:

A - *Die Kugelbake*
Das Seezeichen steht auf dem letzten Stück Festlandbuhne an der Elbmündung. Für Angler ist diese Stelle ein Dorado, denn alle Fische müssen, dem harten Elbstrom ausweichend, nah an der Buhne entlangschwimmen; man angelt während der Stauwasserzeiten, wenn die Fische zwischen Steinen am Damm nach Nahrung suchen. Hauptbeute sind Aal und Flunder.

TOP - ANGELPLÄTZE DER NORDSEE

Büsum: Hafen und Außenmolen
Cuxhaven: Hafengebiet
Eckwarderhörn: Flügelbuhne
Elbmündung: Glameyer Stack
Emden: Die Knock
Helgoland: Südmolen und Dünenmolen
Holmersiel: Außenhafen
Inseln: alle, bis auf Juist und Föhr
Meldorf: Hafen, Außenmolen
Wilhelmshaven: Hafengebiet

- Einzelheiten siehe Ortsbeschreibungen -

B - *Alter Vorhafen, Alter Fischereihafen, Amerikahafen*
Alle Hafenbecken sind tideabhängig, sie sind Rastplatz für viele Fische, die dem harten, unmittelbar vor den Hafenbecken verlaufenden Gezeitenstrom entrinnen wollen. Aale und Flundern werden immer erbeutet, insbesondere bei steigendem Wasser und in Dämmerungszeiten, dann im Bereich der Hafenlaternen. Dabei wird auch gepöddert. Im Vorhafen herrscht im Sommer reger Betrieb. Im Bereich des Alten Fischereihafens haben sich Restaurants und auch ein Angelgerätehändler angesiedelt (Schmidt & Jürgens KG, Präsident - Herwig - Str.), der Angler mit frischen Ködern versorgt. Hier erhält man auch Auskunft, ob im Januar / Februar die Dorsche und im April / Mai die Heringe schon da

Cuxhaven: Angler vor dem Anleger „Alte Liebe" - im gesamten Hafen wird viel geangelt.

Glameyer Stack - die Top-Angelbuhne zwischen Cuxhaven und Altenbruch an der Elbe.

sind. Dorsche gelangen in manchen Jahren bei anhaltenden Westwind- und Hochwasserlagen in die Häfen; die Heringe erscheinen immer und füllen oft alle Beutebehälter. Stinte und Sprotten sind das ganze Jahr in den entlegenen Ecken der Hafenbecken mit kleinsten, madenbeköderten Haken fangbar. Auch Meerforellen werden vereinzelt binnenwärts von den Molen des Amerikahafens gefangen.

2. Glameyer Stack
Von allen Buhnen zwischen Cuxhaven und der Medemmündung in Otterndorf kann erfolgreich geangelt werden. Die Buhnen zwischen Altenbruch und Cuxhaven sind dabei am meisten besucht. Star unter allen Buhnen ist aber das lange und breite Glameyer Stack, das besonders nah an die Elbe heranreicht, die hier bis zu 20 Metern tief abfällt. Im beruhigten Wasser links und rechts vom Stack werden ausgezeichnet Aale und vor allem Flundern gefangen. Wie überall in der Elbmündung werden auch hier ab Juni die Wollhandkrabben zur Plage. Man verlegt dann das Angeln an die Stromkante, die von den Krabben gemieden wird, oder verwendet an Stelle der Wurmköder Stintfleisch oder frisch gehäutete Wollhandkrabben, die besonders von den Aalen gierig genommen werden. Das Stack erreicht man von der B 73, abzweigend nach Müggendorf und von dort über den Weg zum Jugendlager am Deich. Über Altenbruch gelangt man bequem an die übrigen Buhnen.

▶ Ostfriesische Inseln,

von West nach Ost, Landkarte s. Seite 24

Wie eine Perlenkette liegen die Inseln schützend vor dem Festland, trutzen mit breiten, weißen Sandstränden dem Meer und beruhigen die Wasser in ihren Rücken, so daß sich die hohen, flachen Watten bilden können.

Die hydrographischen Verhältnisse bedingen für Angler überall gleiche Voraussetzungen: Die mit den Gezeiten fließenden Wassermassen umströmen die Inselspitzen und bilden dort in Wurfweite tiefe Rinnen (siehe Seekarte „Norderney", Seite 333). So schafft die See Passagen, durch die alle Fische des Watts schwimmen müssen, im täglichen Rhythmus. Vor den Sandstränden bilden sich meist hindernisfreie Rinnen und Bänke, die bei Flut von Fischen nach Nahrung abgesucht werden. Das sind ideale Plätze für das Brandungsangeln.

Alle Inseln verfügen über kleine Fährhäfen und beschränkt auch über Liegeplätze für Sportboote. Tagesausflüge, auch zu den schnell erreichbaren Inseln, erscheinen für Angler wenig ratsam, weil zu den guten Angelplätzen oft längere Wege zurückgelegt werden müssen, die häufig mit dem PKW nicht befahrbar sind. Außerdem müssen die unersetzlichen Wattwürmer in manchen Fällen selbst gegraben werden, die meist fanglose Ebbezeit kann man dafür gut nutzen. Die guten Angelmöglichkeiten erschließen sich also nur Anglern, die mehrere Tage oder gar einen Urlaub dort verbringen.

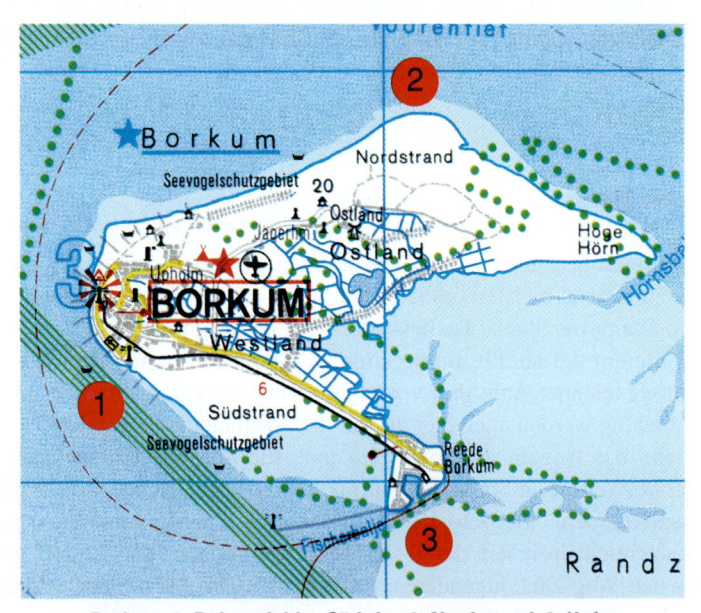

Borkum: 1. Buhnenfelder Südufer, 2. Nordstrand, 3. Hafen

1. Borkum, Seekarte Nr. 90

Die westlichste Bastion gegen die heranströmende Nordsee ist sehr weitläufig, also liegen auch die guten Angelplätze weit auseinander. Allein der Weg vom Fähranleger zum Ort beträgt 7 km. Von Eemshaven auf dem holländischen Festland (1 Std.) und von Emden (2, 5 Std.) bestehen Fährverbindungen. Neben Sylt und Helgoland gehört Borkum mit zu den herausragenden „Angelinseln". Vom Hafen Borkum fahren Hochseeangelschiffe zum Makrelen-, Hai- und Wrackangeln.

Die besten Brandungsangelplätze sind:

1 - Buhnenfelder Südufer
Die Wasser des Emsmündungstrichters strömen hier aus und ein und nagen mit Tiefen von fast 40 Metern ständig an der Insel. Vor den Buhnen erreicht man sogar bei Niedrigwasser noch Fische, bei auflaufendem Wasser ist das Angeln überall möglich. Die besten Buhnenbereiche im Ort sind im Sommer aber von Badenden besetzt.

2 - Nordstrand
Rund 8 km Strandlinie gehören dem Angler, im Sommer verstreut auch den Badenden. Die Nordspitze gilt als bester Angelplatz, dort reicht das Tiefwasser bis ans Ufer. Im Hochsommer, bei anhaltenden Schönwetter- und Ostwindlagen, kann man hier bei auflaufendem Wasser sogar Makrelen erwischen. Aale, Flundern, Schollen, in der kalten Jahreszeit sogar Dorsche sind auf den Plätzen 1 und 2 überall zu fangen.

3 - Hafen
Bei den Fischern gibt es Köder, im nahen Watt können Würmer gegraben werden. Aale und Plattfische, große Meeräschen, die oft im Schatten der Pontons stehen, lassen sich erbeuten. Die fingerlangen Heringe - in großen Schwärmen umherziehend - locken auch Meerforellen und Hornhechte.

Allgemeine Auskünfte: Kurverwaltung, 26757 Borkum.
Anglerische Auskünfte: Ulrich Ney, Isdobben13, 26757 Borkum. Er veranstaltet auch Hochseeangelfahrten.

2. Norderney, Seekarte Nr. 89
Die Insel ist groß und geschäftig mit einem geräumigen Hafen, Bootsliegeplätzen, einem Fährterminal mit Verbindung nach Norddeich (45 Minuten) und dortigem Direktanschluß an die Bundesbahn. Im Sommerhalbjahr werden Hochseeangelfahrten angeboten. Aussichtsreichstes Angeln ist möglich auf der gesamten

Promenadenstrecke vom Hafen westwärts bis zur Inselspitze (siehe Seekartenausschnitt „Norderney" Seite 332). Zahlreiche Buhnen schützen die Insel vor dem scharf an den Köpfen vorbeiströmenden Priel, der sehr breit und tief verläuft. Von diesen Buhnen und zwischen ihnen bestehen gute Angelmöglichkeiten, ebenso weiter um die Inselspitze herum zur seewärtigen Seite. Außerhalb der Badesaison bietet sich ferner der lange, seewärtige Sandstrand fürs Brandungsangeln an. Überall werden Aale, Flundern, seltener Schollen und Seezungen gefangen; im Sommer kommen Hornhechte, Makrelen, Stöcker, im Winterhalbjahr Dorsche und Wittlinge dazu. Im Hafenbereich stehen viele Meeräschen, in den Buhnenfeldern jagen Meerforellen die Jungfische. Alle Buhnenbereiche können auch während der Niedrigwasserzeiten mit Erfolg beangelt werden. Allgemeine Auskünfte: Kurverwaltung, Am Kurplatz, 26548 Norderney.

3. B a l t r u m , Seekarte Nr. 89
Die kleinste aller Ostfriesischen Inseln hat Anglern nach halbstündiger Fährfahrt ab Neßmersiel gute Angelplätze entlang der westlichen Inselspitze zu bieten. Vor den dortigen Buhnen verläuft in Wurfweite bis zu acht Meter tiefes Wasser, ein breiter Priel, durch die alle Wasser zur Stein-Plate im Wattenmeer ein und ausströmen. Alle Nordseefische lassen sich hier fangen, vor allem aber Plattfische und Aale. Allgemeine Auskünfte: Kurverwaltung, 26579 Baltrum.

4. L a n g e o o g , Seekarte Nr. 89
Nach dreiviertelstündiger Fährfahrt von Bensersiel erreicht man wunderschöne, lange Sandstrände fürs Brandungsangeln, vor allem im Westteil der Insel. Nur an der äußersten Südwestspitze führt die Rute, ein breiter bis zu 15 Meter tiefer Prielstrom, vorbei, es ist der Topangelplatz. In den übrigen Bereichen angelt man vorteilhaft bei Niedrigwasser und wandert bis an den Prielstrom heran. Hier, wie auch im Hafenbereich, werden Plattfische und Aale gefangen. Allgemeine Auskünfte: Kurverwaltung Langeoog, Postfach 1263, 26465 Langeoog.

5. S p i e k e r o o g , Seekarte Nr. 89
Das Eiland gilt als „gemütliche" Insel, abseits des mondänen Badebetriebes, und verfügt über große Nationalparkschutzzonen. Das erfolgreiche Angeln beschränkt sich auf den Südwestzipfel gleich neben dem Hafen, wo tiefes Prielwasser mit Weitwürfen erreichbar ist. Außerdem kann auf der Westseite zwischen den Buhnenschutzbauten bei auflaufendem Wasser gut geangelt werden - aber nur außerhalb des hochsommerlichen Badebetriebes. Hauptbeute sind Plattfische, im Süden auch Aale, im Sommer Hornhechte, in der Vor- und Nachsaison auch Dorsche und Wittlinge. Fährverbindung ab Neuharlingersiel (45 Minuten). Allgemeine Auskünfte: Kurverwaltung, Noorderpad 25, 26474 Spiekeroog.

Winterstimmung im Wattenmeer - das kann man nur an der Nordsee erleben.

6. W a n g e r o o g e , Seekarte Nr. 2

Die autofreie Insel hat dem Brandungsangler viel zu bieten: Der gesamte West- und Nordstrand ist beangelbar und fischreich, kommen doch die Flossenträger aus dem der Insel vorgelagerten Seegebiet, dem Auslauf des Jadebusens und der Weser, bis an die Insel heran. Seit alters her ist dies ein gutes Fanggebiet. Zahlreiche Buhnen schützen die Insel. Besonders im Westen und Südwesten reichen die langen Buhnen bis nah an den tiefen Prielstrom „Alte Harle" heran und gewähren gute Fangmöglichkeiten für Aale und Plattfische. Am Nordstrand kommen noch Hornhechte, Makrelen, in der kalten Jahreszeit Wittlinge, Dorsche, Schollen und viele weitere Arten hinzu. Fährverbindung ab Harlesiel (1,5 Std.) Allgemeine Auskünfte: Kurverwaltung, Strandpromenade, 26486 Wangerooge.

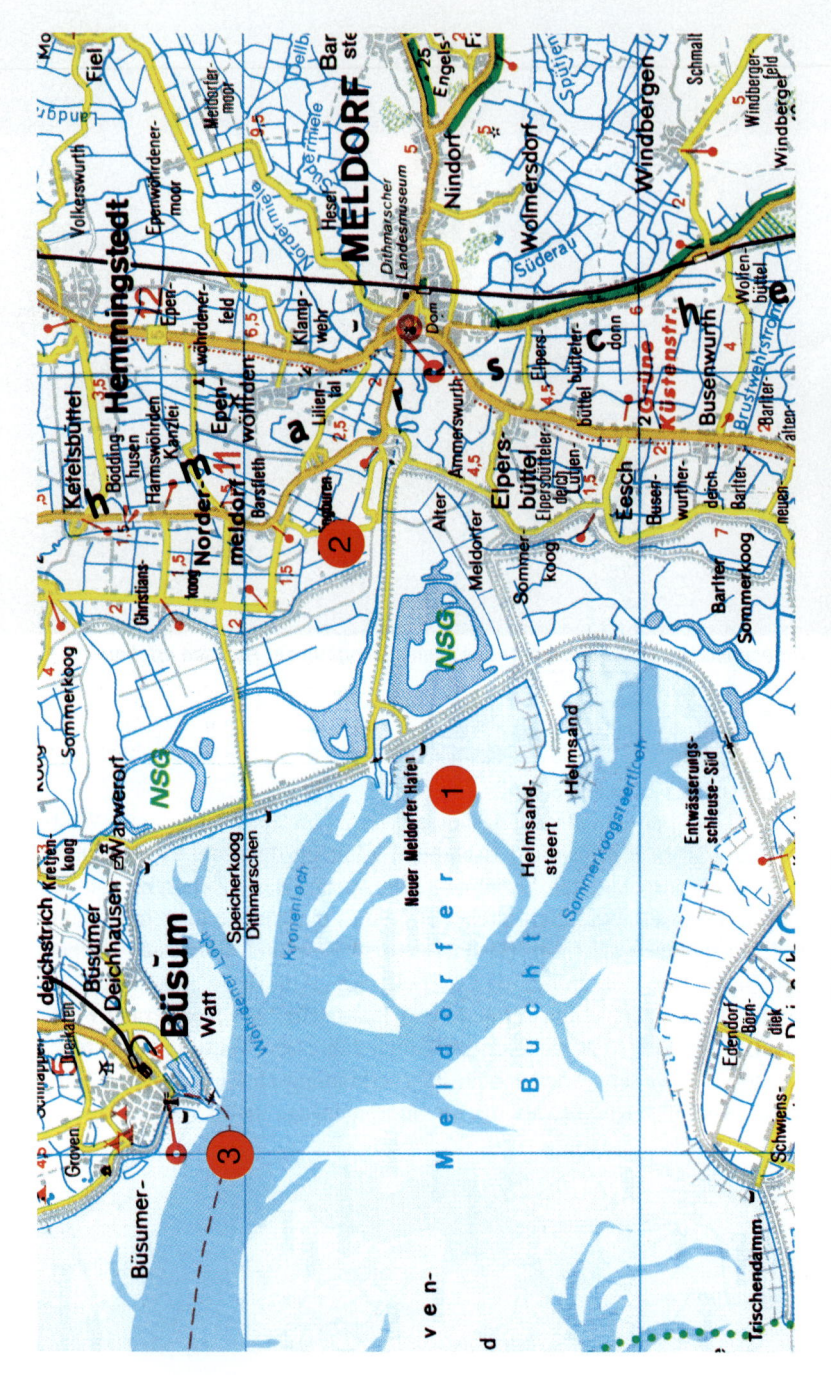

Meldorf und Büsum: 1. Meldorfer Hafen, 2. Außenmiele, 3. Büsum

Schleswig-Holsteinische Küste

von Süd nach Nord, Seekarte Nr. 103

▶ Brunsbüttel, (ohne Landkarte), Seekarte Nr. 46

Bis zu 20 Meter tief strömt die Elbe an allen Hafen- und Schleusenanlagen vorbei und bildet ein gutes Angelrevier. In den Schleusen herrscht rund um die Uhr reger Betrieb; der hier beginnende Nord-Ostsee-Kanal gilt als belebtester Schifffahrtsweg der Welt. Im Kanal- und Schleusenbereich darf gesenkt werden. Von der Schleuse binnenwärts ist die Kanalangelkarte des Landessportfischerverbandes, Papenkamp 52, 24114 Kiel, erforderlich. Tageskarten werden von Gerätehändlern ausgegeben (nur für Verbandsmitglieder). Im Schleusenkammerbereich und im Industriehafen ist das Angeln verboten. Gute Angelplätze:

1. Alter Hafen bis zur Braakeschleuse - ein bequem zu erreichender und beangelbarer Platz (Aal, Plattfisch, Kaulbarsch). Bootsliegeplatz der Aalpödderer.

2. Sösmenhusener Buhnen
Bei Niedrigwasser von den Köpfen, bei Hochwasser in den Buhnenfeldern werden Aale und Flundern gefangen. Dasselbe gilt für die Buhnenstrecke von der Lotsenstation bis zum Industriehafen. Auch große Brassen kommen vor. Als Köder für alle Elbfische haben sich bewährt: bis Mai Wattwurm, danach wegen der Wollhandkrabbenplage Tauwürmer und frisch gehäutete Krabben. Ab September verschwinden die Krabben allmählich.

3. Brack- und Süßwasserbereiche
Braake, ab Schleuse am Alten Hafen, ist sehr gut mit Karpfen besetzt, auch Hechte gibt es. Das Gewässer untersteht dem AV Brunsbüttel. Nord-Ostsee-Kanal: Große Aale und Zander (bis 15 Pfund), Karpfen und große Brassen sind die Hauptbeute im Brunsbütteler Bereich. Duftende Köder (Käse, Wurst) werden bevorzugt. Anglerische Beratung: „Der kleine Angelladen", Mike Usdau, Theodor-Heuss-Ring 14, 25541 Brunsbüttel. Dort sind auch Angelkarten erhältlich. Allg. Auskünfte: Fremdenverkehrsverein, Fliederweg 11, 25541 Brunsbüttel.

▶ Meldorf, Seekarte Nr. 105

Durch umfangreiche Eindeichungen ist vor Meldorf ein neues Angelgebiet entstanden mit guten Fangmöglichkeiten. Der neue Meldorfer Hafen, dessen Seeschleuse nur bei Sturmfluten geschlossen wird, ist in allen Bereichen beangelbar. Parkplätze sind vorhanden, ebenso Slipanlage mit Sportbootliegeplätzen. Der

Mieleausfluß in die Nordsee wird über ein Siel reguliert. Im gesamten seeseitigen Bereich vor Schleuse und Siel darf geangelt werden, dort wird zeitweilig auch Senknetzfischerei betrieben. Hauptbeute sind Aal, Aalmutter und Plattfische, ab und zu auch große Meeräschen und Meerforellen, letztere im Becken vor dem Siel bei Ebbe im Süßwasserausstrom. Im Mai fängt man überall Heringe, der Hafen ist voller Stinte in allen Größen, die dort mit der Pose (!), 10er Haken und Rotwurmstückchen (!) erbeutet werden. Stinte gibt es hier während der gesamten warmen Jahreszeit. Die Außenmiele, der lange, neuangelegte Flußlauf durch den Speicherkoog bis hin nach Meldorf, ist auf ganzer Länge beangelbar: ein prachtvolles, einsames Revier mit guten Chancen, eine Meerforelle zu fangen, besonders ab 15. Januar, wenn die Fische - „Grönländer" - aus dem eiskalten Salzwasser lieber ins Süßwasser wechseln. Für die Außenmiele ist ein Angelschein des Meldorfer SFV erforderlich. Die Miele mündet in ein Speicherbecken vor dem Sielauslaß; es darf nicht beangelt werden. Auch alle übrigen, im Speicherkoog angelegten Salzwasserseen sind Naturschutzgebiete ohne Angelmöglichkeiten. Insgesamt ist hier ein sehr schönes Erholungsgebiet für Mensch und Natur entstanden, in dem sich alle wohlfühlen, auch die Angler. Allgemeine Auskünfte: Fremdenverkehrsverein Meldorf, Nordermarkt 10, 25704 Meldorf. Anglerische Beratung: Angelgerätehandel Hermann Paech, Westerstr. 11, 25704 Meldorf. Hier gibt es auch Angelscheine für die Miele.

▶ B ü s u m, Seekarte Nr. 105

Von allen Hafenstädten an der schleswig-holsteinischen Westküste hat Büsum die beste Zufahrt. Noch vor der Mole ist die Süderpiep, ein breiter Sielstrom, mehr als 10 Meter tief. Der geräumige Hafen ist durch eine Seeschleuse geschützt und dadurch tidenunabhängig. Von hier laufen mehrere Hochseeangelkutter aus, zum Teil auch ganzjährig. Die günstige Anbindung per Autobahn an Hamburg (nur etwa 1,5 Stunden Fahrt) trägt zur Beliebtheit des Badeortes bei. Hervorzuheben ist Büsum als Zentrum der Garnelen- („Krabben"-)fischerei. Geangelt wird hauptsächlich in den Hafenbecken 2 und 3 auf Aale, Stinte, Flundern, Wittlinge, im Winter zeitweilig auch auf Dorsche. Neben dem Wattwurm werden ungekochte Garnelen als Köder verwendet, besonders dann, wenn zu viele kleine Aalmuttern ständig gefangen werden. Viel gefischt wird von den beiden Außenmolen an der Schleuseneinfahrt; die Ostmole wird im Sommer bevorzugt, weil hier nicht viel Badebetrieb herrscht. Ab Mai gehen nicht nur Aale und Flundern, sondern auch Hornhechte, später bei anhaltenden Ostwindlagen im Juli / August auch Makrelen an den Haken. Von Sportbooten wird an den Prielkanten vor dem Hafen gepöddert oder mit dem Bodenblei und Wattwurm werden sehr gute Plattfische gefangen. Allgemeine Auskünfte: Kurverwaltung, Postfach 1154, 25761 Büsum.

▶ Eidersperrwerk (ohne Landkartenabbildung)

Vom Parkplatz direkt am Sperrwerk genießt man den Anblick von raubenden Möwen und jagenden Fischen am Rande des turbulent durch die Sperrwerkstore schießenden Wassers. Das Angeln ist aber unmittelbar am Sperrwerk untersagt. Binnenwärts im Purrenstrom, wie auch seewärts neben dem Sperrwerk, werden Aale und Plattfische gefangen, wenn die Strömung besonders hart ausläuft. Die Fische halten sich dann im ruhigeren Seitenwasser an der Strömungskante auf. Insgesamt sind die Angelmöglichkeiten rund ums Sperrwerk wenig bekannt. Das große Wassereinzugsgebiet von Eider und Treene läßt aber vermuten, daß in diesem Bereich, vor allem vom Boot, gute Fänge zu erwarten sind; dies gilt auch für Meerforellen. Allgemeine Auskünfte: Wasser- und Schiffahrtsamt Tönning, Am Hafen 40, 25832 Tönning.

▶ Halbinsel Eiderstedt
(ohne Landkartenabbildung), Seekarte Nr. 106

Wegen des flachen Küstenverlaufes beschränkt sich das Angeln auf die Westerhever Schanze (Nordküste) und auf den Bereich des Everschopsiels beim Speicherbecken Tetenbüllspieker. Dort können auch Sportboote zu Wasser gelassen werden. Beide Angelplätze liegen einsam, sind selbst im Sommer wenig überlaufen und können nur bei Wasserhöchststand mit Erfolg auf Aale und Plattfische beangelt werden, empfehlenswert bei Nordwestwinden. Beide Plätze können direkt angefahren werden.

▶ Holmer Siel

Durch das Holmer Siel und den Beltringharder Koog entwässert die Arlau. Der neue große Koog ist Naturschutzgebiet geworden. Durch eine Kammer des Holmer Siels wird im Tidenrhythmus Nordseewasser eingelassen. Für Seevögel und Fische wurden Salz-, Brack- und Süßwasserbiotope angelegt, das Gebiet ist weiträumig für jede Nutzung gesperrt. Durch eine zweite Kammer des Holmer Siels entwässert die Arlau in die See. An der Sielschleuse entstand ein neuer guter Angelplatz, der, mit Ausnahme der Zeit vom 01. August bis 31. Oktober (Fischschongebiet), beangelt werden darf. Im Mai werden hier eimerweise Heringe gefangen, vereinzelt auch Finten und Meerforellen. Ab Juni kommen die Hornhechte und ab Juli die Makrelen ans Siel. In den stillen Wasserbereichen der Vorkammern stehen große Meeräschen. Die Grundangelei in den seewärtigen Vorkammern ist wenig sinnvoll, weil der Boden mit großen Steinen präpariert

Holmer Siel: 1. Holmer Siel, 2. Arlau, Alte Schleuse

wurde; es gibt ständig Hänger. Deshalb wird hier mit dem Gleitfloß und Fetzenködern, auch knapp über dem Grund mit Wattwurm geangelt oder das Spinnangeln mit Blinkern, Fetzenködern oder Herings- und Makrelenpaternostern betrieben. Bedacht werden muß, daß durch die Südkammer stets süßes Wasser, durch die Nordkammer salziges Wasser in die See strömt und die Fische sich entsprechend auch während der Ebbezeiten verteilen. Das Holmer Siel ist ein neuer, attraktiver Angelplatz, der unbedingt beachtet werden sollte. Parkplätze sind am Siel vorhanden. Im Sommer sind viele Durchreisende hier. Die Arlau ist nicht im Koog, wohl aber an der Alten Schleuse beangelbar. Karten gibt es bei Franz Krön, Hattstedter Marsch 44, 25856 Hattstedt.

Anglerische Beratung: Angelhändler Owens, Ludwig-Nissen-Str. 4, 25813 Husum und Kirchenstr. l9, 25840 Friedrichstadt. Allgemeine Auskünfte: Zweckverband Beltringharder Koog, Amt Nordstrand, Schulweg 4, 25845 Nordstrand.

Holmer Siel/Nordstrand - ein leicht erreichbarer, guter Angelplatz.

▶ **S c h l ü t t s i e l** (ohne Landkarte)

Durch dieses Siel entwässert die Lecker Au in die Nordsee. Seewärts reicht ein schmales Fahrwasser bis an den Sielhafen heran. Das breite Hafenbecken mit zwei Molen dient als Liegeplatz für Fährschiffe zu den Halligen, Ausflugstörns werden auch angeboten. PKWs dürfen nur den Deich überqueren, wenn sie zu den Fährschiffen wollen. Weil das Gebiet tidenabhängig ist, ist das Angeln nur bei auflaufendem Wasser sinnvoll auf Aale und Plattfische. In Sielnähe sind auch Meerforellen und Meeräschen zu beobachten. Im Sommer herrscht ein reger Betrieb.

▶ **D a g e b ü l l** (ohne Landkarte)

Der geräumige, tidenabhängige Fährhafen zu den Inseln Amrum und Föhr und die ans Tiefwasser grenzende Mole bieten gute Angelmöglichkeiten auf Aale und Plattfische. Das Angeln wird geduldet, solange der Hafenbetrieb nicht gestört wird. Bei anhaltenden Schönwetterlagen kommen Hornhechte gelegentlich bis an die Hafenmolen. Ein weiterer guter Aalangelplatz liegt südlich des Hafens am

Deich beim Leuchtturm: Die Flut reicht bis an die Steinschüttungen des Deiches heran, und dort suchen die Aale nach angespültem Futter. Die Fische werden im flachsten Wasser, oft in größerer Zahl, gefangen, am erfolgreichsten, wenn Flut und Dämmerung zusammenfallen. Auskünfte: Angelhändler Werner Bachmann, Uhlebüller Str. 50 a, 25899 Niebüll. Allgemeine Auskünfte: Fremdenverkehrszentrale Dagebüll, Am Badeteich 1, 25899 Dagebüll.

▶ **Nordfriesische Inseln,** *von Nord nach Süd*

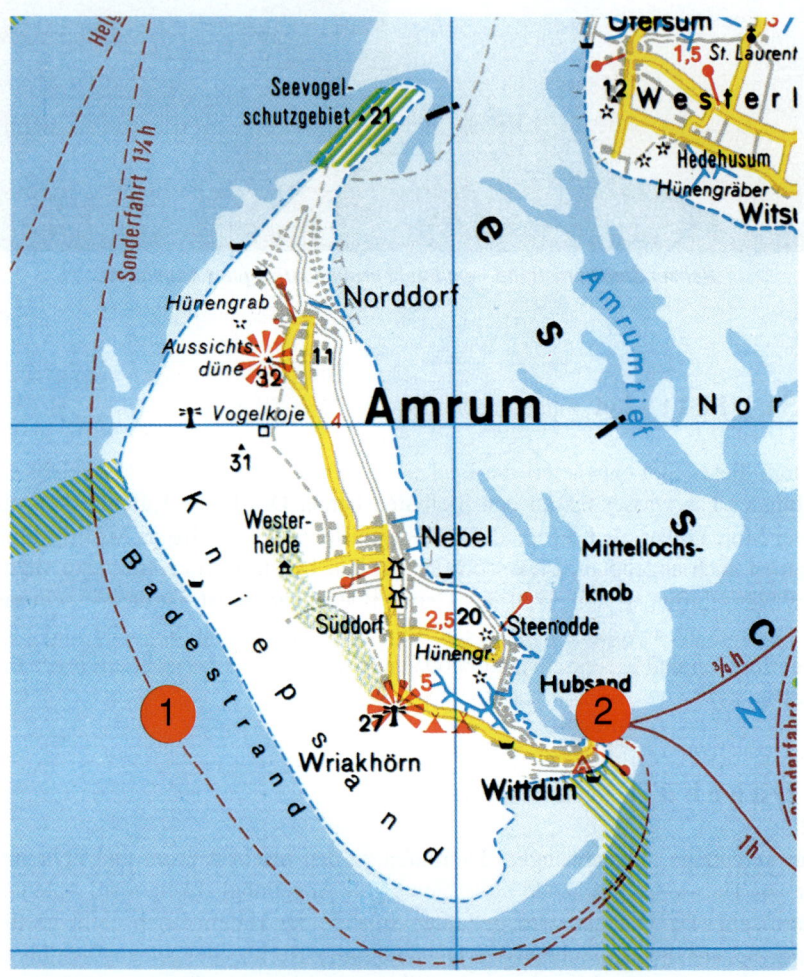

Amrum: 1. Kniepsand, 2. Ostufer, Anleger bis Steenodde

Amrum, Seekarte Nr. 107
Mit einem bis zu 30 Meter hohen Dünenwall und einem viele hundert Meter breiten Sandstrand, dem Kniepsand, bietet Amrum der Nordsee die Stirn. Dieser Kniepsand, auf dem sich auch zur Hauptsaison die Gäste verlaufen, ist auf ganzer Länge gutes Brandungsangelgebiet, hauptsächlich im mittleren und südlichen Abschnitt. Anders als gewohnt ist die beste Angelzeit auf das Niedrigwasser beschränkt, denn nur dann gelangt man bis an die Tiefenwasserlinie und erreicht mit weiten Würfen tiefere Gebiete. Man angelt wandernd mit dem Rucksack, fühlend aus der Hand und folgt dem fallenden Wasser, weicht vor der aufkommenden Flut allmählich wieder zurück. Die Plattfische, "Hauptzielfisch", halten sich an der Kante zum tiefen Wasser auf und sammeln freigespülte Nahrung ein, die mit dem ablaufenden Wasser zugeführt wird. Auch Hornhechte lassen sich im Mai / Juni auf diese Art, aber mit dem Fetzenköder spinnend geführt, erbeuten. Ein weiterer Angelplatz befindet sich auf der Spitze des Dünenhakens bei Wittdün und von dort am Ostufer entlang über den Fähr-, den Fracht- und Sporthafen bis Steenodde, einer langen Mole. Alle Molen reichen an tiefes Fahr- und Prielwasser heran und bieten bei auflaufendem Wasser gute Angelmöglichkeiten auf Plattfische, im Frühsommer auch auf Hornhechte, die man hier am besten mit dem Gleitfloß und Fetzenköder beangelt. Im Tiefwasser vor den Molen und zwischen vertäuten Booten lassen sich kapitale Meeräschen fangen, gelegentlich auch Meerforellen. Fährverbindung von Dagebüll (mit Bahnanschluß). Allgemeine Auskünfte: Bädergemeinschaft Amrum, Postfach 1247, 25946 Wittdün.

Föhr, Seekarte Nr. 107
Anders als alle anderen Inseln ist Föhr von hohen, weiten und bei Ebbe völlig trocken fallenden Watten umgeben. Zusätzlich ist das Angeln im Hafenbereich, dem einzigen Tiefwasserplatz der Insel, verboten. Die Insel ist Meeresanglern nicht zu empfehlen. Im Sommer werden gelegentlich Makrelenangelfahrten von Kuttereignern angeboten. Allgemeine Auskünfte: Kurverwaltung Wyk, Hafenstr. 23, 25938 Wyk.

Sylt, Seekarte Nr. 107 (Süd) und 108 (Nord)
Neben Helgoland und Borkum gehört Sylt mit zum Besten, was Küstenangler an der Nordsee finden können. Rund 40 km sandige Strände und zwei Hörns (Landspitzen) laden zum Brandungsangeln ein. Die Insel reicht direkt an die offene, tiefe Nordsee, so daß alle Nordseefische hier gefangen werden können. Im Sommer ist die Insel fast ausgebucht, in den Orten Westerland, Kampen und List herrscht sehr reger Betrieb, zumal es möglich ist, Autos per Bahnverladung ab Niebüll über den Hindenburgdamm zur Insel mitzunehmen.
Auf Sylt sind Angler gern gesehen, dazu haben die Aktivitäten des Anglervereins Sylt maßgeblich beigetragen. Dieser Verein hat stets den Dialog mit der kommu-

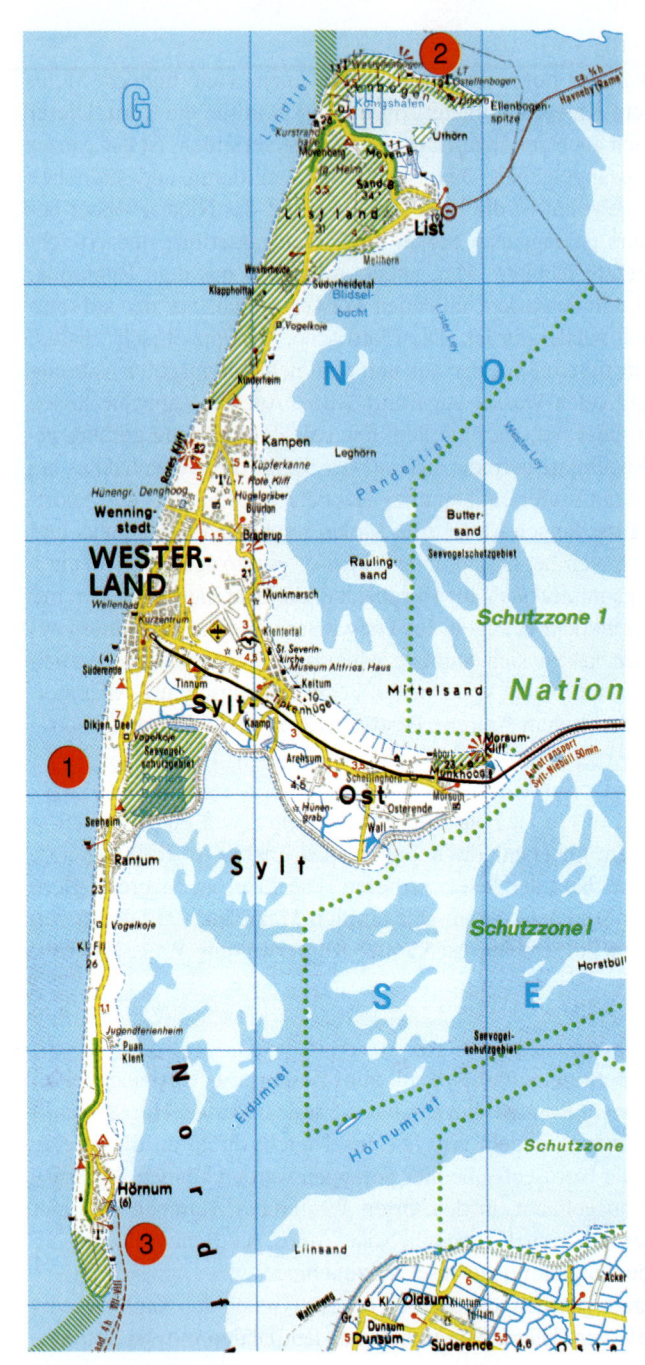

Sylt:
1. Westküste,
2. Ellenbogen,
3. Hörnum

nalen Verwaltung und den Naturschützern geführt und dabei erreicht, daß nahezu überall geangelt werden darf; so auch in einigen Binnengewässern der Insel, die gut mit Süßwasserfischen besetzt sind.

1. Die Westküste

Auf der gesamten Strandlinie darf geangelt werden. Ausgenommen sind nur während der Badesaison die bewachten Strandabschnitte innerhalb der Wachezeit. Schwerpunkte liegen bei den großen Parkplätzen Dickchen Deel (Höhe Rantum), Baak Deel (zwischen Rantum und Westerland) und bei der Oase zur Sonne (knapp südlich Westerland). Aber auch alle übrigen Strandlinien eignen sich: Man suche von Dünen- und Kliffkanten mit Polarisationsbrillen die Uferstrecken nach geeigneten Angelgebieten ab. Dort, wo sich in Wurfweite parallel zum Ufer Rinnen und Wannen gebildet haben, findet man bei auflaufendem Wasser die meisten Fische. Gefangen werden Aale, Klieschen, Aalmuttern, Flundern, auch Schollen und Steinbutt (selten). Bei günstigen Verhältnissen sind Fänge von vielen Dutzend Plattfischen in nur wenigen Stunden keine Ausnahme. In der kalten Jahreszeit werden an denselben Stellen Dorsche von 1 kg, aber auch bis zu 3 kg, gefangen. Während die Klieschen meistens kleiner bleiben, sind schon Flundern bis zu 4,5 Pfund erbeutet worden. Wichtigster Köder sind Wattwurm und ungekochte Garnelen.

2. Ellenbogen

Die so bezeichnete Nordspitze der Insel ist einer der wenigen Küstenangelplätze, von denen man im Sommer Makrelen und Hornhechte erwischen kann. Nur die Südspitze der Insel und die I-Punktmole Helgolands kommen in Bezug auf die Fangaussichten diesem Ort gleich. Am Ellenbogen verläuft ein tiefer, reißender Priel, das Wasser fällt in Ufernähe bis auf 20 Meter Tiefe ab. Erfahrene Angler angeln mit dem Gleitfloß, nutzen Wind und Strömung, um den Fetzenköder oder kleine Köderfischchen in 2 bis 3 Meter Tiefe in größerer Entfernung vom Ufer anzubieten. Stets führen sie eine Spinnrute mit, bestückt mit einem etwa 80 g schweren Pilker oder Wurfblei und einem Makrelenpaternoster. Mit diesem Gerät wird geangelt, wenn raubende Möwenschwärme näherkommen und die Makrelenschwärme in Wurfweite geraten. Die Schwimmermethode bringt auch viele Hornhechte an den Haken, ebenso Meerforellen. Es wird von einem Angler berichtet, der an diesem Platz in der Mittagszeit sieben Meerforellen erbeutet haben soll. Der seewärts gerichtete Abschnitt des Ellenbogens ist auch für gute Flunderfänge bekannt; Makrelen und Hornhechte stehen mehr im östlichen Abschnitt.

3. Hörnum

Die Südspitze, die Hörnumer Odde, hat sich in den letzten Jahren zum besten Makrelen- und Hornhechtfangplatz gemausert und dem Ellenbogen ein bißchen den Rang abgelaufen. Bis zu 25 Meter tief strömt das Gezeitenwasser unmittelbar am Strand entlang und bildet das Hörnum-Loch. An der Stromkante drängen sich die Kleinfische, auf die es die Raubfische abgesehen haben. Möwen, Wasserstrudel, Strömungslinien verraten dem genauen Beobachter die fängigsten Standorte, die immer an den Grenzlinien liegen. Dorthin plaziert man seine Köder und angelt genau so wie am Ellenbogen. Bei auslaufendem Strom stehen die Räuber aber auch mitten im harten Strom und jagen die mit der Strömung kämpfenden Jungfische. Ein faszinierender Angelplatz, einer der besten von allen an unserer Nordseeküste. Im Hafen von Hörnum, dort auch von den Molen, sind bei Hochwasser sehr gut Hornhechte zu überlisten, insbesondere mit der Gleitfloßmethode und dem Fetzenköder. Im Mauerschatten der Uferbauwerke kann man zeitweilig ganze Schwärme von riesigen Meeräschen (bis zu 8 Pfund) finden. Auch Aale und Plattfische sind hier zu fangen - ein guter Platz, wenn westliche Winde zur Aufgabe des Brandungsangelns an den übrigen Plätzen zwingen.

Von Hörnum, zeitweilig auch vom Lister Hafen, werden im Sommer Makrelenfahrten angeboten. Sie führen schon nach kurzer Zeit zu den meistens sehr ergiebigen Fangplätzen am Auslauf der großen Priele. Einen besonderen Hinweis verdienen die Fangmöglichkeiten von Hundshaien. Die bis zu 1,8 m großen Räuber stehen unter den Makrelenschwärmen und werden von einigen Anglern mit speziellem Haiangelgerät vom verankerten Sportboot erbeutet. Hauptfangplätze sind die Tiefs der Prielausläufe etwa ein bis zwei Meilen westlich von Sylt und Amrum im August / September.

Einen weiteren Hinweis verdient ein Aufruf der Sylter Sportfischervereinigung zur Schonung von kleinen Schweinswalen und Seehunden. Als Folge der Schonung werden diese Säugetiere oft in Reichweite der Brandungsangelköder angetroffen. Die Tiere sind sehr zutraulich und lassen sich bei Gewöhnung sogar füttern. Die Sylter Angler raten und bitten dringend darum, diese Tiere nicht zu füttern und das Angeln solange einzustellen, bis die Tiere verschwunden sind, damit ein Verhaken ausgeschlossen bleibt.

Anglerische Auskünfte: Anglerverein Sylt, Kolberger Str. 15a, 25980 Westerland; Kartenausgabestellen zu den Süßgewässern: Kaufhaus Jensen, Maybachstr.10, 25980 Westerland; Spar-Markt Gierlevsen, Kampende 11, Tinnum; sowie Hörnumer Angler-Shop, Rantumer Str. 25, 25997 Hörnum.

Allgemeine Auskünfte: Bädergemeinschaft Sylt, Postfach 1150, 25980 Westerland, dort auch Prospekt „Angeln auf Sylt" anfordern.

Meeräschen bis zu acht Pfund - im Hafen von Hörnum keine Seltenheit.

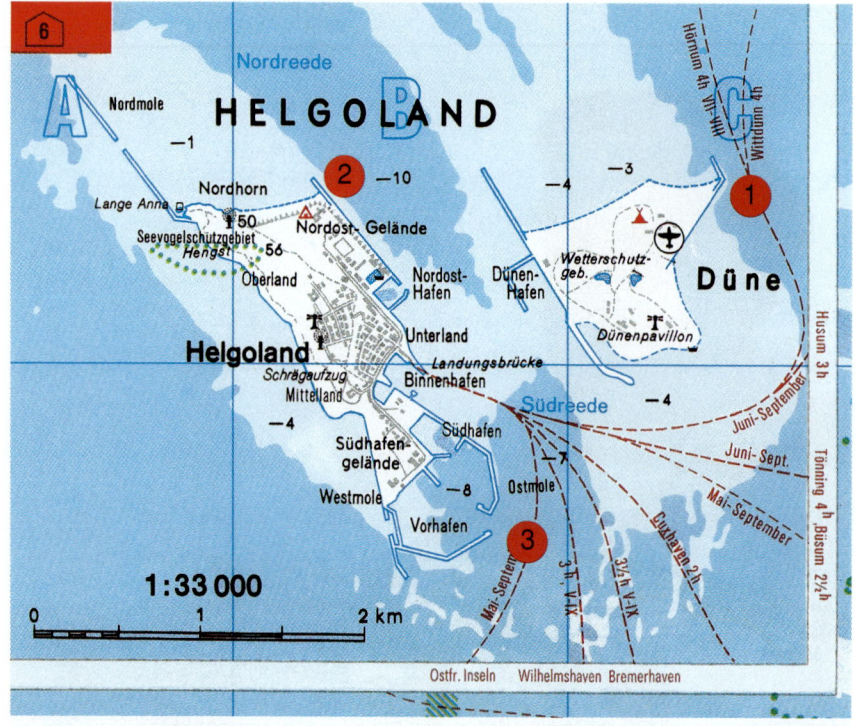

Helgoland: 1. I-Punkt, 2. Nordost-Mole, 3. Süd- und Ostmole

▶ **H e l g o l a n d**, Seekarte Nr. 88
Rund 50 km vom Festland entfernt und nur nach mehrstündiger Schiffsreise erreichbar, ragt die rote Felseninsel aus der dort klaren, bis fast 60 Meter tiefen Nordsee. Inmitten der schlickig-sandigen, flachen Küstenlandschaft der gesamten Deutschen Bucht mutet die Insel wie ein Fremdling an. Sie bildet für den Hochseeangler eine einzigartige Plattform mit Fangaussichten, wie sie in der Deutschen Bucht sonst nicht zu finden sind. Bei Beachtung der einfachsten Grundregeln des Meeresangelns ist der Fangerfolg hier so gut wie garantiert. Helgoland ist der beste Ort für einen „Schnupperkurs im Meeresangeln" für alle, die es zum ersten Mal probieren wollen.

April	☛ Von Molen Plattfische, vom Boot die ersten Dorsche
Mai	☛ Beste Bootsangelei auf Dorsche, Plattfische kommen
Juni	☛ Bootsangelei auf Dorsche, vermehrt kommen Makrelen, Hornhechte und Plattfische überall von Molen
Juli	☛ Dorsch flaut ab, Hornhechte, Plattfische, sogar Makrelen von Molen
August	☛ Hornhechte verschwinden, Makrelen/Plattfische gut, Hundshai kommt

54 Modernes Meeresangeln

Sept. ☛ Hundshaisaison, auch alle anderen Fische, Hornhecht ist weg
Oktober ☛ Hundshaiangelei am besten, Makrelen ziehen weg, Dorsche kommen
Nov./Dez. ☛ Die großen Dorschlaichzüge kommen, Dorsche vom Boot und von Molen

Einmalig an unserer Küste ist die Helgoländer Bootsangelei. Sie wird mit den weißen Bortebooten, die man schon beim Ausbooten von den Bäderschiffen kennengelernt hat, betrieben; selbst bei aufkommendem Wind gewähren diese schweren, hölzernen Bootstypen noch ausreichende Sicherheit. Die Dorsch- oder Makrelenfahrten führen in das frei beangelbare Gebiet der Nordwestpassage oder rund ums Naturschutzgebiet. Schon nach 20 bis 30 Minuten kann mit dem Angeln begonnen werden. Dabei sind die vielen Hänger in den Felsregionen gefürchtet. Beim Dorschangeln um Helgoland muß deshalb das Gerät so zusammengestellt werden, daß verhängte Pilker wieder zu lösen sind. Entweder wird dazu der Haken mit einer Sollbruchschnur an den Pilker geknüpft oder die Rollenschnur so reißfest gewählt, daß sich beim harten Zug die dünndrähtigen Haken aufbiegen und freikommen. Nur wenige Börtebootseigner unternehmen tagsüber mehrstündige Angelfahrten. In der sommerlichen Hochsaison bieten nach dem Einbooten der Tagesgäste einige der damit beschäftigten Bootseigner am frühen Abend noch Angelfahrten an. Eine rechtzeitige Reservierung ist unumgänglich, denn Angelfahrten sind für viele Tage im

Hochseeangeln vom Börteboot aus. Im Hintergrund die roten Felsen von Helgoland.

Bester Insel-Angelplatz der Nordseeküste: die Helgoländer I-Punkt-Mole (Vordergrund).

Jahr weit im voraus ausgebucht. Einzelheiten darüber erfährt man an der Bäderbrücke oder bei den Hummerbuden.
Eine Besonderheit sind Haiangelfahrten. Sie werden frühestens ab August, besser im September auf Wunsch von einigen Bootseignern durchgeführt; auch hier sind rechtzeitige Vereinbarungen unerläßlich.
Die Helgoländer Molenangelei ist nicht nur eine gute Alternative bei rauher See, wenn Angelboote nicht auslaufen können, sondern kann eigenständig mit gutem Erfolg ausgeübt werden. Topmonate sind Juni / Juli, wenn alle Fische der See an die Molen herankommen, auch die Sommergäste Hornhecht und Makrele.
Absoluter Molentopplatz ist die I-Punktmole im Norden der Badedüne. Sie ist die beste Mole für das Meeresangeln in Deutschland. Von hier aus soll sogar schon ein Hundshai gefangen worden sein. Die I-Punktmole ist stark beschädigt und muß vorsichtig begangen werden. Bei stürmischen Winden aus westlichen Richtungen und steigendem Wasser werden Teile der Mole überspült. Bei diesen Wetterlagen verläßt man besser die Mole vor dem Wasserhöchststand, der sowieso bei der Helgoländer Molenangelei kein guter Zeitabschnitt ist. Besser wird bei auf- oder ablaufendem Wasser gefangen. Die Stromrichtung wechselt dann, und es dauert ein Weilchen, bis sich die Fische darauf eingestellt haben. Am Boden sind es hauptsächlich dicke, bis

zu dreipfündige Flundern und auch Schollen, im Mittelwasser sind es Makrelen und Hornhechte, die vom I-Punkt gefangen werden. Sie sind alle an diesem Platz, weil der Sandspierling zu Hunderten dort eng an der Molenwand entlangzieht. Man verschafft sich diesen mit Abstand besten Köder mit der Senke und steckt kleine Fischchen im Ganzen, größere halbiert auf den Haken. Ebenso verfährt man bei der Gleitfloßangelei im Mittelwasser. Sogar 60-g-Blinker und Paternosterköder fangen hier Makrelen - aber nicht ganz so erfolgreich, zumal sich die Gleitfloßangel mit der Strömung weit von der Mole zu den entfernt stehenden Fischen hinaustragen läßt.

Die Köderbeschaffung ist auf Helgoland dadurch erschwert, daß jegliches Sammeln aus Gründen des Naturschutzes nicht erlaubt ist; Wattwürmer sind sowieso kaum zu finden. Man muß sich also Köder - Würmer - vom Festland mitbringen oder im Hafen bei den dort vertäuten Fischkuttern nachfragen. Fischfetzenköder lassen sich aus allen Fischen schneiden, am besten frisch aus den eben erst gefangenen. Gute weitere Angelmolen sind ferner auf der Düne die Dünenhafenmolen. Auf der Reedeseite gibt es viele Tanghänger aber auch Dorsche, Wittlinge und hin und wieder einen Pollack, vielleicht sogar Köhler.

Bei ruhigem Wetter und steigendem Wasser kann man in den strömungsfreien Ecken häufig große Meeräschenschwärme beobachten; die Größe der Fische (acht Pfund und mehr) verschlägt einem den Atem. Wer aus guter Deckung geduldig mit Brot oder Fischbrei solange anfüttert, bis die Fische den Köder nehmen, kann mit feinstem Gerät auf Beute hoffen. Diese Riesenfische stehen auch in den Häfen der eigentlichen Insel Helgoland und dort besonders im Nordosthafen vor dem Aquarium der Biologischen Anstalt. Geangelt werden kann von allen Molen mit Ausnahme der Landungsbrücke und den binnenwärtigen Molen des Süd- und Vorhafens. Besonders gute Plätze liegen vor den Köpfen der langen Süd- und Ostmolen, letztere ist ein sicherer Hornhechtangelplatz. Von beiden Molen fängt man in der kalten Jahreszeit Dorsche; in der Weihnachtszeit wurden hier schon Dorsche von weit über zehn Pfund Stückgewicht erbeutet.

Erwähnenswert ist auch die sehr lange Nordostmole vom Schwimmbad bis zur Jugendherberge. Nach dem Bau einer Kläranlage und geregelter Müllentsorgung wird auch hier gut gefangen. Alle übrigen Uferpartien sind fürs Angeln tabu, weil sie Teil des Naturschutzgebietes Helgoländer Felssockel sind. Zwischen dem Angeln sollte man unbedingt das Meerwasser-Aquarium beim Nordosthafen besuchen. In zahlreichen liebevoll ausgestatteten Schaubecken hat man Gelegenheit, die Vielfalt des aquatischen Lebens auf dem Helgoländer Felssockel im Miniaturformat zu beobachten. Dicke Dorsche, rastlos wandernde Makrelen, Haie, Conger und Rochen - die alle vereinzelt rund um Helgoland vorkommen - sind zu betrachten. Außerdem kann man ausgewachsene Hummer, Seespinnen, Garnelen, Krabben und Weichtiere, insbesondere vielfarbige Seeanemonen, bewundern.

Anglerische Auskunft: bei den Fischern (siehe Bootsliste); allgemeine Auskunft: Kurverwaltung, Postfach 720, 27498 Helgoland

Angelschiffsliste Nordsee

Diese Liste wird - jährlich aktualisiert - in der Zeitschrift AngelWoche veröffentlicht (März - April); außerdem wird sie - *fortlaufend* aktualisiert! - von der Zeitschrift BLINKER auf Anfrage verschickt.

MS „Kehrheim II" aus Büsum auf Makrelenkurs.

Bensersiel

➤ FK MÖWE, Karl-Heinz Rieken, Wiesenweg 6, 26427 Bensersiel, Tel: 04971/1526
47 Plätze, Saison: 01. 07. bis 31.08.
➤ MS EDELWEISS, Jann Linneberg, Oll Deep 2, 26427 Bensersiel, Tel: 04971/7563
12 Plätze, Saison: 01.05. bis 30.09.

Borkum

➤ Ulrich Ney, Isdobben 13, 26757 Borkum; Tel: 04922/2055

MS Atlantis (Siehe S. 60) im Hafen von Dornumersiel

Büsum

✒ MS BLAUORT, Egbert Jasper, Fieler Damm 68, 25785 Nordhastedt,
Tel: 0481/64343, Fax:0481/61441
50 Plätze, Saison: ganzjährig
✒ MS KEHRHEIM II, Volker Clausen, Butendörp 24, 25761 Wester-
deichstrich
Tel: 04834/8258, Fax: 04834/3112

Cuxhaven

✒ MS JAN CUX und JAN CUX II, Reederei Nordsee - Angel- und Rund-
fahrten GmbH, Kapitän-Alexander-Str. 19, 27472 Cuxhaven,
Tel: 04721/51493 u. 72501. Anmeldung: 04721/725100
Jan Cux: 50 Plätze, Jan Cux II: 80 Plätze, Saison: 01.03. bis 30.10.

Dornumersiel

➤ MS FREIA, Bernd Laaser, Esenserstr. 117, 26489 Ochtersum,
Tel: 04975/8041, Fax: 04975/7286.
25 Plätze, Saison: 01.04. bis 30.09.

➤ MS ATLANTIS und MS NORDMARK, Gerhard Rosenbohm, Stürmanns-
weg 5, 26553 Dornumersiel, Tel: 04933/681, Fax: 04933/990042.
MS Atlantis: 25 Plätze und MS Nordmark: 12 bis 14 Plätze.
Saison: MS Atlantis vom 01.04. bis 30.09. MS Nordmark: ganzjährig.

➤ FK FREYA ACC4, Johann Sander, Ostfreesenstraat 22, 26553
Dornumersiel, Tel/Fax: 04933/1807
12 Plätze, Saison: 01.04. bis 30.09.

Fedderwardersiel

➤ FK EDELWEISS, Ernst Wefer, Am Hafen, 26969 Fedderwardersiel,
Tel:04733/1014.
15 Plätze, Saison: Juni bis August (nur am Wochenende).

Harlesiel

➤ JENS ALBRECHT II, Am Jachthafen 47, 26409 Harlesiel,
Tel: 04464/1306, Fax: 04464/8037.
25 bis 32 Plätze, Saison: 01.06. bis 30. 09.

➤ MS MARION, Rolf Tatje, Am Jachthafen 49, 26409 Harlesiel,
Tel: 04464/461.
12 Plätze, Saison: 01.04. bis 30.09.

Helgoland

➤ MS ATLANTIS , Karl-Heinz Hottendorf, Bremer Str. 222, 27498
Helgoland, Tel: 04725/7285.
12 Plätze, Saison: 01.04. bis 30. 09.

➤ MS SEEADLER, Klaus Block, Siemens-Terrasse 152, 27498
Helgoland, Tel: 04725/479.
12 Plätze, Saison: 01.04. bis 30. 09.

➤ MS URANUS, Klaus Grahmann, Süderstr. 581, 27498 Helgoland,
Tel:04725/7332.
12 Plätze, Saison; 01.04. bis 30. 09.

Neuharlingersiel

🐟 MS KEEN TIED, Emil Steffens, Bootsweg 3, 26427 Harlingersiel, Tel: 04974/307
47 Plätze, Saison: 01.05. bis 30 09.

🐟 MS ANNA, Friedrich Dirks, Cliener Straat 4, 26427 Neuharlingersiel, Tel: 04974/823
22 bis 25 Plätze, Saison: 01. 05. bis 30. 09.

🐟 MS GORCH FOCK, W.H. Jacobs, Am Hafen 19, 26427 Neuharlingersiel, Tel: 04974/279
25 Plätze, Saison: 01. 05. bis 30. 09.

🐟 MS NORDLICHT, Alfred Wiemken, Wiesenweg 1, 26427 Neuharlingersiel, Tel: 04974/757
12 Plätze, Saison: 01. 04. bis 30. 09.

Norderney

🐟 MS SEEPFERDCHEN, Johannes Visser, Kreuzstr. ll, 26548 Norderney, Tel: 04932/83503
36 Plätze, Saison: 01. 06. bis 30. 09.

Wilhelmshaven

🐟 MS MÖWE und MS JEVERLAND, G.und H. Huntemann, Außenhafen Hooksiel, Neuer Vorhafen, Wohnschiff „Neue Liebe", 26434 Hooksiel, Tel: 04425/1737, Fax: 04425/1506
45 Plätze, Saison: 01. 05. bis 30. 09.

I. Kapitel: Angelplätze

Ostsee

Mit der Ostsee besitzen Deutschlands Meeresangler Zugang zu einem Binnenmeer, das in völligem Kontrast zur Nordsee steht und damit ganz andere Angelmöglichkeiten bietet und dementsprechend andere Methoden erfordert. Anglerisch gesehen sind Nord- und Ostsee zwei ungleiche Schwestern. Der auffälligste Unterschied betrifft das Brandungsangeln: An der Nordsee bleibt diese Angelmethode wegen der flachen, weitläufigen und im Gezeitenrhythmus ständig trocken fallenden Watten auf Molen, Kais und die nur umständlich erreichbaren Inseln beschränkt. An der Ostsee aber fehlen diese Watten; das immer beliebter werdende Brandungsangeln kann beinahe von jedem Punkt der Küste betrieben werden. Anstelle der Watten wird die Ostsee von steinigen, kiesigen oder sandigen Hochufern gesäumt, mancherorts findet man bis zu 60 Meter hohe Steilküsten. Deiche wie an der Nordsee, sind nur hin und wieder auf kleinen Abschnitten vorhanden. Vor dem Ostseeküstensaum breitet sich eine abwechslungsreiche Meeresbodenstruktur aus, oftmals vermengt mit großen, tonnenschweren Findlingen. Ufernahe Schlickfelder sind nur in absolut stillen Buchten zu finden oder in den tiefsten Rinnen der Förden und Becken. Tangfelder, Seegraswiesen und Muschelbänke liegen vielerorts in Wurfweite der Brandungsangler, das Angespülte gibt deutlich Auskunft über diese Stellen.
Die Ostsee ist ein flaches Binnenmeer. Bei uns beträgt die Durchschnittstiefe 15 bis 20 Meter, erst hinter der Darßer Schwelle fällt der Seeboden im Arkonabecken zwischen Rügen und Bornholm auf 50 Meter Tiefe ab. Sehr viel weiter östlich bei Stockholm befindet sich die tiefste Stelle: 463 Meter.
Ein weiterer großer Unterschied betrifft die Gezeiten: Sie spielen in der Ostsee kaum eine Rolle, schwanken nur zwischen etwa fünf bis zehn Zentimetern - kein Vergleich zu den mächtigen, vom Atlantik herrührenden Gezeitenschüben der Nordsee. Doch anhaltende Winde können auch in der Ostsee binnen weniger Stunden die Wasserstände verschieben. Die Ostsee reagiert schnell auf West- und Ostwinde mit Wasserstandswechsel.
Der dritte Unterschied betrifft den Salzgehalt: Nur etwa 2% beträgt er vor unserer Küste und nimmt nach Osten hin ständig ab. Der Bottnische Meerbusen zwischen Finnland und Schweden ist fast gänzlich ausgesüßt. Auch in unseren Buchten verringert sich der Salzgehalt bei ausreichendem Zulauf aus den Flüssen. Diese Wasser würden die Ostsee allmählich gänzlich aussüßen, wäre da nicht der ständige Abfluß des oberflächennahen, leichteren Süßwassers durch die Sunde und Belte der dänischen Inselwelt ins Kattegat und der Zulauf salzigen Wassers als Unterstrom durch dieselben Meerengen.

Die mächtigen Gezeitenströme der Nordsee fehlen der Ostsee sehr zur auffrischenden Durchlüftung der großen Wassermassen. Deshalb reagiert das Ökosystem dieses Binnenmeeres empfindlich, wenn nach langen, heißen Sommern Plankton tonnenweise zu Boden sinkt, die Herbststürme ausbleiben und die winterlichen Winde wirkungslos bleiben, weil die See früh vereist. Das abgestorbene Plankton beginnt zu faulen, Bakterien zehren den gelösten Sauerstoff und bilden Fäulnisgase. In dem lebensfeindlichen Gas-Wasser-Gemisch können Zooplankter nicht leben. Für die heranwachsende Fischbrut ist das aber fatal, denn sie findet keine Nahrung und verhungert. Die Folge sind ausbleibende Fischschwärme auf Jahre und Jahrzehnte, ein Circulus vitiosus, aus dem es nur ein Entrinnen gibt: Wind, Wind, der zur Sturmstärke anwächst. Diese Stürme sind an der Ostsee lebensspendend für alles, was im Wasser schwimmt.

Das Auf und Ab der Fischbestände ist also nur zum Teil Folge der Überfischung, schon gar nicht Folge der Meeresangelei. Aus frühen Aufzeichnungen des 16. Jahrhunderts weiß man, daß beispielsweise die Dorsche über viele Jahre ganze Küstenstriche gemieden haben oder daß die Heringe über Nacht verschwanden und nicht wiederkamen. Ostseeangler müssen deshalb auch nach Einführung der Quotenfischerei immer mit schwankenden Angelerfolgen rechnen. Überdies werden in diesem Binnenmeer weit weniger Fischarten gefangen; denn für Pollack, Schellfisch, Heilbutt, Seezunge, Knurrhähne, Katfisch, Leng, Rochen und Haie, um nur einige Arten aus der Nordsee zu nennen, ist die Ostsee zu süß; sie werden nur sporadisch mit Wind und Strömung in die Ostsee vertrieben.

Ausgeglichen wird diese Artenarmut aber durch oft große Individuenzahl bei den Fischschwärmen. Gute Dorschjahrgänge bescheren den Anglern reiche Fänge, ebenso ist es bei Heringen, Wittlingen und Flundern. Damit sind bereits die vier wichtigsten Beutefische der Ostseeangelei aufgezählt.

Ein weiterer erfreulicher Ausgleich erfolgt überdies durch die Einwanderung von Süßwasserfischarten in die ausgesüßten Bodden und Sunde Mecklenburg-Vorpommerns. Dort zählen Barsche, Hechte, Zander, Rotaugen und Brassen zum alltäglichen Fang der Angler.

Vor unserer Ostseeküste hat sich ein einmaliges Fischgemenge ergeben, das im Vergleich zur Nordsee ganz verschiedene Angelmethoden und Angelzeiten erfordert.

Hochseeangeln

Der Nordseeflotte stehen über 50 Ostseeangelschiffe gegenüber. Rund 1900 Angler haben darauf Platz. Im Gegensatz zur Nordseeflotte, die im Winter auf ganz wenige Schiffe schrumpft, verkehren die Ostseeschiffe ganzjährig, praktisch ohne Angelpause. Nur starke Winde ab 5 behindern das Angeln in Rostock/War-

nemünde (westliche Winde) und Saßnitz/Rügen (östliche Winde), ab Stärke 6 auch in den übrigen Häfen.
Die meisten Ostseeschiffe sind fürs Hochseeangeln umgebaut und verfügen über Toiletten, geräumige Decks, beheizte Aufenthaltsräume und gastronomischen Service.
Zielfisch ist ganzjährig der Dorsch mit den Saisonhöhepunkten im Mai/Juni und Oktober/November sowie der winterlichen Großdorschangelei auf den Laichplätzen. Meistens wird gepilkt, zuweilen aber auch die Naturköderangelei vom treibenden Boot betrieben und dann nicht nur Dorsche, sondern auch Wittlinge und Plattfische geangelt. Eine Makrelensaison, wie in der Nordsee, gibt es in der Ostsee nicht.

Sportbootangelei

Anders als an der Nordsee, wo das Angeln von Sportbooten wegen der langen, tideabhängigen Wege und der oft viel rauheren See eingeschränkt ist, wird die Ostseeangelei mit kleineren, seetüchtigen, gut ausgerüsteten Booten immer beliebter. In Heiligenhafen werden Kajütboote zur Charterung bereits seit Mitte der achtziger Jahre angeboten; seither mehren sich die Angebote von Bootsverleihern an der Küste (Fehmarn, Rügen, Kühlungsborn). In den geschützten Bodden und Haffen Mecklenburg-Vorpommerns hat die Sportbootangelei eine alte Tradition.
Überall findet man von Anglern betriebene Sportboothäfen.
An der Ostsee wird das Schleppangeln immer beliebter (Meerforellen, Dorsche). Auch dadurch steigt das Interesse an der Sportbootangelei.

Küstenangelei

An erster Stelle steht das Brandungsangeln, das seit Beginn der 90er Jahre einen großen Aufschwung genommen hat. Es werden seither Materialien angeboten, die auch einem Anfänger Weitdistanzwürfe ermöglichen; außerdem wuchsen die guten Fänge, weil der wichtigste Köder, der Wurm, in allen küstennahen Angelfachgeschäften zu erhalten ist.
Unabhängig von Gezeiten wird an der Ostsee stets in der Dämmerung, bei auflandigem Wind und leichter Strömung am besten gefangen. Die vielgestaltige Küste erlaubt einen raschen Wechsel des Angelplatzes bei drehendem Wind, hinzu kommt, daß es kaum einen Kilometer an der Küste gibt, der nicht beangelbar wäre. Saison ist immer, nur bei sehr warmem Wasser im Hochsommer verschwinden die Dorsche. Eine Besonderheit ist die Watfischerei, die immer mehr Anhänger findet. Lachs und Meerforelle sind die Zielfische. Besonders gut eig-

nen sich hierfür die steinigen Küstenabschnitte, im Frühjahr auch die seichten, sich zuerst erwärmenden Buchten, in denen die Fischbrut steht. Besonders die Meerforelle schätzt die Ufernähe. Saison ist immer - außerhalb der Schonzeit. Wichtiger Beifang ist im April/Mai der Hornhecht. Das Angeln von Kais und Molen wird ebenso wie an der Nordsee betrieben. Auch hier sind die Zielfische Aal, Flunder, aber auch der Hering, der alljährlich in großen Laichzügen in die Buchten, Förden und Häfen eindringt. Dann sind im April Tausende von Anglern unterwegs, um den silbernen Segen der Ostsee zu bergen. Wichtig für das Brandungsangeln ist, daß die vielen Campingplätze entlang der Küste in der Zeit von Ende Oktober bis zum 01. April geschlossen werden. Dann gibt es für den Angler Ruhe und viel Platz, aber auch keine Stellplätze mehr.

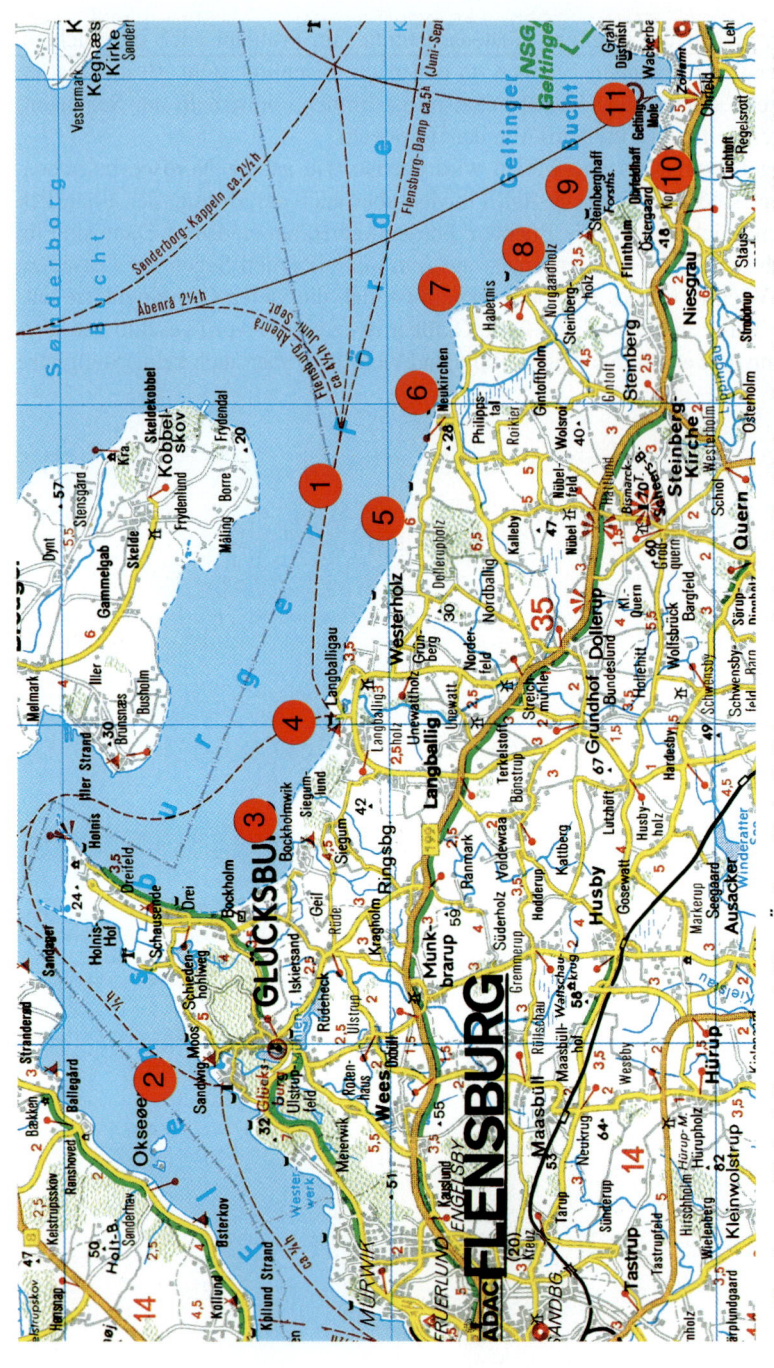

Flensburger Förde: 1. Bootsangelplätze Äußere Förde, 2. Schwennaumündung, 3. Bockholmwik, 4. Langballigau, 5. Westerholz bis Neukirchen, 6. Mündung Steinbergau, 7. Habernis, 8. Norgaardsholz, 9. Steinberghaff, 10. Ohrfeld, 11. Gelting und Wackerballig

Schleswig-Holsteinische Küste,

von Nord nach Süd

▶ **Flensburger Förde**, Seekarte Nr. 26 und 100

Die Flensburger Förde gehört zu den schönsten Küsten unserer Ostsee. Ufernahe Nutzungen und Verbauungen sind - verglichen mit der übrigen Küste - nicht so zahlreich. Noch vermitteln einzelne Abschnitte den Hauch der ursprünglichen Naturlandschaft; selbst im Hochsommer hält sich der Freizeitbetrieb in Grenzen. Viele kleine Bäche und Auen, ufernahe Süßwasserquellen in der See sowie die Nähe zur dänischen Inselwelt mit den dort hervorragend gepflegten Meerforellenbeständen ließen die Flensburger Förde zum besten Meerforellengebiet der Küste werden. Aber auch Plattfische, Aale und seit Beginn der 90er Jahre auch wieder Dorsche sind zu fangen. Bis etwa Holnis gehen die salzwasserabhängigen Fische an den Haken.

Bootsangler müssen beachten, daß die Grenze zum dänischen Nachbarn ungefähr in der Fördenmitte verläuft und sie von dort an einen dänischen Fischereischein benötigen. Anglerische Beratung: Angelsportcenter Dirk Sennholz, Ochsenweg 72, 24941 Flensburg - Weiche

Allgemeine Auskünfte: Tourist - Information, Speicherlinie 40, 24937 Flensburg.

1. Bootsangeln

wird mit Schleppködern entlang der Ufer zwischen Holnis und Gelting betrieben (Meerforellen). Dorsche werden beim Pilken in den tieferen, äußeren Bereichen der bis zu 30 m tiefen Förde gefangen; Saison ist in der kalten Jahreszeit bis etwa Mitte Mai. Der Außenfördebereich ist überdies ein guter Angelplatz für große Plattfische. Im Juni findet man dort die Laichplätze des Steinbutts, der dann gleich zentnerweise in Langballigau angelandet wird. Sogar Seezungen gibt es in diesem Revier vereinzelt.

Ein weiterer guter Fangplatz ist die Langballigbank querab Langballigau, auch für Plattfische, und der Neukirchengrund bei Habernis.

Charterfahrten sind im Sommer vereinbar mit Bootseignern im geschäftigen Fischer- und Sportboothafen von Langballigau (mit Slip- und Liegeplätzen).

Die Förde ist wegen ihrer geschützten Lage insgesamt gesehen ein empfehlenswertes Revier für alle Bootsangelarten.

2. Innere Förde

Im April sind zeitweilig Heringe im Flensburger Hafen, die dann von den Molen, ebenso in Mürwick von den dortigen Anlegern, gefangen werden. Dort ist auch ein sehr guter Aalangelplatz. Erwähnenswert ist die Schwennaueinmündung, umrahmt vom Campingplatz Schwennau in Glücksburg, inmitten des Ortes eine Idy-

Flensburger Förde: der Ostteil Bockholmwik.

lle mit Caravanstellplätzen und einer ausgezeichneten Meerforellenstelle; außerhalb der sommerlichen Saison, im zeitigen Frühjahr, ein guter Angelplatz.

3. Bockholmwik

Von hier - Parkplatz und Straße direkt am Wasser - öffnet sich eine gute Watstrecke nach Westen vor einem Steilufer mit zahlreichen kleinen Süßwasseraustritten. Viele Steine und Blasentang bilden den gesuchten „Leopardengrund" für das Meerforellenangeln. Nach Osten hinter einem großen Campingplatz beginnt eine steinige, einsame Küste, die sich vom Parkplatz am Beginn des Abschnitts etwa 3 km lang als großartige Watstrecke für Meerforellen erweist. Bis Langballigau - mit einem Bacheinlauf bei Siegumlund - ist dieser Abschnitt sehr empfehlenswert.

4. Langballigau

Der Ort ist der anglerische Mittelpunkt der Förde. Die einmündende Au ist Meerforellenlaichgewässer. Im Mündungsbereich werden sogar vereinzelt Lachse erbeutet. Hier beginnt das Watangelgebiet westwärts bis Bockholmwik. Unterkünfte, Campingplatz, gute Parkmöglichkeiten, im Hafen Liegeplätze, Slip und nach Absprache Mitfahr- oder Chartermöglichkeiten für Angeltouren werden geboten. Auskünfte: Amt Langballig, Süderende 1, 24977 Langballig.

Flensburger Förde: Steilküste bei Osterholz.

Flensburger Förde: die Mündung der Lippingau.

Flensburger Förde: Blick auf die Habernis Huk.

5. Westerholz bis Neukirchen

Ein Toprevier für die Meerforellen-Watangelei, aber auch für alle anderen Seefische beim Brandungsangeln. Die teils sandige, teils steinige Küste ist übersät mit großen Findlingen und herabgestürzten, zum Teil in die See hineinragenden Bäumen, die vom bis zu 30 m aufragenden, steilen Ufer abgerutscht sind. Es gibt viele kleine Süßwassereinläufe und Quellen im Seewasser. Das Gebiet ist mit dem PKW nur über die Meiereistraße in Osterholz zu erreichen; offizielle Parkplätze sind nicht vorhanden.

6. Einmündung Steinbergau

Das Mündungsgebiet der Au bei Neukirchen ist sehr flach, steinfrei und sandig. Nach starken Regenfällen im Frühjahr ist dies in der Dämmerung ein guter Watangelplatz, insbesondere wenn sich das flache Wasser bereits merklich erwärmt hat. Weites Waten ist erforderlich. Parkplatz ist ausreichend direkt am Strand vorhanden. Im Sommer ist der Platz durch Badende überfüllt.

7. Habernis

Die Habernis Huk, eine Landspitze, gilt bei Fördeanglern als ein sehr guter Meerforellenangelplatz. Vor der steinbepackten Steilküste der Landspitze breitet sich die See mit vielfältigem Bewuchs und Steinen aus und bildet so mit einzelnen offenen Sandflecken den gesuchten Leopardengrund, über dem sich die Meerforellen aufhalten. Im Mai werden hier auch viele Hornhechte gefangen. Geangelt wird mit Blinkern, Fliegen und Gleitfloß; eine Grundangelei verbietet sich wegen der ständigen Hängergefahr. Über viele hundert Meter bleibt das Wasser nur zwei Meter flach, bis es an eine bis zu 18 Meter tiefe Rinne stößt: ein hervorragender Dorsch- und Plattfischfangplatz für Bootsangler. Die Huk erreicht man direkt von der Küstenstraße: abbiegen in die Sackgasse „Na de Huk", Parkplatz ist ufernah vorhanden.

8. N o r g a a r d h o l z
Zwischen Habernis Huk und Steinberghaff liegt dieses Gebiet mit guten Angelmöglichkeiten auf Plattfische und Aale. Die Straße führt direkt an den Strand; Parkplätze, Gaststätte, Campingplatz und Spielwiese sind vorhanden.

9. S t e i n b e r g h a f f
Beim Strand Klevelücke gibt es direkt am Wasser Parkmöglichkeiten. Davor dehnt sich ein flacher, sandiger Seeboden, erst ab etwa 30 m beginnt Leopardengrund. Guter Aal- und Plattfischangelplatz. Im Ort selbst kaum Angelmöglichkeiten; im Sommer herrscht starker Ferienbetrieb.

10. O h r f e l d
Die Lippingau, ein Meerforellenaufstiegsbach, hat eine sehr flache, sandige Bacheinmündung, die am besten bei nördlichen und östlichen Winden - dann ist hoher Wasserstand - und starkem Süßwassereinlauf zu beangeln ist. Gut geeignet ist dieser Bereich für das Schleppangeln vom Boot weiter draußen vor der Mündung. Im Ort bei Koppelheck gibt es Parkmöglichkeiten direkt am Strand; im Sommer herrscht im ganzen Bereich reger Badebetrieb.

11. G e l t i n g und W a c k e r b a l l i g
Im Fähr- und Yachthafen Gelting ist das Angeln verboten, auch von den Molen. Außerhalb der Sommersaison empfiehlt sich die Nachfrage beim Hafenmeister oder bei der Touristeninformation, 24395 Gelting, an der B 199. Dort erhält man auch Auskünfte über Slipanlagen und Liegeplätze in den großen Sportboothäfen.

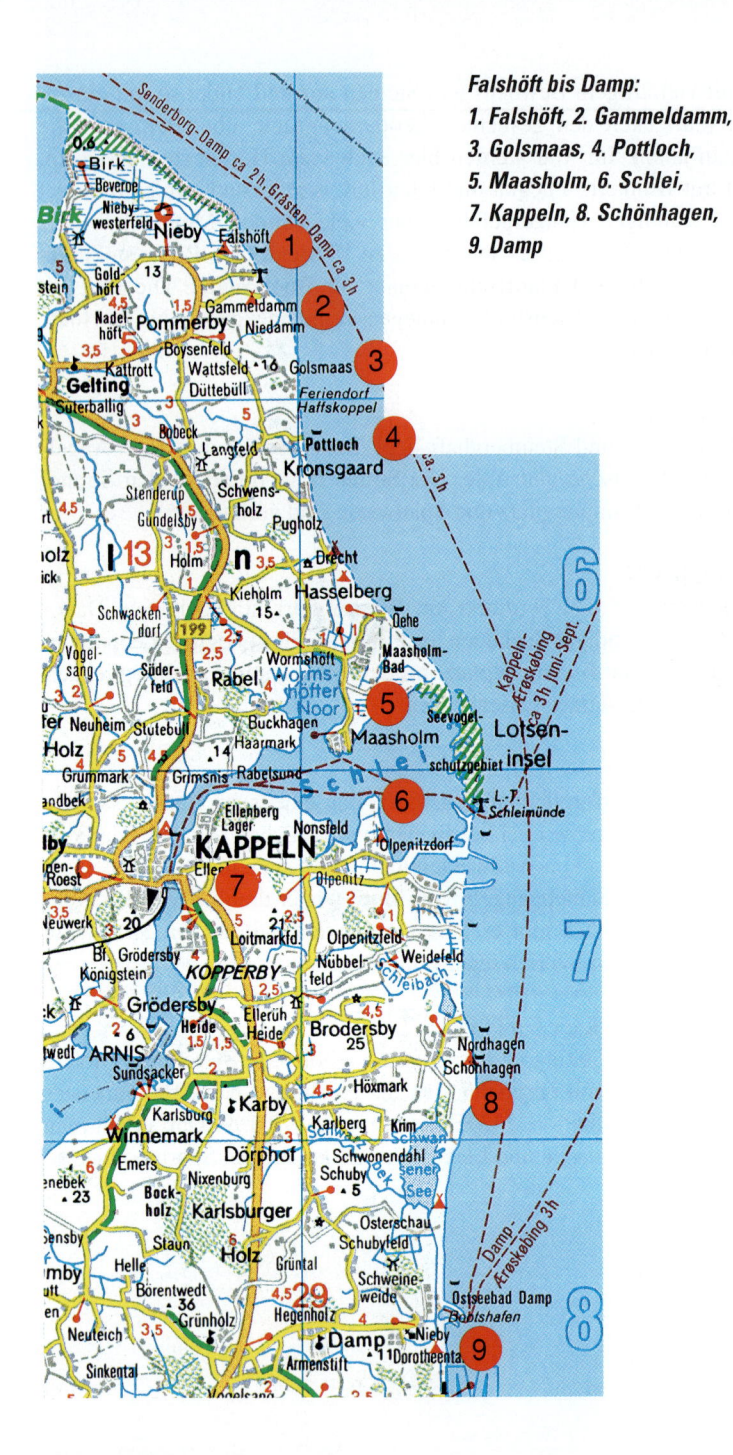

Falshöft bis Damp:
1. Falshöft, 2. Gammeldamm,
3. Golsmaas, 4. Pottloch,
5. Maasholm, 6. Schlei,
7. Kappeln, 8. Schönhagen,
9. Damp

Falshöft: Vor allem bei östlichen Winden auf langen Strecken ein herausragender Brandungsangelplatz.

▸ Falshöft bis Damp, Seekarte Nr. 32

1. Falshöft

Von allen Stränden bis hinunter nach Damp ist dies der einsamste und weitläufigste Parkplatz vor dem breiten Strand am Leuchtturm. Nach Norden wird das Gebiet begrenzt durch das NSG Geltinger Birk (mit Handangelverbot vom Strand), nach Süden hin dehnt sich meilenweit beangelbarer Strand. Ein Platz, der auch für Großveranstaltungen gut geeignet ist.

Die zunächst feinsandige und flache Uferzone wird rasch abgelöst von bewachsenen, parallel zum Ufer verlaufenden Bänken und Rinnen. In etwa 150 m Wurfweite verläuft eine steile Abbruchkante zum bis zu 16 m tiefen Wasser, aus der abends die Fische (Dorsche!) heranziehen. Überall liegen große Steine verstreut, geben Deckung für Meerforellen; Leopardengrund lockt überall Plattfische. Ein Top-Angelrevier.

2. Gammeldamm

Die Verhältnisse ähneln denen von Falshöft. Aber es gibt zwei große Campingplätze am Strand mit sommerlichem Badebetrieb. Parkplätze sind außerhalb der Ferienzeit vorhanden. Die Camper haben einen Sportbootliegeplatz auf den Dünen eingerichtet; die Boote werden per Trailer und Trecker ins Wasser geschoben. Mit den Booten wird viel vor der Küste geangelt (auch Schleppangeln auf Meerforellen). Etwas weiter südlich beim Schöpfwerk gibt es - wenn gepumpt wird - gute Meerforellenchancen.

3. G o l s m a a s
Ein gutes Plattfischrevier, einsam und weitläufig, ähnliche Verhältnisse im Wasser wie bei Falshöft. Neben einem Feriendorf führt ein Weg über einen Bauernhof zu einem kleinen Campingplatz direkt am Strand.

4. P o t t l o c h
Ab hier südwärts bestehen gute Angelmöglichkeiten, aber die gesamte Strandlänge ist zugestellt mit Campingplätzen und Feriensiedlungen. Im Sommer herrscht hier sehr lebhafter Ferienbetrieb. Nur zu empfehlen außerhalb der Sommersaison. Weit im Süden wird der Abschnitt begrenzt durch das Vogelschutzgebiet Oehe mit Angelverbot.

5. M a a s h o l m
Vom Fischereihafen fahren mehrere Hochseeangelkutter zu den deutsch-dänischen Gewässern auf dem Breitgrund (wegen dänischer Angelerlaubnis nachfragen). Die Ostsee und die Schlei sind ein sehr beliebtes Segelrevier, deshalb gibt es einen großen Yachthafen. Die berühmte Schleimündung läßt sich nicht von hier, sondern nur nach einem längeren Fußmarsch von der südlichen Seite erreichen. Dazu fährt man von Kappeln bis zum Marinestützpunkt Olpenitz und geht zu Fuß etwa zwei km, dann steht man vor einem der besten Angelplätze an der schleswig-holsteinischen Küste! Durch die enge Schleimündung ziehen im April Millionen Laichheringe, fast das ganze Jahr lang Flundern, bei anhaltenden Ostwinden mit einlaufendem Wasser auch Dorsche (April/ Mai und Oktober/November). Bei Westwinden werden im Herbst Millionen Jungheringe durch die Enge in die offene See gedriftet, dann stehen die Dorsche und auch die Meerforellen vor der Mündung. In der Mündung herrscht im Sommer reger Bootsverkehr, auf den die Angler unbedingt Rücksicht nehmen müssen. Das Angeln von Sportbooten in diesem Bereich ist nicht möglich, weil viel zu wenig Platz vorhanden ist. Sportboote für bis zu 6 Angler: Wormshöfter Mühle, Volker Hagemann, 24376 Hasselberg.

6. S c h l e i , Seekarte Nr. 41
Die Schlei bis Kappeln ist Brackwassergebiet, in dem neben Hering, Flunder und Dorsch auch schon mal ein Barsch erwischt werden kann. Der Fluß ist flach (ein bis zwei Meter), nur in der Mitte verläuft eine sehr schmale, etwa vier Meter tiefe Fahrrinne. In dem Gebiet zwischen Mündung und Kappeln wird viel vom Boot geangelt, und das möglichst nah an der Scharkante zur Fahrrinne. Für jegliches

Angeln wird eine Schleierlaubniskarte benötigt, die man in den Gemeindeverwaltungen von Arnis, Kappeln, Olpenitz oder Maasholm erhält. Ein guter Landangelplatz mit Parkplatz, umgeben von Wiesen und Wald, befindet sich an der Flußenge Rabelsund: Zufahrt ab Landstraße 199, Abfahrt Haarmark.

7. Kappeln

Diese Stadt wurde bei Anglern wegen des alljährlichen reichen Heringssegens bekannt. Hunderte von Anglern fangen im April täglich Tausende von Schleiheringen hauptsächlich von den Hafenmolen vor und hinter der Drehbrücke. Die Heringe ziehen aber noch viel weiter schleiaufwärts, so daß sich bei Arnis und bei der Brücke in Lindaunis ebenfalls sehr gute Angelplätze ergeben. Wegen des Heringsvorkommens wurden vor der Drehbrücke die Heringszäune gebaut. Diese langen, trichterförmigen Zäune aus Weidenzweigen sollen die Heringe in die Reusen leiten; das funktioniert auch heute noch. Im Mai/Juni kommen bei östlichen Winden an Stelle der Heringe oft Hornhechtschwärme in die untere Schlei, sie wandern aber nur bis zur Brücke und wagen es offenbar nicht, unter dem Brückenschatten hindurchzuschwimmen. Sie werden mit Gleitfloß und Fetzenköder von den Seebäderschiffsmolen überlistet. Für das Angeln in der Schlei ist eine besondere Angelerlaubnis erforderlich. Man erhält sie außer an den unter Punkt 6 genannten Adressen auch an den Wochenenden im Kiosk am Binnenhafen nahe der Drehbrücke. Charterboote, mit und ohne Motor, auch ostseetauglich, vermietet das Wassersportzentrum Kappeln, Am Hafen 4, 24376 Kappeln. In Kappeln liegen mehrere Angelkutter. Weitere Auskünfte: Tourist - Information, Schleswiger Str. 1, 24376 Kappeln

8. Schönhagen

Im Winterhalbjahr gilt der Ort als guter Dorschangelplatz bei östlichen Winden. Im Sommer herrscht hier Ferienbetrieb, und die Angelei ist behindert. Am Ende des Badestrandabschnittes wechselt der sandige Untergrund in steinigen Leopardengrund, jedoch mit größeren, hakfreien Sandflächen dazwischen. Das beangelbare Gebiet endet beim Naturschutzgebiet Schwansener See; im Norden ist das Übungsgebiet der Marine zu beachten. Weitere Auskünfte: Kurverwaltung, 24398 Schönhagen

9. Damp

Die Molen sind außerhalb der Hochsaison gute Angelplätze, vor allem an den Tagen mit geringer Brandung, wenn die Fische nicht unter Land ziehen, sondern weiter entfernt im Tiefwasser stehen.
Weitere Auskünfte: Ostseebad Damp GmbH, 24351 Damp

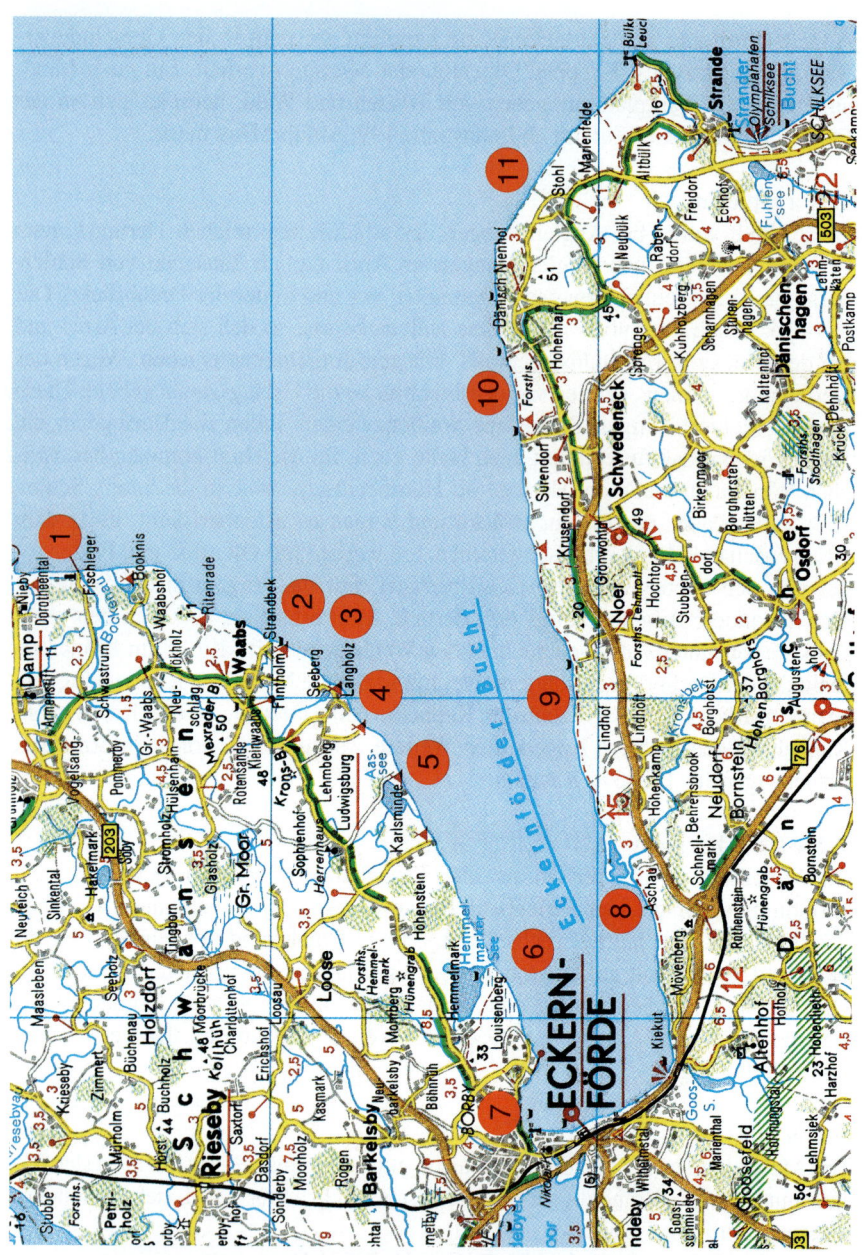

*Eckernförder Bucht: 1. Fischleger, 2. Klein Waabs, 3. Langholz, 4. Lehmberg,
5. Karlsminde, 6. Hemmelmarker See, 7. Eckernförde, 8. Aschau, 9. Noer,
10. Schwedeneck, 11. Stohl*

▶ Eckernförder Bucht, Seekarte Nr. 32

Die geräumige Bucht ist ein ausgezeichnetes Brandungs- und Watfischerrevier, das bei jeder Windlage aussichtsreiches Angeln ermöglicht. Die Bucht ist überall weit über 20 Meter tief; tiefes Wasser reicht auch nah an die Ufer heran. Sie sind größtenteils steinig-sandig mit dem gesuchten Leopardengrund und guten Fangmöglichkeiten für Dorsche, Aale und Plattfische, vor allem aber Meerforellen. Von den meist steilen, hohen Ufern kann man sehr gut die Bodenformationen mit den Geröll- und Bewuchsstellen erkunden.

Bootsangelei konzentriert sich auf den steinigen, bewuchsreichen Mittelgrund am Ausgang der Bucht, einer Bank mit sieben Meter Tiefe. Die Tiefststellen der Bucht sind bedeckt mit mächtigen Schlickbänken, über denen sich nach schwachwindigen Jahren faulendes Sediment bilden kann und die dadurch für das Bootsangeln wertlos werden. Teile der Bucht nutzt die Marine in gesamter Länge zu bestimmten Zeiten als Übungsplatz, dies wird im Hafenamt Eckernförde bekanntgegeben und das Gebiet durch Sicherungsfahrzeuge freigehalten.

1. Fischleger

Nomen est omen - dieser Platz an der Einmündung der Schwastrumer Au ist der Mittelpunkt eines sehr guten Reviers, das sich vor dem bedeichten Ufer nach Norden bis Damp, nach Süden bis Booknis erstreckt. Von Nord nach Süd allmählich abnehmend steinig, mit Geröll und Muschelbänken, großen Leopardengrundstrecken und langen, parallel zum Ufer verlaufenden Bänken. An der Aumündung konzentriert sich im Frühjahr und im Sommer das Meerforellenvorkommen. Dort befinden sich neben einem geräumigen Park- und Campingplatz auch ein Slip und Lagerplatz für Sportboote. Die Straße führt direkt an den Strand. Ein empfehlenswerter Platz.

2. Klein Waabs

Dieses sehr gute Revier ist freizügig, naturbelassen, ohne Verbauung, zu erreichen mit dem PKW auf der Straße zur DLRG-Station. Ein geräumiger Parkplatz ist direkt am Steiluferstrand, ebenso eine Badestelle, ein Cafe und etwas weiter nördlich ein Campingplatz. Am Parkplatz gibt es einige Steinbuhnen, nach Süden nimmt die steinige Steilküste zu. Vor den Buhnenköpfen erstreckt sich etwa 30 bis 40 Meter Sandboden mit Rinnen, die parallel zum Ufer verlaufen, gleich dahinter tiefer abfallendes Wasser mit viel Bewuchs. Dieser Platz ist empfehlenswert.

3. Langholz

An der Landspitze Seeberg kommt das tiefe Wasser noch einmal in Wurfweite.

Küste bei Klein Waabs: außer bei Westwind gut für Wat- und Brandungsangeln. Vor den Buhnenköpfen Sandboden mit Rinnen, die parallel zum Ufer verlaufen.

Hingegen verläuft der Strand von Langholz etwas flacher als alle weiter nördlich liegenden Gebiete, die Sandflächen zwischen den Bewuchsfeldern nehmen zu. Dadurch ergeben sich gute, hindernisfreie Plattfisch- und Aalangelstellen. Zwischen den Steinen bei der Spitze Seeberg lohnt sich die Watangelei auf Meerforellen. Parkmöglichkeit direkt am Strand.

4. L e h m b e r g

Von der Küstenstraße fährt man zum großen Dauercamperplatz, ein Parkplatz befindet sich am Eingang. Im Süden grenzt der Platz an ein militärisches Sperrgebiet. Viele Camper lagern Boote und berichten von sehr guten Erfolgen beim Bootsangeln im Tiefwasser vor ihrem Platz. Neben Dorschen - hauptsächlich im Herbst bei Ostwinden - werden auch viele Wittlinge und Plattfische erbeutet, im Sommer häufig Heringe und Hornhechte. Dieser Platz eignet sich für die Watfischerei, denn vom steinigen Strand erreicht man ein Gemisch aus Sand- und Leopardengrund, wobei große, sandige Flächen überwiegen und bis zu 200 Meter weit ans Tiefwasser ragen. Bei südwestlichen Winden außerhalb der Ferienzeit ein guter Angelplatz.

5. K a r l s m i n d e

Ein sehr guter Meerforellenplatz befindet sich hier am Auslauf des Aassees. In drei Binnenseen ist die Süßwasserangelei möglich, in Karlsminde gibt es Forel-

Steilküste zwischen Noer und Aschau: gutes Brandungsangeln bei allen nördlichen Winden möglich. Leopardengrund mit großen Steinen - hervorragend für Meerforelle.

lenangelteiche. Brandungsangeln und Watangelei auf Meerforellen lohnen sich auf der ganzen Strandstrecke bis zu Punkt 6. Im Sommer ist das Parken schwierig wegen eines großen Campingplatzes.

6. Hemmelmarker See

Der See ist privat verpachtet, am Auslauf liegt eine sehr gute Meerforellenstelle für die Watangelei. Nach Westen ist der Strandabschnitt begrenzt durch ein militärisches Sperrgebiet; große Campinganlage mit kleinem, gebührenpflichtigem Parkplatz.

7. Eckernförde

In dieser Stadt verhält man sich anglerfreundlich: Das beginnt mit der Freizügigkeit auf den Molen, von denen überall geangelt werden darf. Bei anhaltenden Ostwinden gibt es reichlich Beute: Ab Mitte April bis weit in den Mai hinein (eine Ausnahme an der Küste!) werden Heringe im Mittelwasser von großen Dorschen gejagt. Dann kann man neben den Heringen auch mit Blinkern und Spinnern vier- bis fünfpfündige Dorsche erwischen. Ab Mitte Mai kommen die Hornhechte, bleiben bis Ende Juni; sie werden mit dem Gleitfloß, dem Fetzenköder oder mit Jungheringen gefangen. Dabei werden immer wieder Meerforellen überlistet, manchmal sogar eine Regenbogenforelle. Plattfische gibt's immer, an guten Tagen sind Fänge bis zu 20 Fischen möglich. Im August laufen Aale im in-

neren Hafen sehr gut. Eine gesonderte Angelerlaubnis wird nicht verlangt. Ab Hafen Eckernförde verkehren Angelkutter ganzjährig. Anglerische Beratung: Fisherman's Friend, Bachstr. 10, 24340 Eckernförde.
Weitere Auskünfte: Kurverwaltung, Am Exer 1, 24340 Eckernförde.

8. Aschau

Viele private Grundbesitzstände erschweren eine Begehung des guten Meerforellen-, Aal- und Plattfischangelplatzes an der Kronsbekmündung. Die Au fließt in einen See, bevor sie ins Meer mündet.

9. Noer

Zwischen Noer und Aschau stößt man auf eine grandiose, einsame Steilküste von etwa zwei Kilometer Länge. Vom hohen Ufer lassen sich sehr gut die ausgezeichneten Brandungs- und Watangelstellen erkunden: ein guter Meerforellenplatz über Leopardengrund und großen Steinen. Vom vielfach steinigen Ufer empfiehlt sich das Brandungsangeln bei allen nördlichen Winden. Zufahrt über Noer, Parkmöglichkeiten nur in einiger Entfernung vom Strand.

10. Schwedeneck

Zwischen den Ortsteilen Surendorf und Dänisch Nienhof liegt eine etwa drei Kilometer lange, gut bewatbare Brandungs- und Meerforellenstrecke über Sand/Kies und Leopardengrund. Nur in den Orten gibt es strandnahe Parkplätze. Deshalb parken manche Angler an der Küstenstraße und wandern dann zu Fuß auf kurzem Weg zur Angelstelle. Beide Orte haben sehr belebte Badestrände. Allgemeine Auskünfte: Kurverwaltung, 24229 Schwedeneck.

11. Stohl

Von der Landstraße gelangt man zu Fuß über Feldwege an die Küste, die viel von Anglern wegen der guten Dorschangelmöglichkeiten aufgesucht wird. Von hier weiter in Richtung Kiel endet das erfolgreiche Angeln wegen Kläranlagen, Yachthäfen usw.

▶ **Kieler Förde,**
Seekarten 34 (innen) und 33 (außen), ohne Landkarte

Schon 1919 wurden hier die ersten Hochseeangelfahrten durchgeführt. Damals ließen sich die Angler in Ruderbooten von einer Barkasse auf die Förde ziehen und angelten im Sommer Makrelen. Auch von hier gingen in den sechziger Jahren die ersten Impulse zum Hochseeangeln mit großen Charterschiffen aus. Noch

Schwentine-Mündung am Kieler Ostufer: guter Platz für Meerforellen und Hering.

Im Kieler Hafen drängeln sich die Heringsangler.

heute laufen Angelkutter von Kiel, Strande und Laboe aus mit Fahrtziel Außenförde, Langeland und Fehmarnbelt. Nach Heiligenhafen ist Kiel immer noch der bedeutendste Hafen der Hochseeangelei. Anglerische Beratung: Großmanns Angeltreff, Günter Großmann, Sörensenstr. 45, 24143 Kiel. Allgemeine Auskünfte: Touristinformation Kiel, Sophienblatt 30, 24103 Kiel.

1. S t r a n d e (nördlich Olympiazentrum) Liegeplatz eines Hochseeangelkutters

2. I n n e n f ö r d e (Kieler Hafen)
Vor der Einmündung des Nord-Ostsee-Kanals bis in den hintersten Zipfel des Stadthafens werden von etwa Mitte April bis in den Juni hinein - Höhepunkt ist Anfang Mai - massenhaft Heringe gefangen, auch von kleinen Sportbooten. Bequem zu erreichende und vielbesuchte Angelplätze sind direkt am Hauptbahnhof und dort vor den Parkhäusern zu finden. Parkplätze sind überall vorhanden. An den Wochenenden herrscht drangvolle Enge, die Angler stehen fast Schulter an Schulter; eine besondere Erlaubniskarte für das Hafengebiet wird nicht verlangt. Im Bereich des Fähranlegers ist das Angeln verboten. Weitere gute Angelstellen findet man entlang der Gewerbekais gegenüber vom Bahnhof und vor allem vor der Schwentine-Mündung auf dem Ostufer. Alle westholsteinischen Seen entwässern hier und locken Meerforellen; besonders im Winter und zeitigen Frühjahr werden diese Fische hier gefangen. Für diesen Platz ist die „Schwentine-Erlaubniskarte" erforderlich, zu erhalten bei Gerätehändler Großmann, s. oben unter „Kieler Förde". Die Heringe ziehen überdies schubweise durch die Schleusen in den Nord-Ostsee-Kanal ein, wandern aufwärts bis Rendsburg. Im Kanal dürfen nur organisierte Angler, die über ihren Verein Mitglied im Landessportfischerverband sind, frei angeln. Gastkarten gibt es nicht. Ein bevorzugter Angelplatz liegt bei Königsförde, zu erreichen über Bredenbek (Abfahrt BAB 210 Kiel - Rendsburg).

3. W e n d t o r f (bei Laboe)
Die sehr große Marina hat Slip- und Krananlagen für Sportboote sowie Liegeplätze. Im kleinen Kutterhafen am Ausgang der Marina gibt es bei nordwestlichen Winden gute Aal- und Plattfischangelmöglichkeiten. Am Strand im benachbarten Ort Stein werden Wattwürmer gegraben. Nicht geangelt werden darf im Naturschutzgebiet Bottsand neben der Marina.

Probsteier Küste: 1. Heidkate, 2. Kalifornien, 3. Schönberger Strand, 4. Stakendorfer Strand, 5. Schmoel, 6. Hohenfelde

▶ **P r o b s t e i e r   K ü s t e**, Seekarte Nr. 43

Der lange, nach Nordosten gerichtete, buchten- und hafenlose Küstenabschnitt ist im Westteil sehr flach, gedeicht und sandig. Überall ragen lange T-förmige Buhnen ins Wasser. Im Ostteil nehmen steinige, hohe Küstenabschnitte zu. Das sommerliche Badeleben hält sich in Grenzen, jedoch ist im Westteil zunehmend mit Surfern zu rechnen. Im Mittelabschnitt liegen lange, für Großveranstaltungen gut geeignete Strandabschnitte. Aussichtsreichstes Brandungsangeln gibt es im Ostteil bei Nord- und Ostwinden.

1. Heidkate
Ein einsamer Platz mit hohem Deich, anglerisch wenig attraktiv, da das Wasser flach und der Boden sandig ohne Bewuchs ist. Aber an stillen Vorfrühlingstagen bei Erwärmung lauern Meerforellen vor und an den T-Buhnen und jagen abends laichende Sandspierlinge. Geräumige Parkplätze.

Stakendorfer Strand: gutes Brandungs- und Watangelrevier, außer bei südlichen Winden.

2. Kalifornien
Badeort mit flachem, deich- und buhnengesichertem Sandstrand, gleiche Bedingungen wie Heidkate, viele Surfer, gute Parkmöglichkeiten

3. Schönberger Strand
Im Sommer gibt es kaum Möglichkeiten wegen des touristischen Betriebes (Gastronomie, Hotels, Spielplätze, kaum Parkplätze). Gute Brandungsangelplätze verlaufen aber entlang der Deichparallelstraße nach Stakendorfer Strand. Allgemeine Auskünfte: Kurverwaltung, An der Kuhbrücksau, 24217 Kalifornien.

4. Stakendorfer Strand
Auf dem Deich stehen die Häuser und Verkaufsstände der Fischer, davor liegen auf dem Strand die offenen Netz- und Reusenkähne der Kleinfischer. Hier lebt noch ein Hauch Fischertradition, die so nur noch auf der Insel Usedom in Ahlbeck und Heringsdorf zu finden ist. Vor den T-förmigen Buhnen ist das Wasser bereits zwei Meter tief, davor dehnt sich tiefes Wasser mit Seegraswiesen und Leopardengrund. Der Sandstrand geht Richtung Punkt 6 allmählich in Kies über. Insgesamt ein sehr empfehlenswerter Angelplatz außerhalb der sommerlichen Badesaison. Erbeutet werden hauptsächlich Dorsche und auch Meerforellen; man beachte die stattlichen Exemplare in den Fischerkisten. Im Mai/Juni jagen die Hornhechte um die Buhnen.

Grünberg/Hohenfelde: ein sehr beliebtes Revier für das Brandungsangeln.

5. Schmoel
Hier beginnt eine Abbruchküste mit sehr kiesig-steinigem Strand, ebenso steinigem Seeboden, streckenweise mit parallel zum Ufer verlaufenden Sand- und Bewuchsfeldern. Es ist ein sehr gutes Küstenangelrevier, überdies sehr einsam, erreichbar nur zu Fuß über Grünberg. Von Badegästen wird es gemieden, muß man doch rund 1,5 Kilometer vom Parkplatz des Ortes laufen. Im Westen Richtung Stakendorfer Strand wird dieser Abschnitt begrenzt durch das Naturschutzgebiet „Strandseelandschaft bei Schmoel", hier darf nur in der Zeit vom 01. September bis zum 31. März geangelt werden. (Achtung: Meerforellenschonzeit bis 31. 10.!) Gute Fangchancen für Dorsche, da tiefes Wasser in Wurfweite liegt.

6. Hohenfelde
Der flache, steinige Strand ist ideal für das Brandungsangeln - hier wurden schon viele Großveranstaltungen durchgeführt (großer Parkplatz und Kiosk vorhanden). Der Seeboden fällt rasch auf zwei bis drei Meter Tiefe ab, ist abwechslungsreich mit Muschelbänken, Seegras und Tang bestanden. Dazwischen verlaufen parallel zum Ufer bankweise freie Sandflächen: ein gutes Dorschangelrevier bei nördlichen und östlichen Winden. Empfehlenswert ist auch der Bachauslauf der Mühlenau etwas östlich von Hohenfelde (Auslauf des Selenter Sees) mit guten Meerforellenfangchancen.

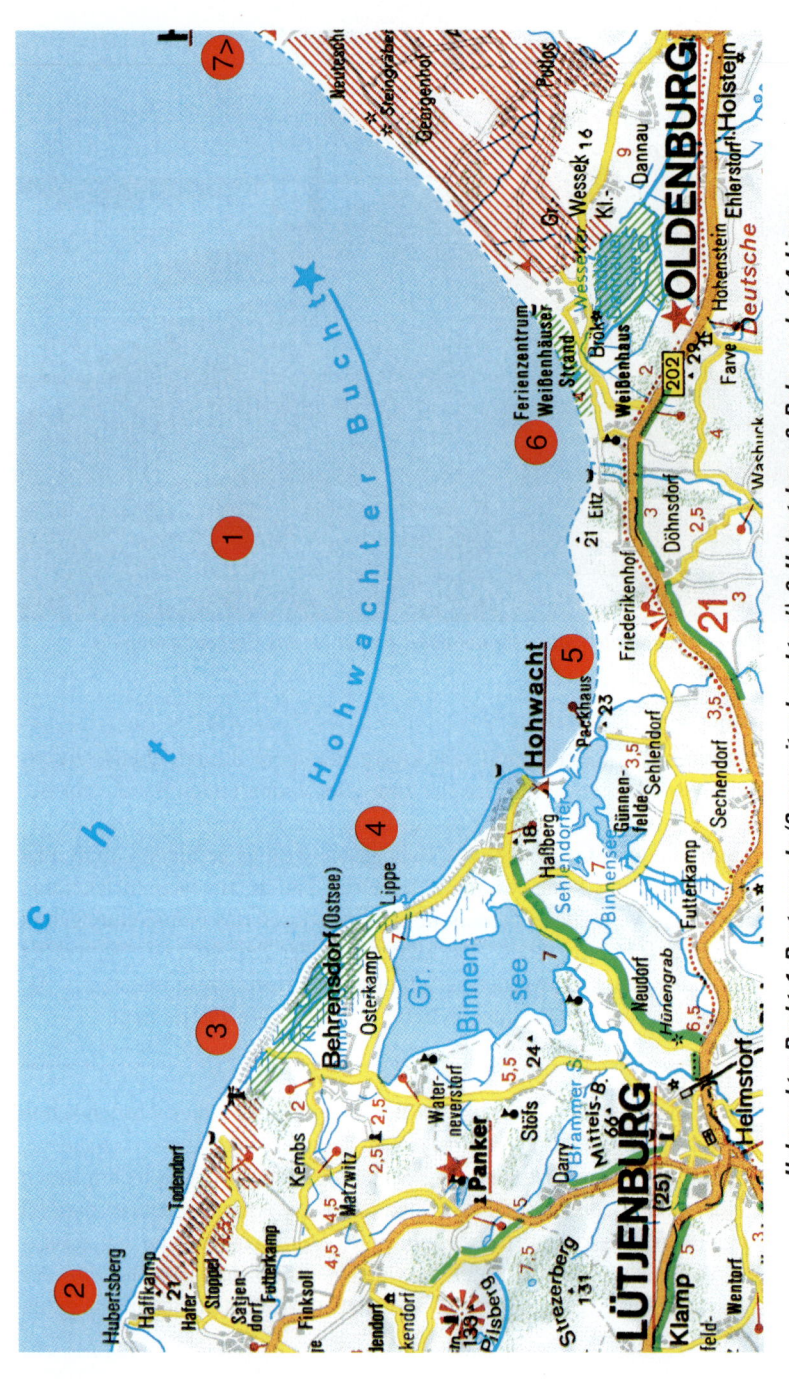

Hohwachter Bucht: 1. Bootsangeln (Sperrzeiten beachten!), 2. Hubertsberg, 3. Behrensdorf, 4. Lippe, 5. Sehlendorf/Frederikenhof, 6. Eitz (Weißenhäuser Strand), 7. Johannistal

86 Modernes Meeresangeln

▶ Hohwachter Bucht, Seekarte Nr. 43

Mittelpunkt des sommerlichen Badetrubels ist der Ort Hohwacht, der sich großer Beliebtheit erfreut und über zahlreiche sehr geräumige Campingplätze verfügt. Vom Sehlendorfer Binnensee über Hohwacht aufwärts bis nach Todendorf fallen die Ufer flach zur Ostsee ab und müssen teilweise durch Deiche geschützt werden. Die 6-m-Tiefenlinie erstreckt sich weit ins offene Wasser hinaus, der Strand ist auf großen Strecken ziemlich rein und zeigt die typische Bank-Rinnen-Formation der Ostseeküste. Unterhalb des Sehlendorfer Binnensees beginnt eine Steilküste, die sich, nur bei Weißenhaus kurz unterbrochen, fast bis nach Heiligenhafen hinzieht. An vielen Stellen dieses Gebietes reichen die 6- und 10-m-Tiefenlinien nah an die Ufer heran. Das gesamte Gebiet eignet sich vorzüglich für das Angeln vom Ufer. Die westlichen Ufer der Bucht sind bei östlichen, die östlich gelegenen Strecken bei westlichen Winden zu bevorzugen. Nordwindlagen sind in diesem Gebiet ideal. An allen Plätzen wird auf Dorsch, Aal und Plattfische geangelt, besonders die flachen Strände nördlich von Hohwacht und das Gebiet bei Weißenhaus eignen sich gut für das Plattfischangeln. Im ganzen Gebiet läßt sich mit guten Erfolgsaussichten das Brandungs- und Watfischen auf Meerforellen ausüben.
Allgemeine Auskünfte: Kurverwaltung, Berliner Platz, 24321 Hohwacht.

1. Bootsangelei
Der mit zahlreichen großen Bewuchs- und Steinfeldern, Muschelbänken und Seegraswiesen bestandene Seeboden ist ein ausgezeichnetes Bootsangelrevier. Leider werden diese guten Angelmöglichkeiten eingeschränkt durch zeitweilige großräumige militärische Sperrungen, wenn Schießübungen von Todendorf oder Putlos durchgeführt werden. Diese Sperrzeiten werden in den Hafenbüros von Hohwacht, Lippe und Heiligenhafen ausgehängt. Die Warnungen werden außerdem durch rote und gelbe Lichtsignale rund um die Bucht angezeigt; das Sperrgebiet ist durch gelbe Tonnen mit einem liegenden Kreuz markiert. In der Regel ruht an den Wochenenden der Schießbetrieb, die Bucht kann befahren und beangelt werden.

2. Hubertsberg
Ein steiniger Angelplatz am äußersten Rand des Schießgebietes Hohwachter Bucht. Exzellent geeignet fürs Watangeln auf Meerforellen. Bei auflandigem Wind nagt die See an der steinig-lehmigen Küste. Es bildet sich ein langer Trübsaum - ein sehr gutes Aalangelgebiet, auch alle übrigen Fische kommen dann an diesem Platz viel näher an die Küste. Neben einem kleinen Parkplatz (die Straße führt direkt ans Wasser) gibt es einen Kiosk und Campingplatz. Der steinige Strand wird kaum von Sommergästen besucht. Ein empfehlenswertes Angelrevier.

Eitz/Weißenhaus: bei Brandungs- und Watanglern ebenso wie bei Bootsanglern beliebt.

3. B e h r e n s d o r f
Im Norden begrenzt durch das militärische Sperrgebiet Todendorf. Nach Süden verläuft ein allmählich flacher werdender Sandstrand mit hohen Deichen. In der Nähe des Leuchtturms gibt es gute Plattfischangelstellen und einen Parkplatz.

4. L i p p e
Eine lange Mole schützt die Kossau-Ausmündung aus dem dahinter liegenden Großen Binnensee. Ein Restaurant, ein kleiner Binnenhafen mit Sport- und Fischerbooten und viel Parkplatz umkränzen einen sehr guten Angelplatz an der Hohwachter Bucht. Von der Mole ostwärts erstrecken sich viele steinige Bewuchsfelder und Muschelbänke mit ausgezeichneten Aalangelmöglichkeiten, einer der besten Plätze unserer Küste. Aber auch große Plattfische werden überall, von der Mole beginnend, bis etwa 1,5 km weiter nördlich auf der gesamten Küstenlinie gefangen. Bei starkem Süßwasserauslauf verirren sich viele Barsche in den Mündungstrichter. Dazwischen stehen zu solchen Zeiten kapitale Meerforellen; ein guter Platz, vor allem bei nordwestlich bis nordöstlichen Winden.

5. S e h l e n d o r f / F r e d e r i k e n h o f
Die steile, steinige und urwüchsige Küste ist auf drei Kilometer Länge sehr gut für die Watfischerei geeignet und nur zu Fuß erreichbar über Sehlendorf oder Eitz.

6. E i t z (Weißenhäuser Strand)
Der vielbesuchte Brandungsangelplatz - von der B 202 führt direkt eine Straße zum Ufer - wurde zunächst durch die Eitzer Sportfischer bekannt, deren Boote am Parkplatz auf dem Strand liegen. Mit feststehendem Gerät fangen diese Fischer große Meerforellen, was natürlich die Angler lockte. Inzwischen wird hier erfolgreich beim Waten die Meerforelle gefangen, und zwar vom Parkplatz westwärts in Richtung Sehlendorf vor der etwa zwei Kilometer langen, bewaldeten Steilküste mit großen, ufernahen Steinen, sehr steinreichem Grund, verbunden mit dichtem Bewuchs. Aber auch zwischen der Einmündung der Wasbucker Au und dem Oldenburger Graben (Wesseker Schleuse) lassen sich Meerforellen überlisten. Zugleich beginnt hier der etwas hindernisfreiere Seeabschnitt Richtung Weißenhaus mit sehr guten Brandungsangelmöglichkeiten auf Steinbutt, Scholle, Flunder und Aal. Verlockend ist auch die lange Weißenhäuser Seebrücke außerhalb der Saison. Ein empfehlenswertes Revier insgesamt, das leider bei West- bis Nordwinden starken Krauttrieb aufweist. Allgemeine Auskünfte: Kurverwaltung, Seestr. 1, 23758 Weißenhäuser Strand.

7. J o h a n n i s t a l (s. Landkarte „Mecklenburger Bucht, Westseite", S. 100)
Die hohe Küste wird im Westen durch das militärische Sperrgebiet Putlos begrenzt, nach Osten erstreckt sich ein etwa vier Kilometer langer, steiniger Strand bis zum Feriencenter Heiligenhafen. Der Zugang muß überall erlaufen werden, aber es lohnt sich, denn Tiefwasser reicht in Wurfweite an das Ufer, der Seeboden ist übersät mit Kies, Geröll und großen Steinen voller Bewuchs und Muscheln. Bei westlichen Winden ist dies ein Top-Revier für die Dorschangelei; bei Starkwind wird das Wasser durch Losgespül getrübt, das lockt die Fische schon am Tage bis in die Strandnähe.

MERKE

- An der gesamten Ostseeküste beißen die Fische in der Brandung am besten.
- Wind und Wellen müssen von See aufs Land kommen.
- Deshalb: Suche Küstenabschnitte mit auflandigem Wind fürs Brandungsangeln.

Modernes Meeresangeln

Heiligenhafen: Hier ist die größte Angelkutterflotte Deutschlands zu Hause.

▶ **F e h m a r n s u n d,** Seekarte Nr. 31

1. H e i l i g e n h a f e n (Landkarte „Mecklenburger Bucht, Westseite", S. 100) Mit der Entdeckung der ergiebigen Dorschangelgebiete im Nordwesten Fehmarns wurde Heiligenhafen zum wichtigsten Hochseeangelplatz an unserer Ostseeküste. Im Hafen von „Dorschtown" liegen mehr als ein Dutzend große Angelkutter, die ganzjährig zum Angeln auslaufen. Täglich können 500 Angler Platz finden - 80 000 buchten 1995 die Kutter -, in der Hochsaison der Bootsangelei sind die Schiffe häufig von Vereinen ausgebucht. Das geschäftige Treiben am Abfahrplatz wird umrahmt von einem großen Angelzubehörgeschäft, Imbißläden, Hotels und Pensionen, die sich alle auf das frühe Gehen und nachmittägliche Kommen der Angler - auch am Wochenende - eingestellt haben. Auch das Shopping ist in der ganzen Woche möglich. Geangelt werden kann fast immer, auch bei Starkwinden im Schutz der Insel Fehmarn. Im Hafen beim Angelshop kann man rekordverdächtige Fische wiegen und ggf. anmelden - es gibt immer gute Preise zu gewinnen. Allgemeine Auskünfte: Kurverwaltung, Bergstr. 43, 23774 Heiligenhafen.

2. F e h m a r n s u n d b r ü c k e, Festlandseite
Am westlichen Brückenfuß befindet sich ein guter Brandungsangelplatz bei süd-

westlichem Wind. Vor der Ostseite des Fußes können im beruhigten Wasser im Mai/Juni Hornhechte, im Sommer gute Aale gefangen werden. Weil im Sundfahrwasser nicht geankert werden darf, liegen die guten Bootsangelplätze am Auslauf des Sundstromes, wo sich bodennahes Treibsel, also auch Kleinfische sammeln, die wiederum Dorsche, große Plattfische, im Mai/Juni auch Hornhechte anlocken. Die Strömungen im Sund verhalten sich folgendermaßen: nördliche Winde: Stromstille; westliche Winde: Strom von West nach Ost; Östliche Winde: umgekehrt; südliche Winde: Strom von Ost nach West. Bei starkem Wind kann es bis zu 2, 5 m/sec strömen.
Verhältnisse Sundbrücke, Inselseite: siehe Insel Fehmarn.

3. G r o ß e n b r o d e (Landkarte „Mecklenb. Bucht, Westseite", Seite 100)
Der alte Hafen am Sund bietet vom Molenkopf Angelmöglichkeiten, im Hafenbereich gibt es gute Aale. Die großen Molen des Marinehafens dürfen nicht betreten werden. Im Sportboothafen befinden sich Liegeplätze und eine Slipanlage, im Südhafen nur Sportbootliegeplätze. Hier liegen auch Fischkutter und die Boote der Nebenerwerbsfischerei sowie Angelkutter. Außerhalb der Badesaison ist das Angeln von der langen Seebrücke gestattet. Allgemeine Auskünfte: Kurverwaltung, Teichstr.12,23775 Großenbrode.

Schichtwechsel: Der Dorschkutter übergibt an die Brandungsangler...

Insel Fehrmarn: 1. Kutterrevier, 2. Fehmarnsundbrücke, 3. Wulfen, 4. Staberhuk, 5. Katharinenhof, 6. Gahlendorf, 7. Klausdorf, 8. Windpark Klingenberg, 9. Presen, 10. Ohlenburgs Huk/Marienleuchte, 11. Puttgarden, 12. Niobedenkmal, 13. Teichhof, 14. Altenteil, 15. Markelsdorfer Huk, 16. Westermarkelsdorf, 17. Bojendorf, 18. Püttsee

▶ **Insel Fehmarn,** Seekarte Nr. 31

In den achtziger Jahren wurde Fehmarn zum „Mekka der Brandungsangler". Diesen Titel muß die Insel zwar seit der Wiedervereinigung mit Rügen teilen, aber Fehmarns Strände haben nichts an Anziehungskraft verloren und bieten viele Vorteile: Bei jeder Windlage findet man Bereiche mit auflandigem Wind und gute bis sehr gute Angelplätze rund um die Insel. Die Plätze sind gut zu erreichen, Parkplätze stehen fast überall zur Verfügung. Aufgeschlossen steht die Inselbevölkerung den Anglern gegenüber: Angeleinschränkungen sind nur gegeben durch kleine Naturschutzzonen und durch Surfgebiete. Von Ende Mai bis Anfang September herrscht auf der Insel und an den Sandstränden starker Ferienbetrieb. Einige Süßgewässer der Insel sind beangelbar und gut besetzt unter der Regie des ASV Burg. Angelkutter liegen in den Häfen von Orth und Burgstaaken. Slipanlagen für Sportboote gibt es in den Häfen von Burgtiefe, Orth und Lemkenhafen. Anglerische Beratung und Gastkarten in den Angelläden in Burg und in den weiteren Geschäften auf der Insel. Allg. Auskünfte: Kurverwaltung Südstrandpromenade 1, 23769 Burg; Insel-Information, Breite Str. 28, 23769 Burg. Geheimtips gibt bereitwillig: Gerätehändler Udo Schröter, Sahrensdorfer Str. 1, 23769 Burg.

1. Bootsangeln vor Fehmarn

Im Nordwesten am Kiel - Ostsee - Schiffahrtsweg mit ständigem Großschiffverkehr befindet sich das wichtigste Angelgebiet der großen Angelkutterflotte. In der Nähe der Schiffahrtstonnen in 12 bis 18 Meter Tiefe werden hier beinahe täglich Dorsche gefangen. Das Beltfahrwasser ist bereits 30 Meter tief, im Winter sammeln sich hier die großen Laichdorsche. Dort liegen auch die besten Wittlingsangelgebiete. Die Ansteuerung des Gebietes mit Sportbooten muß gut überlegt werden. Wie überall rund um Fehmarn verlaufen auch hier ständig Strömungen, so daß sich bei aufkommendem Starkwind heftige Kreuz- und Kabbelseen bilden. Deshalb sollte der Platz nur bei stabiler Wetterlage mit größeren Sportbooten ab 4,5 Meter Länge angelaufen werden.
Kleinere Boote operieren sicherer und mit gutem Erfolg im Fehmarnsund, vor Staberhuk und der gesamten Nord- und Ostküste. Bereits in wenigen hundert Metern Abstand findet man überall Tiefen ab zehn Meter und fängt über Stein- und Bewuchsfeldern Dorsche, über Kies- und Sandfeldern Plattfische, sogar (im Osten) Steinbutt. Die Schleppangelei mit Booten auf Meerforellen lohnt sich entlang der gesamten Süd- und Ostküste. Die Fa. TARO-Charterboot verleiht Charterboote mit Außenbordmotor, CB-Funk, Echolot und Fischfinder. Campingplatz Miramar, 23769 Fehmarnsund. Ferner: Charterboot-Neumann, Katherinenhof 3 a, 23769 Bannesdorf; Liegeplatz bei der Surfschule in Burgtiefe.

2. Fehmarnsundbrücke

Das Brückenende auf der Inselseite wird von Anglern weit mehr als auf der Festlandseite aufgesucht. Östlich der Brücke liegt in einiger Entfernung bei der Werft ein guter, sandiger Angelplatz mit Parkplatz, der über Avendorf angefahren wird. Westlich der Brücke wird bis unmittelbar an die Brücke heran geangelt; ein Parkplatz befindet sich direkt bei der Brücke, Anfahrt über Strukkamp. Von hier bis weiter westlich zum Strukkamperhuk wird die Watangelei auf Meerforellen und im Mai/Juni auf Hornhechte betrieben. Bei der Brücke und östlich davon wird auf Plattfische, Aale, in der Dämmerung auf Dorsche und in der meist zügigen Strömung mit Gleitfloß und Fetzenköder auf Hornhechte gefischt. Die Angelei bei der Brücke ist sehr von der jeweiligen Sundströmung und dem damit verbundenen Krautfang an der Angel abhängig.

3. Wulfen

Außerhalb der Sommerzeit findet man zum Parken Platz bei der Bergmühle (mit WC und Müllcontainer) und am Strand davor am Steilufer einen guten Platz für das Brandungsangeln bei südlichen Winden. Im April/Mai nach anhaltender Wassererwärmung und bei Windstille gute Watfischerei auf Meerforellen möglich.

Fehmarnsund-Brücke: Auf der Inselseite zu beiden Seiten gut beangelbar, oft Krautgang.

Fehmarn: Der Pumpwerksauslauf am Ohlenburgs Huk - gut bei allen östlichen Winden.

Ostufer, ein Kilometer nördlich vom Staberhuk: überwiegend steinig, Leopardengrund.

4. Staberhuk

Ein verwunschener, wilder Platz, vom Leuchtturm weithin gekennzeichnet. Vor der Ostküste liegen viele Steine, und es gibt Bewuchs und Muschelfelder, auf der Südseite einige sandige Abschnitte. Von der Huk verläuft unter Wasser in östlicher Richtung ein Steinriff. Für Meerforellen und Dorsche ein sehr guter Angelplatz, letztere werden in der Dämmerung auch beim Spinnen über den Stein- und Krautfeldern gefangen. Für diese Methode eignet sich die gesamte etwa drei Kilometer lange Oststrecke bis zum Marinefernmeldeturm, wo sich auch der einzige, unmittelbar am Ufer gelegene Parkplatz befindet. Wer jedoch ans Südufer zum Leuchtturm will, der muß mit einem kilometerlangen Fußmarsch rechnen. Staberhuk ist ein sehr empfehlenswerter Platz, der auf der Ostseite aber unbedingt vor dem Angeln vom hohen Ufer mit Polarisationsgläsern nach geeigneten Plätzen (Sandzonen zwischen Muschel- und Bewuchsfeldern) abgesucht werden sollte; beinahe bei allen Windlagen kann hier geangelt werden.

5. Katharinenhof

Hier gibt es noch Reste des alten Buchensaumwaldes, davor eine steinig-sandige Küste mit vielen großen Findlingen, Leopardengrund - Anglerherz, was willst du mehr? Es ist ein wunderschöner Ort, vielleicht der schönste entlang Fehmarns Kü-

Ostufer bei Staberholz: Im Hintergrund der Marineturm - ein guter Orientierungspunkt.

ste. Überdies ist das Gebiet nicht überlaufen. Die Steilküstenstrecke verläuft etwa 2,5 km südwärts bis zum Parkplatz Punkt 4 und etwa ein Kilometer nordwärts bis zum Punkt 6. Ein Top-Angelplatz bei Winden von Nord über Ost bis Südost. Die Strecke sollte man zuvor vom hohen Ufer mit der Polarisationsbrille auskundschaften. Gefangen werden Meerforellen (Wat- und Schleppangelei), gute Dorsche und Plattfische. Kurios: Während der Rapsblüte und westlichem Wind sollen hier schon Meerforellen mit Nachbildungen des Rapsblütenkäfers gefangen worden sein.

6. Gahlendorf
Sehr einsam, keinerlei touristische Aktivitäten, eine lange Steilküste lädt zum ungestörtem Angeln ein, die Bedingungen sind genauso wie unter Punkt 5. Ein Parkplatz befindet sich direkt am Strand.

7. Klausdorf
Südwärts bis zum Punkt 6 und nordwärts bis zum Punkt 8 verläuft die Steilküste mit steinig-kiesigem Ufer; Fischvorkommen und Bedingungen wie bereits unter Punkt 5 beschrieben. Parkplatz und Campingplatz direkt am Wasser, aber alles bescheiden und wenig Betrieb.

Westermarkelsdorf: der bekannteste und wohl auch beste Platz bei allen Westwinden.

8. Windpark Klingenberg

Wen das Geheule der Windräder nicht stört, der findet einen einsamen zweigeteilten Angelplatz: Nach Norden beginnt ein eingedeichter, sandig-kiesiger Abschnitt für das Plattfischangeln, nach Süden vor den Mühlen verläuft eine steinige Steilküste. Direkt am Strand befindet sich ein Parkplatz.

9. Presen

Ein asphaltierter Deich schützt das Hinterland, hier gibt es beschränkte Parkmöglichkeiten - von Surfern bevorzugt besucht. Beim Schöpfwerk strömt nach anhaltenden Regenfällen oder nach Ostwindperioden so viel Süßwasser aus, daß dann verstärkt Meerforellen angelockt werden. Wandert man in Richtung Punkt 10, so erreicht man nach einigen hundert Metern mit normalen Würfen bereits tiefes Wasser mit steinig-sandigem Grund und etwas Bewuchs. Dies ist ein sehr guter Plattfischabschnitt.

10. Ohlenburgs Huk / Marienleuchte

Tiefes Wasser reicht nah an diese Landspitze heran. Neben einer Ferienhaussiedlung befinden sich der Leuchtturm und die Marine-Funkstelle. Direkt am Zaun dieser Funkstelle ist am Ufer ein sehr guter, wenn nicht sogar der beste Fehmarn

-Dorschangelplatz. Bei östlichen Winden wird fast immer gut gefangen, Würfe von 30 bis 50 Metern reichen aus. Sogar Steinbutt wird hier erbeutet.

11. Puttgarden, Hafen und Molen
Alle Anlagen sind für das Angeln gesperrt.

12. Niobedenkmal
Die eingedeichte Strecke mit schönem Deichvorland und flachen, sandigen Stränden lädt zum Plattfischangeln ein, weite Würfe sind erforderlich. Östlich, kurz vor dem Naturschutzreservat „Grüner Brink" (Strand darf nur vom 01. Oktober bis zum 31. März betreten werden), befindet sich die erfolgversprechendste Stelle. Campingplatz, Restaurant und Parkplatz sind direkt am Strand.

13. Teichhof
Über Gammendorf/Wenkendorf ist dieser Abschnitt zu erreichen, der Campingplätze, Gasthof und Parkplatz direkt hinter dem Deich hat. Im Sommer herrscht viel Betrieb. Vor dem Deich liegt ein sehr schönes, begrüntes Vorland mit Wildrosen und Salzbodenpflanzen, der Strand ist feinkiesig und sehr weitläufig. Im Parkplatzbereich erreicht man tiefes Wasser mit normalen Würfen beim Brandungsangeln. Für Meerforellenangler ist das Schöpfwerk westlich des Parkplatzes beachtenswert.

14. Altenteil
Vom Ort führt eine Straße direkt zum Strand und zu einer der größten Campinganlagen Fehmarns; der Platz wird viel von Anglern mit Wohnwagen und Wohnmobilen aufgesucht. Der lange, sandige Strandabschnitt eignet sich für das Plattfischangeln nach Osten, weite Würfe sind aber erforderlich. Auch die Markelsdorfer Huk, Fehmarns Nordwestspitze, wird von hier nach längerem Fußmarsch erreicht. Östlich der Huk lohnt sich die Meerforellenpirsch im flachen Wasser zur Laichzeit der Sandspierlinge (April/Mai).

15. Markelsdorfer Huk
Die Westseite der Huk ist ein Topangelplatz. Bei fast allen Winden wird immer gefangen - vor allem Plattfische -, aber wer weit werfen kann, der fängt auch Dorsche. Die Huk kann man außer über Altenteil (siehe Punkt 14) nur nach längerem Fußmarsch auf dem Strand vom Parkplatz Westermarkelsdorf (siehe Punkt 16) erreichen. Sehr viel Strömung erfordert häufig Krallbleie.

16. Westermarkelsdorf
Dieser Platz zählt zu den besten Brandungsangelplätzen Fehmarns. Dem sommerlich regen Badebetrieb geht man am besten nach Süden hin aus dem Wege.

Dort, gegen Ende der Steinbefestigung am Deichfuß, wird der Strand steiniger, und mit kraftvollen Würfen erreicht man Kies- und Muschelbänke mit vier bis fünf Meter tiefem Wasser. Die Weiträumigkeit - am Strand liegt ein großer Parkplatz hinter dem Deich - gestattet außerhalb der Badesaison die Durchführung von Großveranstaltungen. Im nahe gelegenem Nachbarort Dänschendorf gibt es Übernachtungsmöglichkeiten und Tagungsräume (bis zu 260 Personen).
Allgemeine Auskünfte: Gemeindeverwaltung, 23769 Dänschendorf.

17. B o j e n d o r f
Ein fast endloser, feinkiesiger Strand eröffnet ein Plattfischrevier mit vielen parallel zum Ufer verlaufenden Rinnen und Bänken, die weit überworfen werden müssen. Dieser Platz eignet sich gut für Veranstaltungen, ein großer Parkplatz befindet sich direkt am Strand, ein weiterer südlich von Bojendorf bei zwei großen Campingplätzen. Bis zur Grenze des Naturschutzgebietes Wallnau (ganzjährig für das Angeln gesperrt) kann gut geangelt werden. Meerforellenangler sollten den Sielauslaß an der NSG-Grenze beachten.

18. P ü t t s e e
An der Grenze zum NSG Wallnau gibt es einen Parkplatz. Von dort südlich erstreckt sich ein weitläufiger Sandstrand mit flachem Wasser: ein reines Plattfischrevier bei westlichen Winden. Im Sommer herrscht viel touristischer Betrieb.

MERKE
Dämmerung macht Fische munter!
An der Ostsee ist das Brandungsangeln
in den Dämmerungszeiten und nachts am
erfolgreichsten!

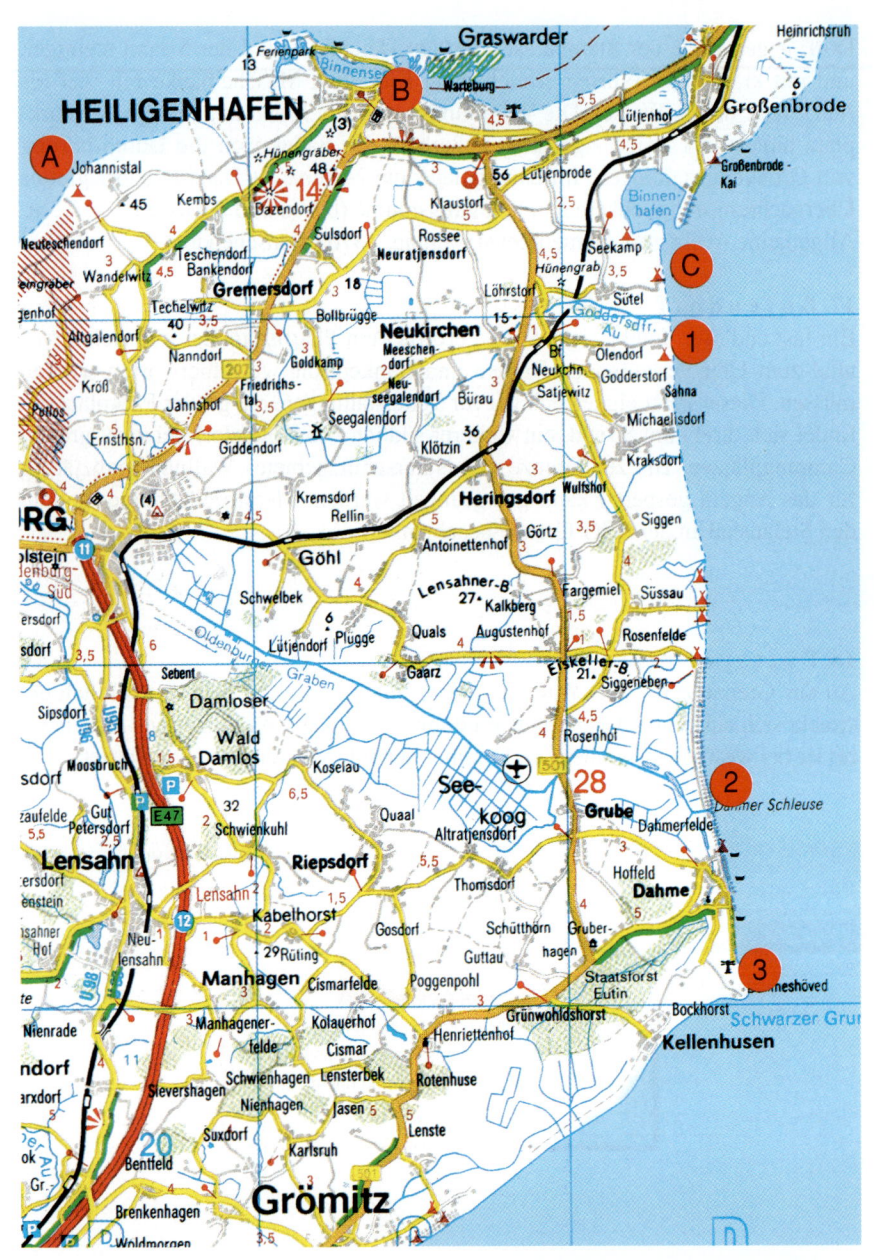

Fehmarnsund und Mecklenburger Bucht, Westseite (Karte 1): A. Johannistal (siehe „Hohwachter Bucht"), B. Heiligenhafen, C. Großenbrode-Binnenhafen (Kutter-Liegeplatz, siehe „Fehmarnsund"), 1. Ölendorf, 2. Dahmer Schleuse, 3. Dahmeshöved, Leuchtturm

▶ **Mecklenburger Bucht,**
Westseite, Seekarte Nr. 31 (Nord) und 37 (Süd)

Der schleswig-holsteinische Teil ist gekennzeichnet durch hohe Ufer und einige Steilküstenabschnitte. Die gesamte Küste ist im Sommer fest in der Hand von Feriengästen, die sich nach Süden zunehmend über viele gut ausgebaute Badeorte, im Norden über Großcampingplätze verteilen und lange Strandstrecken in Besitz nehmen. Dadurch ist dieses Gebiet im Sommer wenig empfehlenswert; im Winterhalbjahr, das ohnehin besser für das Küstenangeln ist, aber ein durchaus lohnendes Ziel, vor allem bei östlichen Winden.

Auf die langen Seebrücken in den Badeorten wird nicht detailliert eingegangen - grundsätzlich sind sie hervorragende Angelplattformen. Von manchen Gemeindeverwaltungen im Winterhalbjahr freigegeben, ermöglichen die Brücken bei östlichen Winden in der Dämmerung oft gute Dorschfänge mit allen Methoden.

Die Aussichten beim küstenfernen Bootsangeln sind insgesamt mäßig wegen des fast tischebenen, glatten Seegrundes. Ausnahmen bilden der Walkyrengrund - querab Punkt 4 - (mit Steinbutt) und die Sagasbank - querab Dahme -, die wegen ihrer Dorschvorkommen jahrzehntelang das Ziel aller Angelkutter dieses Bereiches waren. Auch heute noch ist die Sagasbank ein sicherer Dorschfangplatz.

Sportbootfahrer finden vom Fehmarnsund südwärts bis Dahme ein von westlichen Winden gut geschütztes, steiniges Revier. Im Uferbereich bis etwa 500 Meter vor der Küste liegen dort streckenweise riesige Findlinge, die aufmerksames Navigieren erfordern, aber das Schleppangeln auf Meerforellen ermöglichen. Das übrige Revier bietet ebenfalls guten Landschutz und leidlich gute Fangaussichten bis zu einem Küstenabstand von etwa einem Kilometer, weil bis dorthin viele Geröll- und Bewuchszonen reichen und sich daran erst der eintönige Sandgrund der offenen Bucht anschließt.

1. Ölendorf

Vor dem dortigen Campingplatz liegt der schon erwähnte Steingrund, der sich für die Schleppangelei mit Sportbooten auf Meerforellen eignet. Auch die Watfischerei südwärts bis etwa zur Höhe Siggen ist möglich, dabei werden wiederum in erster Linie Meerforellen überlistet. Bei Ostwinden ziehen Dorsche der Sagasbank in dieses küstennahe Revier.

2. Dahmer Schleuse

Der Süßwasserauslauf liegt etwa zwei Kilometer nördlich von Dahme am Beginn der Deichstrecke. Im Sommer ist das Gebiet überlaufen, kurtaxepflichtig, Badebetrieb, im Winterhalbjahr hingegen ein guter Watangelplatz, denn das Süßwasser lockt die Meerforellen. Allgemeine Auskünfte: Kurverwaltung, An der Kurpromenade, 23747 Dahme.

Mecklenburger Bucht, Westseite (Karte 2): 4. Bliesdorf, 5. Pelzerhaken, 6. Neustadt, 7. Sierksdorf, 8. Niendorf, 9. Brodtner Steilufer, 10. Travemünde, 11. Herrenbrücke

3. Leuchtturm Dahmeshöved

Ein durch Privatgrundstücke verbauter, schwer zugänglicher Platz ist die spitze Huk, die wie eine Nase in die Ostsee ragt. Betonreste alter Schutzbauten und zahlreiche große Steine liegen querab im Wasser. Außer bei rein westlichen Winden ist hier immer Unruhe durch Strom und Wellen. Die steile, steinreiche Küste zieht sich weiter nach Norden bis zum Seebad Dahme. Dieser Abschnitt wird von Meerforellenanglern viel aufgesucht. In der Dämmerung gehen beim Spinnen und Wobbeln sogar gelegentlich Dorsche an den Haken, aber es gibt viele Hänger. Deshalb ist die Fliegenfischerei empfehlenswert. Gleich südlich von der Huk beginnt eine sandige, kiesige Strecke, flacher werdend mit kleinen, hölzernen Strombuhnen. Dort kann man mit dem Plattfischangeln beginnen. Dieser Platz ist zu erreichen ab Dahme über die Leuchtturmstraße, die bis ans Höft, etwa 300 Meter südlich vom Leuchtturm, führt und dort mit einem Parkplatz endet. Allgemeine Auskünfte: siehe Punkt 2

4. Bliesdorf

Die Strandstraße endet zwischen Campingplätzen bei einer Gaststätte und dem Bootslagerplatz mit Slipanlage des Bliesdorfer Bootsvereins. Ein geräumiger Parkplatz ist in der Nähe. Dieser Platz ist im Sommer überlaufen, im Winterhalbjahr aber empfehlenswert. Bei der Slipanlage schützen viele kleine Buhnen den sandigen Grund; mit normalen Würfen erreicht man Leopardengrund: gutes Plattfischangeln. Nach beiden Seiten erstrecken sich aber auch abschnittsweise steinige, kiesige Ufer, zum Teil malerisch schöne Steilufer mit Buchenwald und dem 43 Meter hohen Scharberg. Weiter südlich gibt es bei dem Gut Brodau sehr eingeschränkte Parkmöglichkeiten. Von dort erreicht man zu Fuß die einsame Steil- und Steinküste, ein gutes Revier, das von Meerforellenanglern viel aufgesucht wird. Bliesdorf eignet sich als guter Bootsangelplatz, gefischt wird auf dem querab liegenden Walkyrengrund.

5. Pelzerhaken

Von der langen Seebrücke kann außerhalb der Badesaison geangelt werden, Zielfisch: Plattfisch. Die ständig ostwärts setzende Strömung läuft aus der Neustädter Bucht kommend am Haken entlang und hat seewärts eine riesige, flache Sandzone gebildet, die sich auch weit nach Norden hinzieht. Wenn im Frühjahr bei ruhigem Wetter von März bis Mai die Sandspierlinge zu Millionen auf dieser Bank laichen, lohnt sich die Watangelei auf Meerforellen. Auch das Schleppen am Rand der Bank ist aussichtsreich.

6. Neustadt

Von der westlichen Hafenmole darf gefischt werden; von Mitte April bis Ende Mai ziehen Heringe in den Hafen und werden hier viel beangelt. Alle übrigen

Bei der Herrenbrücke über die Trave drängen sich im April/Mai die Heringsangler.

Hafen- und Stadtbereiche sind im Privat- oder Gewerbebesitz und dürfen nicht zum Angeln betreten werden. Das Neustädter Binnenwasser ist ebenfalls tabu. Gutes Brandungsangeln auf Aale - und die in guten Stückzahlen - findet man am Strand unterhalb des Reha-Zentrums. Dort sind auch Parkplätze.
Bemerkenswert ist die Barschangelei im Neustädter Hafen. Barsche bis zu 55 cm Länge und fünf Pfund Gewicht sind dort schon erbeutet worden. Die großen Fische kommen, um die herangewachsene Heringsbrut zu jagen. Man fängt die Räuber mit frischen, kleinen Heringen (kann man mit der Senke erwischen) am Kniehaken oder mit frischen Garnelen. Bitte beachten: Der Hafen ist Fischschonbezirk vom 01.08. bis 31.10.
Anglerische Beratung: Angelhändler Karl-Heinz Rohde, Vor dem Kremper Tor 1, 23730 Neustadt.

7. Sierksdorf
Nördlich vom Hansapark findet man Parkplätze (im Sommerhalbjahr überfüllt) und erreicht nach einem Fußmarsch ein gutes Watangelgebiet in Richtung Neustadt. Im Frühjahr werden an dieser geschützten Stelle die ersten Hornhechte und Meerforellen erwischt.

8. Niendorf

Der Auslauf des Hemmelsdorfer Sees bietet immer Gelegenheit, vor dem Hafen das Wasser nach Meerforellen abzufischen. Im Hafen werden zwischen den Booten der vielen Kleinfischer Aale gefangen. Die Fischer verkaufen täglich freihändig ihre Fische zappelfrisch. Saisonal eingeschränkt gibt es Angelkutter. Niendorf ist ein idyllischer Platz, der im Sommer total überlaufen ist.

9. Brodtner Steilufer

Beim Restaurant Hermannshöhe bietet die Steilküste einen weiten Blick über die Bucht und die großen Steine des ständig abbröckelnden und abrutschenden Ufers. Die gesamte Steilküste eignet sich sehr gut für die Watangelei auf Meerforellen. Die Sportbootangelei lohnt sich auf Dorsche entlang eines Sperrgebiets, in dem nur die Travemünder Fischer die Fischerei ausüben dürfen. Auch für die Watangelei entlang des Brodtener Ufers wird der „Trave-Erlaubnisschein" verlangt (siehe „Travemünde"). Gute Parkplätze sind beim Restaurant vorhanden.

10. Travemünde

Das gesamte Travemünder Hafengebiet auf der Westseite vom Fährhafen bis zur Nordmole, das Ostufer vom Priwall bis zur Werft und von dort vom Mittelfahrwasser zum Fährhafen ist als Küstengewässer ohne Sondererlaubnis beangelbar. In der Zeit vom 01. 04. bis zum 30. 09. gelten Angelverbote für einzelne Brücken und Molen wegen des dann sehr starken Fremdenverkehrs. An der Mündung wird von den Molen viel geangelt, hauptsächlich werden Flundern und Aale, nach Ostwinden auch Seeskorpione und Kleindorsche erbeutet. Im April/Mai fängt man Heringe in großen Mengen und regelmäßig vor allem vom Südufer bei der Herrenbrücke in Lübeck-Schlutup (Südseite, Parkplatz vorhanden). Neben Kiel, Kappeln, Stralsund gilt dieser Traveplatz als sicherster und ergiebigster Heringsfangplatz unserer Ostseeküste (siehe Karte II „Mecklenburger Bucht, Westseite, Punkt 11). Für die Trave ist jedoch ein gesonderter Angelschein nötig, Auskünfte erteilt das „Amt für Wirtschaft und Verkehr", Wielandstr. 14, 23558 Lübeck. Dem Travestein sind sämtliche beangelbaren und gesperrten Gebiete zu entnehmen. Im Dassower See darf nicht geangelt werden. Allgemeine Auskünfte: Kurverwaltung, Strandpromenade 1 b, 23570 Travemünde. Anglerische Auskünfte: Händler ANGELSORIUM, Frau Bemba, Hansering 16 A, 23558 Lübeck.

FISCHSCHUTZBESTIMMUNGEN AN SCHLESWIG-HOLSTEINS KÜSTE

§ 8 Küstenfischereiordnung (KüFO), Auszug mit formalen Änderungen.
Fischschonbezirke, ganzjährig

Flensburger Förde: 600 m Radius um die Krusau-Mündung.

Schlei-Mündung: Bootsangeln verboten, Handangeln von Land ist aber erlaubt in einem Gebiet vor den Molenköpfen, seewärts begrenzt im Norden durch eine Linie von der grünen Fahrwassertonne Nr. 3 rechtweisend 320 Grad, im Osten durch eine Linie der grünen Fahrwassertonne Nr. 3 mit der roten Fahrwassertonne Nr. 4, im Süden durch eine Linie von der roten Fahrwassertonne Nr. 4 mit 240 Grad rechtweisend.

Fischschonbezirke mit Angelverbot vom 01. August bis 31. Oktober

Nordsee: Das Gebiet innerhalb der Hafenmolen von Holmer Siel (Nordstrand) und Schlüttsiel.

Ostsee: 250 m Radius um die Zuflüsse von

Flensburger Förde:	Schwennau b. Glücksburg; Au bei Bockholmwik; Au bei Siegum; Ringsberger Au; Langballigau (Hafenausfahrt); Au bei Habernis; Lippingau; Au bei Koppelheck; Lehbecker Au; Abfluß Geltinger Noor
Eckernförder Bucht:	Schwastrumer Au; Au bei Langholz; Au bei Rethwisch; Abfluß Goossee; Jordan (bei Kiekut); Aschau (Kronsbek); Lasbek bei Surendorf
Hohwachter Bucht:	Schönberger Au; Scherbek b. Schönberger Strand; Rethkuhl Au; Hohenfelder Mühlenau; Seeabfluß bei Lippe; Abfluß Sehlendorfer Binnensee; Wasbeker Au (Weißenhaus); Oldenburger Graben
Neustadt:	Das Hafengebiet
Kieler Förde:	Strander Au; Fuhlenau; Hagener Au; Barsbeker Au

§ 17 KüFO
Schleppnetzverbot

Innerhalb einer drei Seemeilen breiten Zone vor der Küste in der Ostsee ist die Schleppnetzfischerei verboten. Ausnahmen gelten nur für über 20 Meter tiefe Bereiche in der Flensburger Förde, der Eckernförder und Lübecker Bucht innerhalb näher bezeichneter Grenzlinien.

§ 18 KüFO
Stellnetzverbot

Vor der Ostseeküste ist in einem Streifen von 200 m Breite zwischen der Küste und der See die Fischerei mit Stellnetzen verboten. Ausgenommen sind die Innere Flensburger Förde, die Schlei und ein Bereich im Fischereigebiet von Neustadt und Lübeck.

Durch solche Schilder sind die Fisch-Schonbezirke ausgewiesen.

Wer fragt hier noch, warum es „Brandungsangeln" heißt?

Im Sommer werden in der Brandung auch gute Aale gefangen.

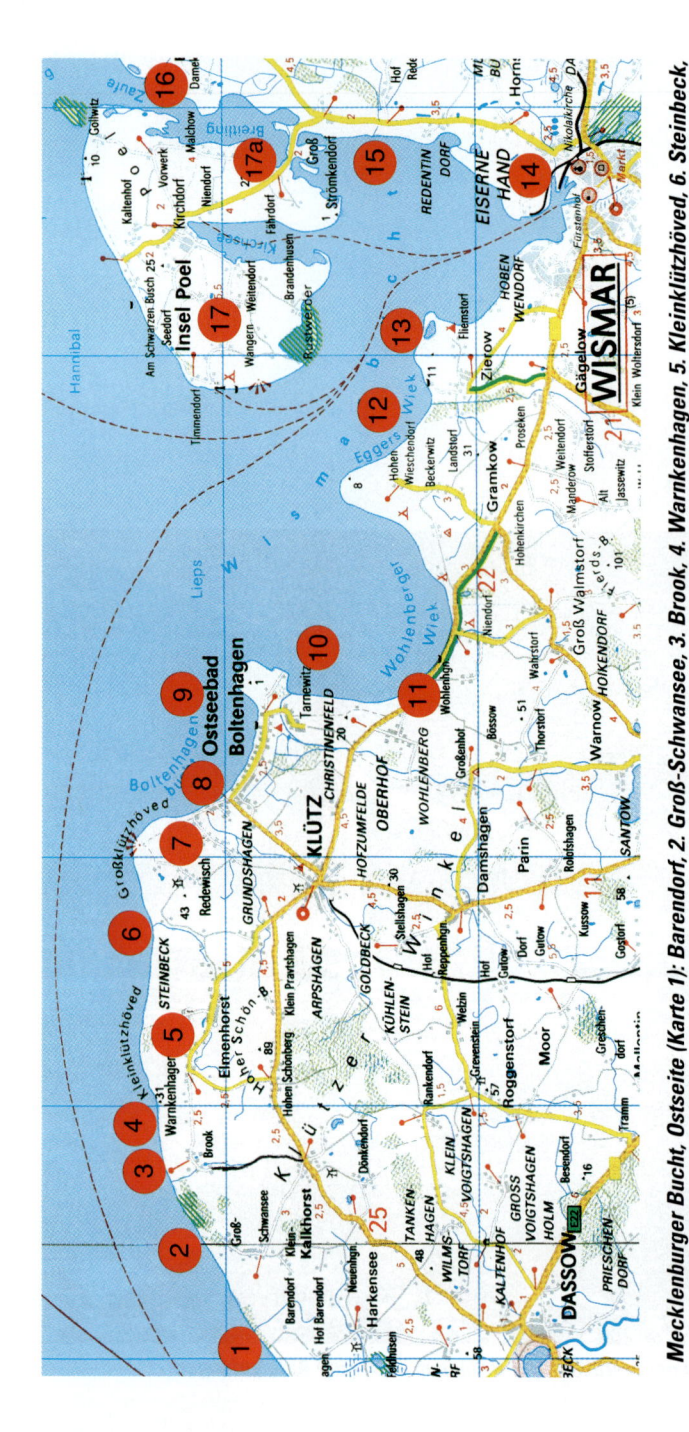

Mecklenburger Bucht, Ostseite (Karte 1): Barendorf, 2. Groß-Schwansee, 3. Brook, 4. Warnkenhagen, 5. Kleinklützhöved, 6. Steinbeck, 7. Großklützhöved, 8. Redewisch-Strand, 9. Boltenhagen, 10. Tarnewitz, 11. Wohlenberger Wiek, 12. Eggers Wiek, 13. Zierow, 14. Wismar, 15. Redentin, 16. Damekow, 17. Insel Poel, 17 a. Fährdorfer Brücke

110 Modernes Meeresangeln

Mecklenburg-Vorpommersche Küste,

von West nach Ost

Wichtig: Ein Küsten-Angel-Erlaubnisschein ist für alle mecklenburgisch-vorpommerschen Küstengewässer erforderlich. Ferner ein gültiger Jahresfischereischein. Einzelheiten siehe Abschnitt „Recht" im Anhang Seite 335. Küstenangelwettbewerbe sind verboten.

▶ Mecklenburger Bucht, Ostseite

Seekarten: 37 Travemünde/Wismar; 36 Travemünde/Rostock; 1671 Kühlungsborn/Fischland/Ahrenshoop sowie weitere Detailkarten

Der weitläufige mecklenburgische Teil der großen Bucht ist gekennzeichnet durch lange, einsame, unverbaute Uferstrecken mit teilweise steilen Küsten im Bereich Travemünde-Boltenhagen, einem der schönsten Angelreviere unserer Ostseeküste, und langen buhnengeschützten, kiesig-sandigen Küsten von Wismar bis Ahrenshoop mit ungezählten hervorragenden, nach Osten zunehmend steiniger werdenden Angelabschnitten. Ein Paradies für Brandungsangler aller Disziplinen!

Die Angelkutterszene entwickelt sich von den Häfen Wismar und Rostock; sie ist aber bei westlichen Winden gegenüber den Häfen Schleswig-Holsteins benachteiligt, denn schon Winde ab Stärke 5 setzen den Anglern in der offenen Bucht sehr zu. Die Fänge auf den Kuttern sind jedoch bemerkenswert und übertreffen oft das Ergebnis anderenorts.

Allgemeine Auskünfte: Verband Mecklenburgische Ostseebäder, Goethestraße 1, 18209 Bad Doberan

1. Barendorf

Von der Bacheinmündung Harkenbäk (Naturschutzgebiet) bis zur Zufahrt Barendorf erstreckt sich ein breiter, teils sandiger, teils kiesiger Strand mit vereinzelten großen Findlingen, begrenzt durch einen hohen Wall aus dichtem Dornbuschverhau. Parallel zum Strand verlaufen Rinnen und Bänke mit kleinem Bewuchs, sehr gut beangelbar und zum Teil überwatbar, um tieferes Wasser zu erreichen. Dieses sehr gute Brandungsangelrevier ist nur zu erreichen über Barendorf, von dort etwa 300 Meter Fußweg zur Küste. Etwa drei Kilometer östlich ist bei einer ehemaligen NVA-Station ebenfalls eine Parkmöglichkeit und ein Fußweg zum Strand, der insgesamt eine vier Kilometer lange einsame Strecke bis zum Punkt 2 erschließt. Barendorf erreicht man über Dasow-Harkensee.

Klützer Winkel: Außer bei Südwind hervorragendes Wat- und Brandungsangeln.

2. Groß Schwansee
Dieses hervorragende Brandungsangelgebiet ist zu erreichen über Kalkhorst, am Schloß in Groß Schwansee abbiegen, über einen Betonplattenweg gelangt man auf den befestigten Küstenweg mit mehreren Parkplätzen - von dort etwa 50 Meter Fußweg zum Strand. Ein zauberhaft schöner Platz, östlich begrenzt durch das kleine NSG „Brooker Wald". Viele Rinnen und Bänke verlaufen parallel zur Küste, weisen Muschelbänke und Bewuchs auf.

3. Brook
Man fährt über Kalkhorst, sucht sich im Ort einen Parkplatz und läuft etwa 200 Meter auf einem Fußweg zum Strand mit einer kleinen Badestelle. Dann ist man an einem hervorragenden Angelplatz mit vielen parallel zum Ufer sich hinziehenden Rinnen und Bänken, Leopardengrund, außerdem tiefe, gute „Aalrinnen" unmittelbar am Ufer, das steinig-sandig ist. Westwärts am NSG „Brooker Wald" beginnt die Steilküste des Klützer Winkels. Im Brooker Gebiet hat der Angler sehr gute Möglichkeiten, alle Fische der Ostsee zu fangen.

4. Warnkenhagen
Ein romantisches, naturbelassenes Stück Steilküste, aus der sich bei Nordstürmen die See fortwährend Land holt, die graue Tonerde auswäscht, alte Bäume ins

Die Steilküste bei Kleinklützhöved - eine naturbelassene, wunderschöne Gegend.

Meer gleiten läßt und sie mit ihrem salzigen Wasser zu bleichen hölzernen Gebeinen zernagt: ein Abschnitt wilder Küste mit Urzeitanmutung. Auf dem sandig-kiesigen Strand lagern große Findlinge. Plattfische lassen sich hier sehr gut angeln. Zufahrt zu einem Parkplatz am westlichen Ortsausgang über eine anfänglich asphaltierte, dann mit Betonplatten belegte Straße. Vom Parkplatz wandert man an einem Bach entlang in einem Kerbtal an das Ufer; bequem zu gehen.

5. Kleinklützhöved
In der Ortschaft Elmenhorst biegt man beim Haus Nr. 27 auf einen Plattenweg ab und gelangt an Gewerbegebäuden vorbei nach ca. 800 Metern direkt in das Wäldchen über der 30 Meter hohen Steilküste. Vom dortigen Parkplatz erreicht man nach einem etwa 50 Meter langen Treppenabstieg den wilden Strand - beschrieben wie im Punkt 4. Hohes Muschelschalenangespül verrät die nahen Muschelbänke; überall Rinnen und Leopardengrund. Wie bei Punkt 3 und 4 ist auch hier ein sehr gutes Watangelrevier, auch das Brandungsangeln bei nördlichen Winden ist erfolgreich.

6. Steinbeck
Bei dem Haus Nr. 6 zweigt ein schmaler Plattenweg zu einem Parkplatz an einem

Wohlenberger Wiek: Die Mole ist ein beliebter Angelplatz.

kleinen, lebhaften Bach ab, der einen flachen, sandigen, mit großen Steinen gegliederten Mündungstrichter gebildet hat. In Dämmerungszeiten und bei gutem Süßwasserzulauf gibt es hier Meerforellen, überdies kann bei nördlichen Winden erfolgreiches Brandungsangeln betrieben werden. Der Platz ist bequem zu erreichen.

7. Großklützhöved

Ein ideales Meerforellenrevier - vielleicht der beste Platz des Küstenabschnittes - mit vielen Steinen, Leopardengrund und bei fast allen Windlagen gut zu beangeln. Zu erreichen ist dieses Gebiet von Klütz über Redewisch - Ausbau bis zum ehemaligen NVA - Gelände mit Signalturm. Vom dortigen kleinen Parkplatz führt ein 300 Meter langer Fußweg an die Anhöhe (31 Meter) mit großartigem Ausblick - auch, um mit Polarisationsgläsern den Angelbreich abzusuchen. Von diesem Platz gibt es jedoch keinen Niedergang ans Ufer. Das Ufer erreicht man am besten von der Landstraße, die von Boltenhagen nach Redewisch führt, nach längerem Fußmarsch, wobei auf der Strecke bis zum Höved bereits überall gute Angelplätze liegen.

8. Redewisch-Strand

Von hier bis zum Ortseingang Boltenhagen befinden sich gute Plattfischangelstellen bei nordöstlichen Winden zwischen den ca. 40 Meter langen Pfahlreihen. Beim Bachauslauf auf Meerforellen achten!

9. Boltenhagen

Von der Seebrücke des kleinen Badeortes können im Winterhalbjahr bei nordöstlichen Winden hauptsächlich Dorsche gefangen werden. Allgemeine Auskünfte: Kurverwaltung, Ernst-Thälmann-Str. 66, 23946 Ostseebad Boltenhagen.

10. Tarnewitz

Die Straße von Boltenhagen endet in Tarnewitz. Dort biegt man gleich nach der Bachüberquerung links auf einen Parkplatz und läuft am Tarnewitzer Bach entlang bis zu dessen Einmündung in die Ostsee. Ein hervorragender Meerforellenplatz, im Bach selbst kann man die Fische stehen sehen. Die Angelmöglichkeiten von den Molen des ehemaligen NVA-Geländes waren bei der Drucklegung noch nicht geklärt. Falls eine Erlaubnis erteilt werden sollte, empfiehlt es sich, das etwa sechs Meter tiefe Wasser bei allen Windlagen von Nordwest bis Südost unbedingt zu beangeln: Dorsche und Plattfische im Winter, Hornhechte im Mai/Juni. Es ist durchaus möglich, daß sich hier eine Abfahrtsstelle für Hochseeangeltouren entwickelt. Allgemeine Auskünfte: siehe Punkt 9.

11. Wohlenberger Wiek

Eine große Verlademole ragt halbzerfallen ins Meer und lockt viele Angler, die im Mai/Juni Hornhechte, in der übrigen Zeit Plattfische erbeuten. Der Platz ist leicht zu erreichen, die Straße führt unmittelbar an der Wiek entlang, bei der Mole befindet sich ein geräumiger Parkplatz mit einer Imbißbude. Die Wiek ist eine großräumige, sehr flache, reine Sandbucht, begrenzt durch die Straße und große Campingplätze; im Sommer herrscht reger Badebetrieb. Die Bucht bietet zur Zeit der Spierlingslaichzeit ab Mitte März bis Mitte Mai sehr gute Angelmöglichkeiten auf Meerforellen mit schlanken Blinkern, die watend geführt werden. Hier wurden von einem Angler schon an einem Tage bis zu sechs Meerforellen gefangen. Nördliche Winde begünstigen die Angelei.

12. Eggers Wiek

Abfahrt von der Landstraße in Gramkow bis nach Hohen Wieschendorf. Zu der dortigen Mole führt eine tiefe, gebaggerte Fahrrinne; rechts und links von der Mole kann entlang dieser tiefen Rinne auf Meerforellen gewatet werden. Von der Mole wird auf Hornhechte und Plattfische geangelt. Ein Parkplatz befindet sich vor der Mole.

13. Zierow

Wege führen zum Badeplatz im Norden und zum Campingplatz Fliemstorf im

Osten an die Küste. Alle Abschnitte rund um die Huk am kleinen Strandsee sind ein gutes Watrevier für Meerforellenangler. In der Wismarer Bucht gibt es auch große Regenbogenforellen. Angler berichten, daß seit Beginn der neunziger Jahre die Meerforelle immer häufiger wird, das Verhältnis beider Großsalmoniden in dieser Bucht verschiebt sich allmählich auf 1:1.

14. W i s m a r
In dieser Stadt trifft man überall Angler; sieben Vereine besitzen einen eigenen Bootshafen in Wismar - Wendorf mit Slipanlage und evt. Liegeplatz- und Mitfahrgelegenheiten. Am Baumhaus am Alten Fischmarkt werden Hochseeangelfahrten veranstaltet. Der anglerische Mittelpunkt ist bei dem Händler Thomas Müller, Lübsche Str. 53, 23966 Wismar, zu finden. Geangelt wird überall, vom Ende des Küstengewässers an der Mühlenteichschleuse, über den Hafen, die Wismarbucht, den Breitling bis zur offenen See. Fangmöglichkeiten: Heringe im Mai im Westhafen, seit Jahren zunehmend; Hornhechte häufig und überall im Mai/Juni von Molen und Kais, am sportlichsten aber watend an der Küste; Dorsche kommen selten in die Innere Bucht, nur im Winter bei anhaltenden Nordwinden werden sie vereinzelt gefangen; Barsche in beachtlicher Größe stehen ab Mai am Auslauf des Wallensteingrabens; Meer- und Regenbogenforellen fängt man auch am Auslauf des Grabens - es ist der beste Platz. Die schwerste Regenbogenforelle - erbeutet bei der Poller Brücke 1994 - wog 14,5 Pfund. Angler erzählen, daß sie sich auf das Forellenangeln im Hafen spezialisiert haben. Einer fing in einem Jahr 57 Forellen.
Allgemeine Auskünfte: Wismar-Information, Postfach 1245, 23952 Wismar.

15. R e d e n t i n
Nördlich des Ortes, beim Hof Redentin, beachte man einen Bachauslauf in die Wismarbucht. In diesem Bereich kann man die Watangelei auf Forellen betreiben.

16. D a m e k o w
Dieses Dörfchen liegt auf einer Anhöhe, von hier erreicht man nach längeren Fußmärschen Bachausläufe, im Süden in den Breitling, im Norden in die Zaufe. In den ausgesüßten Meerarmen stehen vor den Ausläufen zeitweilig Meer- und Regenbogenforellen, die man bei der Watangelei erwischen kann. Damekow erreicht man über einen Weg, der von der Landstraße in Blowatz abzweigt.

17. I n s e l   P o e l
Die gesamte westliche Inselküste bietet sich für das Brandungsangeln an; die bewaldeten Küstenabschnitte nördlich von Kaltenhof (dort ist auch ein Parkplatz am Strand) oder hinter Neuhof (nur über Feldweg zu erreichen) sind im Sommer

Insel Poel: Die Fährdorfer Brücke ist berühmt für Meer- und Regenbogenforellen.

Hafen von Poel: Hier findet man Fischer und Bootseigner für Angeltouren.

nicht so überlaufen, die beangelbaren Abschnitte steinig und bewachsen, aber flach. Weniger flach mit etwas tieferem Wasser in normaler Wurfweite ist die Südwestecke, nach Osten begrenzt durch das NSG „Fauler See", erreichbar über Feldwege von Wangern aus. In allen diesen Bezirken lohnt sich die Angelei auf Plattfische, im Winter bei starken westlichen Winden auch auf Dorsche. Im Mai/Juni wird im Kirchsee die Spinnangelei auf Hornhechte vom Boot entlang der zwei Meter tiefen Fahrrinne betrieben oder watend, vor allem am Haken im äußersten Süden. Die einsame, weitläufige Watangelstelle erreicht man nur zu Fuß über Brandenhusen. Auch Aale und Plattfische lassen sich hier überlisten, ebenso Forellen.

Im Nordosten verläuft das Kuhlenloch, eine Rinne zwischen dem NSG „Langenwerder Insel" und Gollwitz. Bei frischen Windlagen läuft hier immer Strömung, die für gutes Angeln auf alle Seefische, auch Salmoniden, ausgenutzt werden sollte. Breitling und Zaufe sind zwei sehr flache Meeresgebiete mit großen Algen- und Seegrasteppichen, ein Idealgebiet für Aale und für die im Mai/Juni laichenden Hornhechte. Das Angeln vom Ufer lohnt jedoch nicht, man benötigt ein Boot für die Tiefen der Großen Wiek am Nordrand der Zaufe (zwei bis vier Meter). Bei den Bacheinläufen von Breitling und Zaufe erwischt man auch Süßwasserfische, beispielsweise große Alande, vereinzelt auch Hechte und Barsche. Ein weiteres gutes Bootsangelgebiet bieten die Südufer der Insel in der Wismarbucht - vier bis sechs Meter tief. Wichtigste Beutefische sind Plattfische, Hornhechte, Aale, und Salmoniden beim Schleppangeln.

Einer der besten Landangelplätze aber ist der Ostseedurchfluß zum Breitling bei der Fährdorfer Brücke, dem einzigen festen Straßenzugang zur Insel. Hier strömt es immer, auch ohne Wind, was ein Zeichen für den schwachen, aber vorhandenen Gezeitenrhythmus der Ostsee ist. Hier wird viel geangelt, und große Salmoniden, hauptsächlich Regenbogenforellen, werden sowohl mit Blinker, Fliege, Köderfisch als auch mit Fischfetzen gefangen (Kartenpunkt 17a). Mittelpunkt der Insel ist Kirchdorf mit einem kleinen Fischereihafen. Fischer Klaus Wülken, Fischerstr. 2, 23999 Kirchdorf, bietet Angelfahrten an. Allgemeine Auskünfte: Gemeindeverwaltung, Verbindungsstr. 2, 23999 Kirchdorf.

18. R o g g o w

Südlich des Dorfes und nur zu Fuß erreichbar liegt die Einmündung des Hellbaches in den Breitling. Im Bach und in der Ausmündung werden Salmoniden und große Alande gefangen. Das Salzhaff ist vor der Mündung sehr flach, eignet sich aber gut zur Watangelei.

19. R e r i k

Dieser kleine Badeort hat Anglern viel zu bieten. Bei der Landenge zwischen der Ostsee und dem Salzhaff erklimme man den Berg bis zum Aussichtspavillon, der

Rerik: Von der Seebrücke an ostwärts eines der besten Brandungsreviere in MV.

Blick schweift von der gesperrten Insel Wustrow (Betreten verboten) über das Salzhaff im Süden bis zur Ostsee im Nordwesten. Ein Bootsverleih und einen Sportboothafen gibt es am Salzhaff. Gut geschützt vor westlichen und nördlichen Winden bietet das Haff gute Sportbootangelei auf Aale, Plattfische und im Mai/Juni auf Hornhechte, vor allem im tiefsten Mittelbereich von vier bis fünf Meter Tiefe. Von der Seebrücke, die ins Tiefwasser der Ostsee reicht, verläuft von Rerik bis Meschendorf eine etwa fünf Kilometer lange Brandungsangelstrecke, die mit zu den besten Mecklenburgs gezählt wird. Zwei bis vier Meter tiefes Wasser läßt sich anwerfen, überall findet man Leopardengrund mit Bank- und Rinnenbildung. Bei allen Winden von Südwest über Nordwest bis Nordost lassen sich hier Plattfische, vor allem aber in der Winterzeit Dorsche fangen. Sportbootangler (Boote müssen überall über den Strand geslipt werden) finden schon in einigen hundert Meter Abstand sehr gute Bewuchs- und Geröllzonen für erfolgreiche Dorschangelei. Gerätehändler M ü l l e r (siehe Wismar) fing hier im Juni 1995 in nur zwei Stunden 52 Dorsche mit dem Pilker. Die Buk-Küste zwischen Rerik und Meschendorf erreicht man entweder vom Ortsausgang Rerik Ost, Parkplatz an der Steilküste, oder vom Campingplatz „Ostseekamp Seeblick" hinter Neu Gaarz, außerdem in Meschendorf. Die Straße endet mit einer ca. ein Kilometer langen Betonpiste parallel zum Ufer mit vielen Parkmöglichkeiten. Hier endet die Steilküste, und die Ufer wechseln in eine Dünenlandschaft bis zur Bukspitze. Auch dort noch ist aussichtsreiches Angeln möglich, im Sommer al-

Mecklenburger Bucht, Ostseite (Karte 2): 18. Roggow, 19. Rerik, 20. Kühlungsborn, 21. Heiligendamm, 21. Nienhagen

120 Modernes Meeresangeln

lerdings durch Badebetrieb erheblich behindert. Allgemeine Auskünfte: Kurverwaltung Rerik, Dünenstr. 10, 18230 Rerik. Dort erhält man auch Auskünfte über Fischer, die Angelboote fürs Salzhaff verleihen.

20. K ü h l u n g s b o r n

Nach Rerik (Punkt 19) der zweite erstklassige Küstenabschnitt für den Fang aller Seefische. Im Sommer herrscht lebhafter Ferienverkehr und Badebetrieb, aber in der übrigen Zeit findet man überall gute Angelplätze, beginnend bei der Bukspitze im Westen. Unter Wasser verläuft ein langer Sandhaken, der im April/Mai von laichenden Spierlingen aufgesucht wird und so die Meerforellen anlockt. Im Ort ist die lange Seebrücke hervorzuheben: Dorsche von über einem Meter Länge wurden hier schon gefangen. Die Brücke darf sogar im Sommer nach 21 Uhr zum Angeln benutzt werden. Der gesamte Strand ist mit langen Pfahlbuhnen gesichert, an deren Kopfende man Aale, in den Buhnenfeldern und davor Plattfische, im Winterhalbjahr bei auflandigen, nördlichen Winden auch gute Dorsche fängt. Ein guter, ruhigerer Angelplatz liegt in Wittenbeck, östlich von Kühlungsborn, Parkplatz direkt in Strandnähe. Die Bootsangelei ist sehr empfehlenswert. Bereits nach wenigen hundert Meter Abstand vom Ufer kann man mit dem Fang prächtiger Plattfische, darunter auch Steinbutt, beginnen. In etwa 1,5 Kilometer Entfernung werden von April bis Juni und ab September sehr gute Dorsche und viele Wittlinge geangelt; Angler berichten, ein Dutzend Fische innerhalb einer Stunde sei nichts Ungewöhnliches. In Kühlungsborn werden Boote mit Außenbordmotor verliehen bei K. D. Pockelwald, August-Bebel-Platz 1, 18225 Kühlungsborn. Anglerische Beratung: Gerätehändler Niesler, Hermannstr. 8, 18225 Kühlungsborn.
Allgemeine Auskünfte: Kurverwaltung, Poststr. 20, 18225 Kühlungsborn.

21. H e i l i g e n d a m m

Beim Angeln von der Brücke (im Sommer tagsüber gesperrt für das Angeln) erreicht man eine große Muschelbank mit guten Fangmöglichkeiten. Lange, feinsandige Strände mit wenig Bewuchs sind charakteristisch für dieses Revier im Ort. Ein herausragender Angelplatz befindet sich östlich des Ortes an der Jemnitzer Schleuse, vor der über Leopardengrund regelmäßig gute Meerforellen gefangen werden. Offenbar wollen sie in den dahinter liegenden Conventer See und die einfließenden Bäche aufsteigen. Zufahrt über die unmittelbar hinter dem Strand parallel verlaufende Küstenstraße, Parkplätze gibt es überall.

22. N i e n h a g e n

Von der Jemnitzer Schleuse bis Nienhagen findet man überall feinkiesigen Strand, im Wasser Leopardengrund, viele Bänke und Rinnen mit leicht anzuwerfendem Tiefwasser. Bei westlichen, nördlichen und östlichen Winden fängt man

Geinitzort: Besonders bei Rostocker Watanglern sehr beliebt.

hier ausgezeichnet Plattfische, sogar vereinzelt Steinbutt, in der kalten Zeit bis in den Mai gute Dorsche. Die am Strand entlang führende Straße erlaubt überall das Parken. Die fast acht Kilometer lange Strecke von Heiligendamm bis Nienhagen eignet sich ausgezeichnet für das Brandungsangeln, ein sehr gutes Gebiet für Großveranstaltungen. Erwähnenswert ist auch der Platz Elmenhorst. Man erreicht ihn über einen Feldweg, der von der Straße zwischen Nienhagen und Elmenhorst abzweigt. Der Weg endet am Steilufer; über eine alte eiserne Treppe gelangt man an den Steinstrand. Allgemeine Auskünfte: Kurverwaltung, Doberaner Str. 24, 18211 Nienhagen.

23. Geinitzort (Stoltera)

Die achtzehn Meter hohe Steilküste markiert vorspringend einen Lieblingsplatz der Rostocker Angler. Durch den hohen Buchenwald des NSG Stoltera begrenzt, angelt man hier watend auf Hornhechte (Mai/Juni) und auf Meerforellen. Dieser Platz ist nur zu Fuß erreichbar; man fährt über Diedrichshagen zur Küste und parkt beim Haus Nr. 47. Nach längerem Weg wird man belohnt durch einen romantischen Angelplatz mit guten Fangaussichten, im Winter auch Dorsche.

24. Warnemünde-Rostock

Dieser Bereich entwickelt sich allmählich zum Hochseeangelzentrum Mecklen-

Von Rostock aus fährt die MS Gera. Dieser Tag brachte 475 Dorsche für 14 Angler!

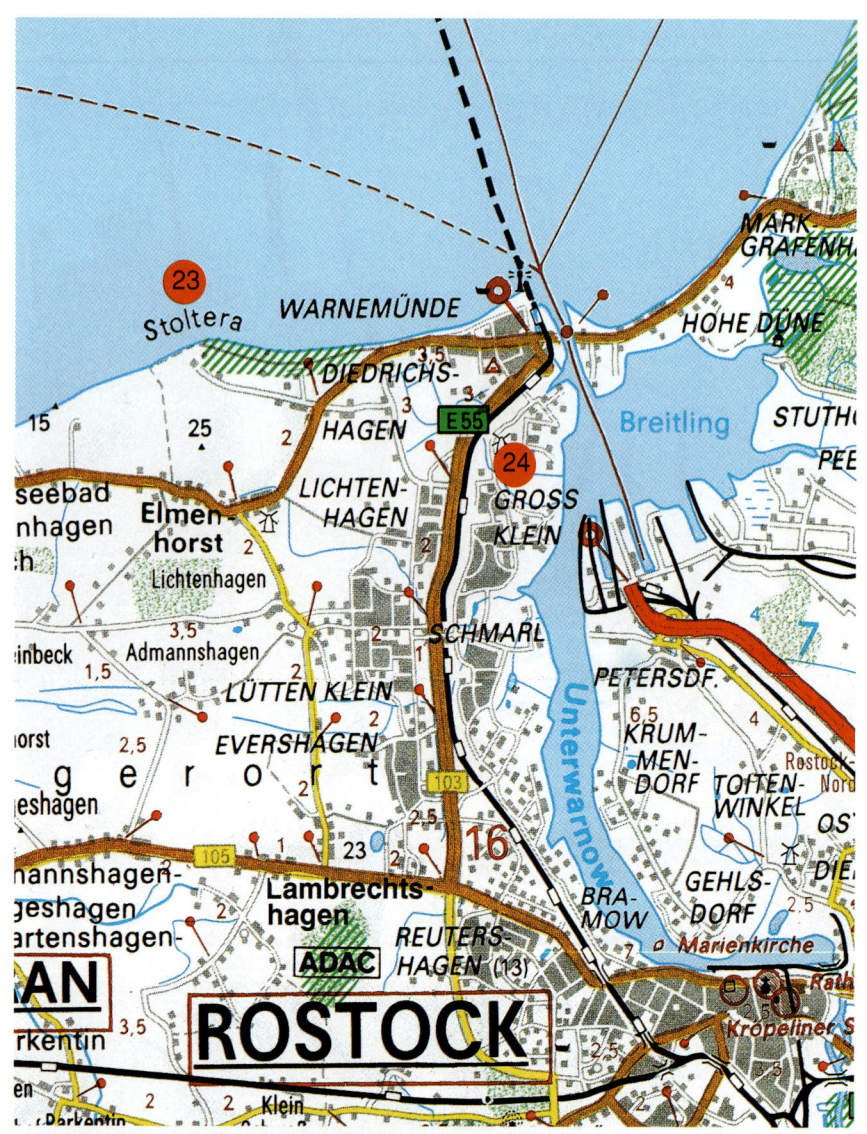

Mecklenburger Bucht, Ostseite (Karte 3): 23. Geinitzort, 24. Rostock-Warnemünde

burg-Vorpommerns. Die im Hafen Warnemünde und Rostock liegenden Schiffe unternehmen sowohl Tagesfahrten zur Kadetrinne und in die Gewässer vor dem Fischland/Ahrenshoop als auch Mehrtagesfahrten bis nach Bornholm oder im Winter zur Großdorschangelei in den Öresund. Die guten Fänge bei den Tagestouren lassen sich mit den besten Fängen an den traditionellen Plätzen Schleswig-Holsteins vergleichen. Problematisch ist die Abhängigkeit vom Wind: Bei West bis Nord über Stärke 5 ist das Auslaufen unmöglich. Diese Winde drücken aber zugleich viel Salzwasser in die Unterwarnow und den Breitling. Mit dem Wasser kommen Seefische, die sonst nur vor der langen Westmole zu fangen sind, bis an die Molen des Überseehafens. Im April/Mai sind es die Frühjahrslaicher bei den Heringen, die dann von allen Kais und Molen massenhaft gefangen werden, begleitet von Flundern, Aalmuttern, Seeskorpionen und, solange es kalt ist, gelegentlich auch Dorschen. Die Hornhechte allerdings bleiben immer draußen bei den Seemolen. Wenn anhaltende südliche Winde wehen, fließt umgekehrt reichlich Süßwasser in die Ostsee. Das lockt die allgegenwärtige Meerforelle - von der Westmole über die Unterwarnow bis zur Warnow-Schleuse in Rostock fangbar - und drängt viele Süßwasserfische seewärts. Sie werden mit der Strömung entlang der Küste verdriftet: Rotaugen, Brassen, Barsche sind dann in Markgrafenheide östlich von Warnemünde vom Strand zusammen mit Aalen und Flundern zu fangen. Im Breitling jagen dann sogar Zander und Hecht die Jungheringe. Anglerische Beratung: Gerätehändler Fritz Haverkost, Friedhofsweg 45, 18057 Rostock. Das Küstengewässer endet mit dem Warnow-Austritt aus dem Breitling. Allgemeine Auskünfte: Tourismus und Kurbetrieb Seebad Warnemünde, Weidenweg 2, 18119 Warnemünde

25. Rostocker Heide
Von der nördlichen Grenze des NSG „Heiliger See" bis Graal Müritz dehnt sich ein weiter, einsamer Strand, der durch viele lange hölzerne Pfahlbuhnen gegen Abtragung gesichert ist. Davor liegen Bewuchsfelder und Muschelbänke, rund um die Buhnenköpfe findet eine Auskolkung statt. Ein weitläufiges, einsames Gebiet mit sehr guten Brandungsangelmöglichkeiten, mit Süßwasserfischen in den Buhnenfeldern, vor allem sehr große, bis zu 1 kg schwere Rotaugen. Es gibt nur eine Anfahrt über Torfbrücke bis zu einem großen Campingplatz, von dort zu Fuß bis zum Strand.

26. Graal-Müritz
Ein durch Buhnen gegliederter Badestrand mit langer Seebrücke bietet die Verhältnisse, wie unter Punkt 25 dargestellt, aber im Sommerhalbjahr überlaufen. Weiter ostwärts dehnt sich ein einsamer, kilometerlanger Strandabschnitt, landwärts begrenzt vom NSG „Großes Moor" mit guten Brandungsangelmöglichkeiten. Allgemeine Auskünfte: Kurverwaltung, Zur Seebrücke 32, 18181 Graal-Müritz

27. Fischland
Nomen est omen: Von Neuhaus-Dierhagen im Süden bis Ahrenshoop im Norden

dehnt sich das Fischland mit wahrlich prächtigen Brandungsangelmöglichkeiten. Es ist das beste Brandungsrevier der Mecklenburger Bucht, namentlich bei allen, meist vorherrschenden westlichen Winden - ein richtiges Fischland. Diese Winde prägen seit Jahrtausenden die Landschaft, haben weite, hohe Dünenwälle aufgeweht und lange Sandstrände gebildet. Sand wird unaufhörlich von der Strömung am Strand entlang transportiert, nur Kies und Geröll bleiben im Wasser, sie sind voller Bewuchs und Ankerplatz für Muscheln; Leopardengrund ist allerorten entstanden mit vielen tiefen Rinnen und flachen Bänken. Überall wird mit ausholenden Würfen tiefes Wasser erreicht - Wasser, das fast immer voller angetriebenem Futter ist, weil Wind und Strömung das Plankton an diesen Küstenabschnitt transportieren, gefolgt von der Fischbrut. Natürlich lauern Dorsch & Co. nicht weit vom Strand: Nirgendwo werden so viele Dorsche in der kalten Jahreszeit und im Mai beim Brandungsangeln erbeutet. Hinzu kommen große Plattfische, hauptsächlich Flundern, aber auch Steinbutt und Schollen. Auf großen Abschnitten sind die Strände mit langen, hölzernen Pfahlbuhnen gesichert, teilweise reichen sie 40 bis 50 Meter weit ins Meer. In den Buhnenfeldern fängt man Aale und kiloschwere Rotaugen, dazu dicke Meerforellen, gelegentlich auch Regenbogenforellen, die alle Jagd auf fingerlange Kleinfische machen und das Losgespülte im Trübsaum nach Freßbarem durchstöbern.

Der absolute Top-Punkt ist die Seebrücke von Wustrow. Hier trifft man Angler, die schon über zehn Pfund schwere Dorsche über das Geländer gehievt haben und im Mai/Juni viele Hornhechte fangen. Vielbesucht ist auch der einzige kurze Steilküstenabschnitt am Bakelberg in Nienhagen. Dort liegen - zum ersten Male ab Warnemünde! - große Steine im Wasser - Deckung für Meerforellen. Das gesamte Gebiet ist streckenweise sehr verbaut und im Hochsommer von Badenden und Surfern überlaufen. In der übrigen Zeit aber ist mit dem Auto und der Ausrüstung der rund 15 Kilometer lange Strandabschnitt wie folgt zu erreichen:

☞ *Neuhaus-Dierhagen:* Zwischen der Straße und dem Dünenstrandwall ist alles verbaut mit Sommerhäusern ohne Parkmöglichkeiten. Nur in Neuhaus gibt es einen strandnahen Park- und Campingplatz. Auch beim Strandübergang 10 findet man am Wiesenweg beschränkte Parkmöglichkeiten.

☞ *Dierhagen-Ost:* Parkmöglichkeiten sind hinter den Dünen, dazu die Zufahrt zum Hotel benutzen. Weitere Möglichkeiten am Strandübergang 2 am Nordende des Ortes.

☞ *Fischland:* Das etwa zwei Kilometer lange Kernstück dieses Bezirkes zwischen Dierhagen-Ost und Wustrow ist nur wenig bebaut. Parkplätze sind an mehreren Stellen zu finden mit kurzen Fußwegen über die Dünen zum Strand.

☞ *Wustrow:* Ein Parkplatz direkt an der Seebrücke bietet sich an. Gute Angelplätze liegen auch zu beiden Seiten der Brücke vor den langen Strandabschnitten, der beste nördlich vor dem Bakelberg. Man erreicht ihn über einen Feldweg, der von der Straße in Nienhagen abzweigt.

Wustrow: Die Küste in Richtung Norden gesehen.

Wustrow: Die Küste in Richtung Süden gesehen.

☞ *Ahrenshoop:* Parkplätze befinden sich an den Strandübergängen 4, 7, 12 und 14. Allgemeine Auskünfte: Kurverwaltungen: Kirchnersgang 2, 18347 Ahrenshoop; Waldstr. 4, 18347 Dierhagen; Strandstr. 10, 18347 Wustrow.

Die Seebrücke am Strand von Wustrow ist ein beliebter Angelplatz.

Von der Wustrower Seebrücke wurden schon kapitale Dorsche gefangen.

Dierhagen, Wustrow und Ahrenshoop grenzen im Osten an den Saaler Bodden mit kleinen Sportboothäfen. Im fast ausgesüßten Saaler Bodden kann mit dem Küstenangelschein auf alle Süßwasserfische geangelt werden. Anglerische Beratung: Angler- und Freizeitshop Kapt. Lange, Lange Str. 22, 18311 Ribnitz; Wattwürmer können erworben werden, Vorbestellung erbeten.

Mecklenburger Bucht, Ostseite (Karte 4): 25. Rostocker Heide, 26. Graal-Müritz, 27. Fischland

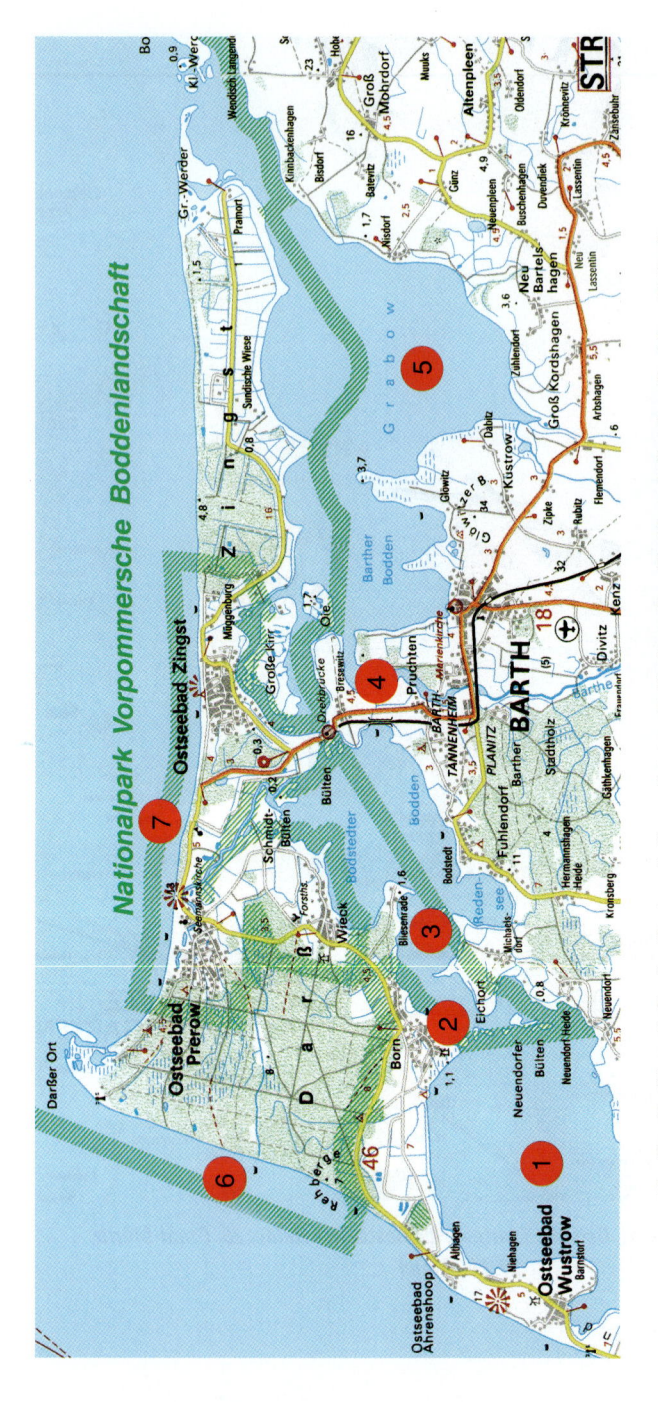

Darßer Bodden: 1. Saaler Boden, 2. Koppelstrom, 3. Bodtstedter Bodden, 4. Barther Bodden, 5. Grabow, 6. Darßer Westküste, 7. Nordküste

▶ **D a r ß e r   B o d d e n,** Seekarte Nr. 1623

Wie ein riesiger Schutzwall legen sich die Halbinseln Darß und Zingst um die großen Boddenwasser und bilden eine Küstenlandschaft, die von Salz-, Süß- und Brackwasser mit all ihren Fischen geprägt ist.
Seewärts werden die Meeresfische der Ostsee erbeutet, binnenwärts in den Bodden aber vermengen sich Salz- und Süßwasserfische von Ost nach West im zunehmendem Maße. Eine große Vielseitigkeit bietet sich dem Angler: An der offenen See sind Brandungsangeltechniken gefragt, binnenwärts alle Süßwasserangelkniffe.
Das Brandungsangeln ist in diesem Gebiet im Sommer stark eingeschränkt wegen des äußerst lebhaften Badebetriebes; Park- und Campingplätze sind kaum zu finden, Darß und Zingst hoffnungslos überfüllt. Deshalb muß das Brandungsangeln auf die kalte Jahreszeit beschränkt bleiben.
Binnenwärts auf den Bodden angelt man ebenfalls am erfolgreichsten in der kühlen Jahreszeit. Ein Handicap sind die überall sehr flach verlaufenden Ufer und tiefen, dichten Schilfbestände. Die Angelei vom Ufer lohnt sich aber watend vor der Schilfkante in den Früh- und Abendstunden. Zielfisch ist mit dem Ende der Schonzeit - 15. Mai - der Hecht, der dann willig den Wobbler oder gezupften toten Köderfisch nimmt, vor allem in der Nähe von Krautbetten, aber auch weiter draußen. Auch dort ist er gut zu überlisten, weil man oft viele hundert Meter vor der Schilfkante waten kann. Die Hechtangelei endet mit der ersten fühlbaren Erwärmung; die großen, bis zu 30 und mehr Pfund schweren Fische kommen erst im Oktober nach merklicher Wasserabkühlung in die Reichweite der Watfischer zurück.
Wer ein Boot hat, ist König auf den Bodden und gelangt damit ganzjährig an alle Fische, vorzugsweise an den allgegenwärtigen Barsch - bis zu vier Pfund schwer -, in den Inneren Bodden auch an die Zander. Die Bootsangler fischen auf den durchweg nur zwei bis drei Meter tiefen Bodden entlang der Krautbetten und Steinfelder, Stromrinnen und gebaggerten Fahrrinnen (vier Meter). Die Benutzung einer genauen Seekarte ist notwendig und macht sich durch gute Fänge (ein Korb voller Barsche ist üblich) schnell bezahlt.
Das gesamte Angelgebiet liegt im Bereich des Nationalparks Vorpommersche Boddenlandschaft mit Zonierung. In Zone-I-Gebieten gilt ein totales Fang- und Befahrensverbot; in den übrigen Zonen sind Ausführungsbestimmungen über die Fischerei und das Angeln mit Gebietsausweisung in der Vorbereitung. Allgemeine Auskünfte: Nationalparkamt , 17192 Speck.
Anglerische Beratung: Angel- und Freizeitshop Kapt. Lange, Langestr. 22, 18311 Ribnitz.

1. S a a l e r   B o d d e n (s. Landkarte IV „Mecklenburger Bucht, Ostseite")
Der größte Bodden ist fast ausgesüßt, sehr flach und von hohem Schilf umstan-

Darß: Die Meiningenbrücke trennt den Grabow (oberhalb) von den anderen Bodden.

den. Es werden nur Süßwasserfische geangelt, bei den Raubfischen dominieren der Zander (bis 20 Pfund) und der Kaulbarsch. Sogar Karpfen und Schlei werden im Ribnitzer See, dem Südzipfel des Boddens, überlistet. Die Watfischerei beschränkt sich auf wenige hartgrundige Abschnitte zwischen Wustrow und Ahrenshoop und am gegenüberliegenden Ufer Damser Ort (zu erreichen von Saal). Das Küstengewässer endet an der Straßenbrücke in Ribnitz-Damgarten. Bootsverleih, Liegeplätze und Slipanlagen gibt es in Damgarten, Ribnitz, Dändorf, Dierhagen, Wustrow, Althagen (Ahrenshoop), Born.

2. Koppelstrom
Ein sehr flaches Gebiet mit einer engen, gewundenen Stromrinne, in der zeitweilig eine kräftige Strömung läuft. Dieses Gebiet ist Teil der Zone II des Nationalparks und überall von Schilf umstanden. Als einziger Landangelplatz bietet sich Michaelisdorf (Surfplatz) an. Born und Fuhlendorf haben eine Slipanlage.

3. Bodstedter Bodden
Im schwach salzigen Wasser leben hauptsächlich Süßwasserfische; Zander und Hecht halten sich als Beute die Waage. Westlich von Bodstedt läßt sich von Land angeln. In diesem Ort, in Fuhlendorf, in Wieck und Prerow kann man Boote leihen: dort sind auch Slips und Liegeplätze vorhanden.

4. Barther Bodden

Mit 0,5% Salzgehalt bietet dieser Bodden bereits der Flunder, im Frühjahr dem Hornhecht Einwanderungsmöglichkeiten. Kaulbarsch und Zander kommen zwar noch immer vor, aber Hecht und Barsch dominieren und wachsen hier besser ab als in den westlichen Bodden. Im Südteil gibt es in Barth und Glöwitz Landangelplätze. Die Einmündung der Barthe wird viel beangelt und wird von Hechtanglern gerühmt. Das beangelbare Küstengewässer reicht bis zur Straßenbrücke in Barth.

Barth, Pruchten und Zingst haben Bootsverleih, Slip- und Liegeplätze. Ein sehr gutes Bootsangelrevier.

5. Grabow

Anglerisch das beste Revier aller Bodden. Barsch und Hecht wachsen besonders gut ab (Hecht bis 30 Pfund, Barsch bis vier Pfund). Zusammen mit Flunder und Aal sind sie die wichtigsten Beutefische. Der Nordwestzipfel des Boddens ist Naturschutzgebiet mit Befahrens- und Angelverbot ab der betonnten Fahrrinne. Landangelplätze befinden sich am Glöwitzer Haken, Dabitz, Bachauslauf Flemendorf (dort auch Meer- und Regenbogenforellen), Barthelshagener Steinriff, Nisdorf, Groß-Kordshagen (langer Feldweg zum Anleger), Kinnbackenhagen. Slip- und Liegeplätze findet man in Dabitz und Kinnbackenhagen.

Darß: Blick von der Meiningenbrücke auf die Boddenlandschaft.

Darß: Für Barsch-Fans ist der Grabow ein tolles Angelrevier.

6. Darßer Westküste

Ein steinig-sandiges, von Dünen und windgebeuteltem Föhrenwald begrenztes Brandungsangelrevier der Extraklasse. Im Sommer findet ein weit verteilter Badebetrieb statt. Die zehn Kilometer lange Prachtküste ist Teil des Nationalparks und kann nur zu Fuß erreicht werden. Parkplätze sind in Prerow am Westausgang des Ortes und in Ahrenshoop am Wald in Standhorst. Fahrrad und/oder Transportkarrenmitnahme sind empfehlenswert. Überall werden Dorsche und Plattfische gefangen.

7. Nordküste

Wie schon erwähnt ist die gesamte Küste vom NSG „Darßer Ort" im Westen bis zum militärischen Sperrgebiet im Osten während der Badesaison überlaufen, das Angeln ist so gut wie nicht möglich. In der kalten Jahreszeit bietet der lange Küstenstreifen nur bei anhaltenden Nord- und Ostwinden gutes Plattfischangeln; Hänger sind kaum zu befürchten, weil der Meeresboden überall glatt und reinsandig ist. Die Küste östlich von Zingst ist verbotenes militärisches Sperrgebiet und im weiteren Verlauf Naturschutzzone.

Allgemeine Auskünfte: Fremdenverkehrsverband Fischland-Darß-Zingst, Klosterstr. 21, 18374 Zingst; Kurverwaltung Prerow, Gemeindeplatz 1, 18375 Prerow.

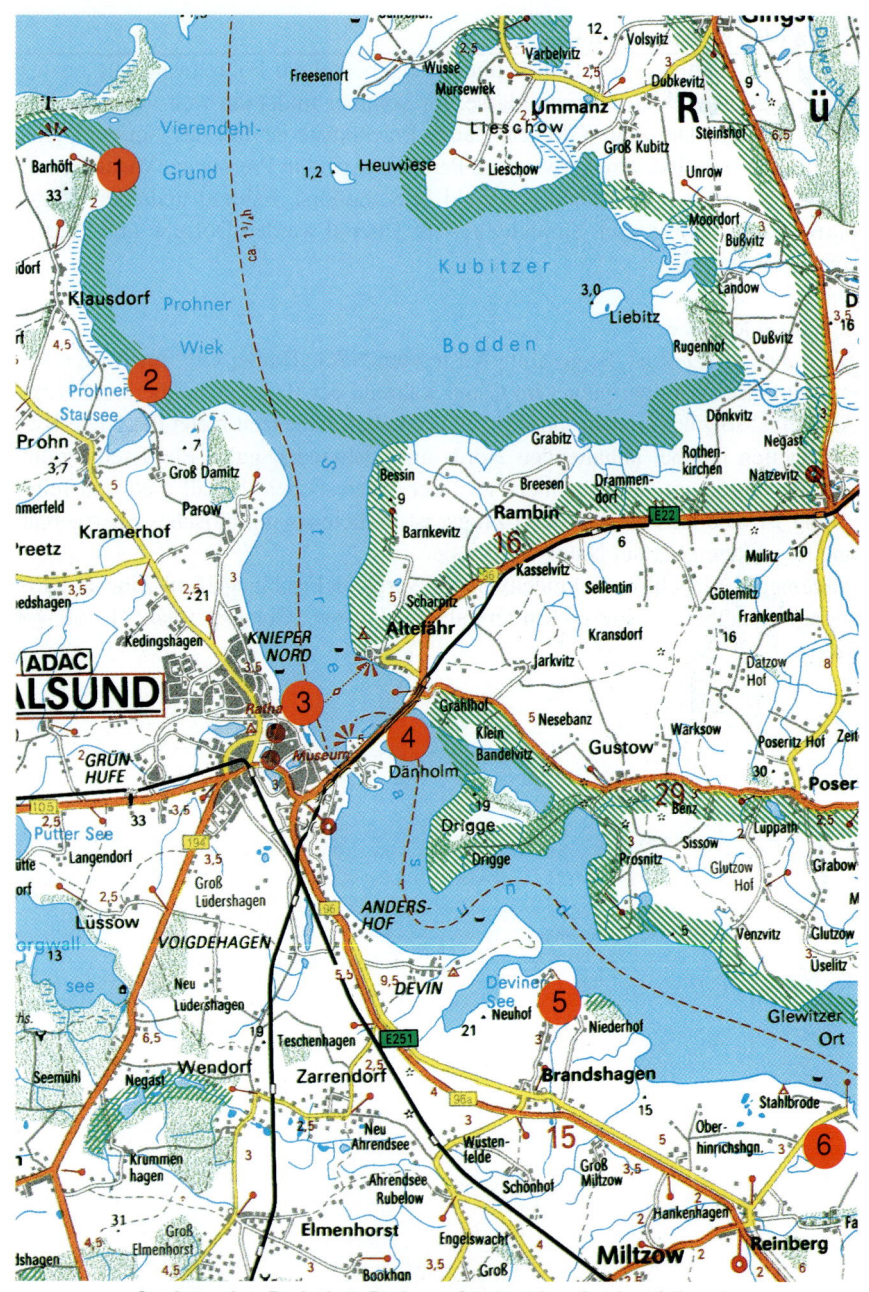

*Strelasund: 1. Barhöft, 2. Prohn, 3. Stralsund, 4. Strelasundbrücke,
5. Neuhof, 6. Stahlbrode*

▶ **S t r e l a s u n d,** Seekarte Nr. 1622 (Nord) und 1579 (Süd)

Dieser 30 Kilometer lange Meeresarm trennt die Insel Rügen vom Festland und bildet ein geschütztes, abwechslungsreiches Angelrevier, das hauptsächlich von Bootsanglern aufgesucht wird, die, in Clubs organisiert, überall entlang des Sundes ihre Boote vertäut haben; im Bereich Stralsund liegen hundert und mehr in den einzelnen Clubhäfen. Die Angelei konzentriert sich auf Fische der Brackwasserregion: Nur am Nordausgang des Sundes findet man Salzwasser von 1% Gehalt und mehr, im übrigen Sund nimmt der Salzgehalt nach Süden ab und beträgt am Südausgang nur noch etwa 0,7%. Entsprechend verteilen sich die Fische: Heringe ziehen zum Laichen im April/Mai in großen Zügen nach Süden - bis nach Stralsund, im Mai folgen die Hornhechte, sie sind während der Laichzeit überall im Sund. Die Flunder macht etwa bei Stralsund halt - wie der Hering -, Dorsche trifft man nicht in den Sundgewässern an. Dafür gibt es überall Hechte und Barsche. Der Hecht des Nordausganges ist berühmt wegen seines Gewichtes, schon manch einer brachte mehr als 30 Pfund auf die Waage. Diese großen Tiere sind keine Seltenheit, weil sie sich das ganze Jahr mit heranwachsenden Heringen mästen. Rotaugen, Brassen, im inneren Sund auch Zander, Aal, Kaulbarsch, Ukelei, Rotfeder, Güster, in den flachen Buchten auch Schleien, können an den Haken gehen. Die Hechtangelsaison konzentriert sich auf die Zeit vom 15. Mai bis Ende Juni und vom Oktober bis in den November; Barschsaison ist fast immer. Nach anhaltenden Stürmen können Angelsaison und Fischvorkommen gehörig durcheinander geraten, denn bei mittleren Windstärken schwankt der Wasserstand um +/- 0,6 Meter; bei Nordoststürmen stieg das Wasser im Sund schon einmal auf 2,3 Meter über das mittlere Hochwasser. Weite Uferpartien können hingegen bei Südweststürmen trockenfallen.

Mit den großen Wasserstandsschwankungen sind auch heftige Strömungen, neue Salzgehaltkonzentrationen und damit auch Verschiebungen der Fischstandorte zu beobachten. Ortsfremde Angler sollten sich stets von einheimischen Fachkollegen beraten lassen. Alle Sundwasser sind flach, in den Buchten oft nur ein Meter tief; nur die Sundrinne ist überall mindestens sechs Meter, vor Stralsund sogar 13 Meter tief. Da sich das Angeln auf die tiefen Gebiete konzentriert, ist im Sund das Bootsangeln gefragt, denn gute Landangelplätze sind knapp.

1. B a r h ö f t

Am Nordausgang des Sundes entwickelt sich ein kleines Meeresangelzentrum unter der Regie der Familie Sprenger. Im Hafen liegen Boote aller Größen für die Hochseeangelei vor Hiddensee auf Dorsche und für die Hechtangelei im Kubitzer Bodden. Es gibt geführte Touren, Leih- und Charterboote in allen Größen, dazu ein Hotel, eine Pension und einen Angelshop. Die Ausfahrten sind abhängig von der Windstärke.

Barhöft: Beim Charterboot-Angeln werden solche Hechte gefangen.

Allgemeine Auskünfte und anglerische Beratung: Boots- und Hafenservice Sprenger, Dorfstr. 15, 18445 Schmedshagen

2. Prohn
An der Prohner Wiek liegt der Bootshafen des Angelvereins „Am Schwedenstrom" in Prohn, in dem über 100 Boote zu finden sind. Geangelt wird in den hechtreichsten Abschnitten des nördlichen Sundgebietes, vor allem rund um die Krautinseln des Kubitzer Boddens, bei zu starken westlichen Winden auch im Schwedenstrom, Schwarzen Strom, Vierendehlrinne oder bei den Klausdorfer Steinen. Wer anglerische Auskünfte sucht, der findet diese bei Dr. Lang, Ringstr. 9 b, 18445 Prohn, oder bei Angelkameraden im Bootshaus am See.

3. Stralsund
Im Stralsunder Hafen wird hauptsächlich von der langen Nordmole geangelt und bei den Brücken und Molen von Dänholm-Nord. Hauptbeute sind im Frühjahr Heringe und Hornhechte, danach Barsche, Aale und Flundern; an den drei Molen des Hafens Dänholm-Süd und den Bereichen um die Ziegelgrabenbrücke ist der Heringsangelerfolg nicht so groß wie von der Nordmole. Anglerische Beratung:

Gerätehandel Ziese, Wasserstr. 14, 18439 Stralsund. Boote: RÜGEN-CHARTER, Chr. Höft, Ruschwitzstr. 22, 18528 Bergen. Liegeplatz Stadthafen/Stralsund. Allgemeine Auskünfte: Stralsun -Information, Ossenreyer Str. 1-2, 18439 Strals. Ein Muß für alle Meeresangler: der Besuch des Meeresmuseums von Stralsund, Katharinenberg.

4. S t r e l a s u n d b r ü c k e *(Rügendammbrücke)*
Nur im Hafen von Kiel findet man im April/Mai nach der Ankunft der Heringe so viele Angler wie auf der Strelasundbrücke. Auf dem etwa 600 Meter langen Mittelstück über dem Sund stehen sie Schulter an Schulter und fangen unermüdlich tagelang eimerweise Heringe.
Außer ihnen beteiligen sich viele weitere Angler in Sportbooten, am Damm und am Fuß der Brücke auf der Stralsunder Seite am Angeln. Ein Parkplatz befindet sich stadtseitig kurz vor der Brücke auf der Insel Dänholm. Von Stralsund fährt man auf der E 22 Richtung Rügen und biegt von der Straße kurz vor der Brücke links ab. Bootsverleih und Slip befinden sich in Altefähr auf der rügenschen Seite (s. Rügen Punkt 17).

5. N e u h o f
Gute Angelmöglichkeiten in Wassertiefen von drei Metern findet man unmittelbar vor der langen Pier des ehemaligen Anlegers. Man beachte die Scharkanten links und rechts vom Anleger. Das Tiefwasser reicht weit in den Sund hinaus.

6. S t a h l b r o d e
Neben dem vier Meter tiefen Fährhafen liegen Fischkutter, Fischverkaufsbuden und Räucherkaten, daneben ein Sportboothafen mit Slip und Liegeplätzen. Das Angeln lohnt sich nur in Richtung der Fahrwasser von den Molenköpfen im etwa 2,5 Meter tiefen Wasser. Querab von Stahlbrode verläuft die Sundrinne mit über sechs Meter Tiefe sehr breit und vom Boot aus erfolgreich zu beangeln. Angelplätze und Häfen auf der Ostseite des Strelasundes - siehe *Rügen*.

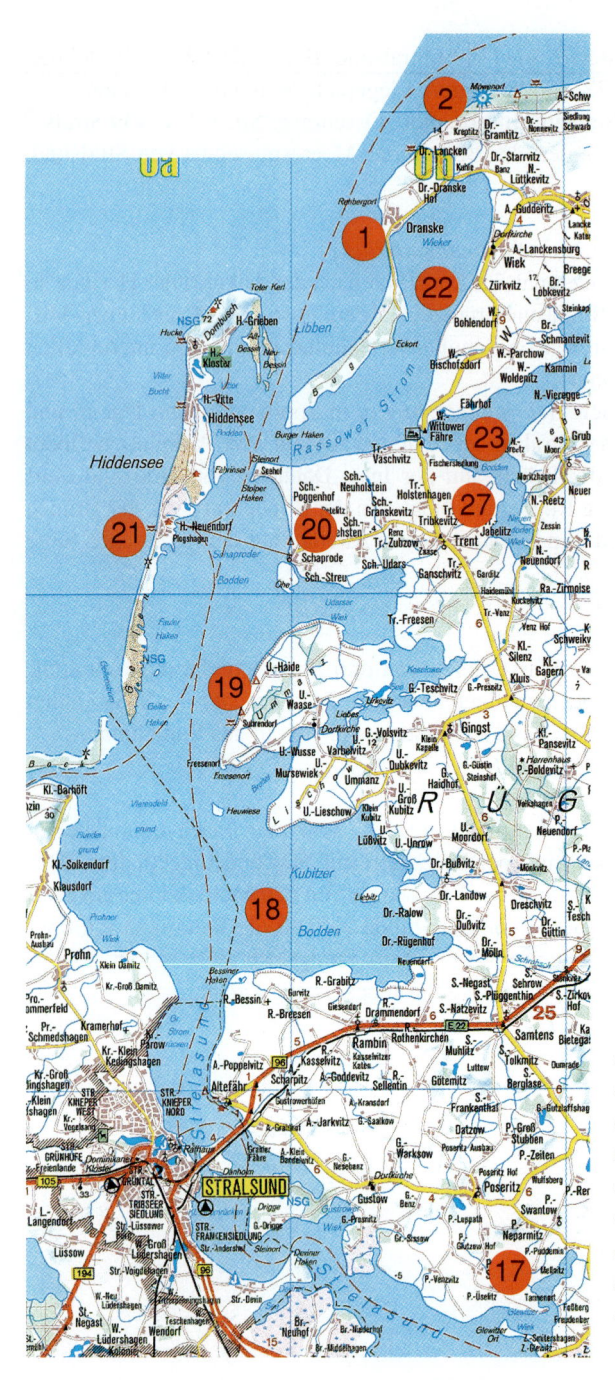

Rügen, Westseite: 1. Dranske, 2. Bakenberg-Möwenort, 17. Strelasund, rügensche Seite, 18. Kubitzer Bodden, 19. Ummanz, 20. Schaprode, 21. Hiddensee, 22. Wieker Bodden, 23. Breetzer Bodden, 27. Neuendorfer Wiek

▶ Rügen mit Hiddensee,

Seekarte Nr. 3006 (16 Blätter) u. weitere

Deutschlands größte Insel ist das Küstenangelmekka Nr. 1 der Meeresangler. Umarmt und durchdrungen von der Ostsee, acht Mal so groß wie die Insel Fehmarn bieten sich dem Meeresangler rund 300 Kilometer Küstenstrände und große, salzige Binnengewässer, die fast ein Drittel der Insel bedecken. Und Fische gibt's! Dorsche in Mengen, und groß fängt man sogar vom Ruderboot; Meerforellen-Traumstrände mit Aussichten auf Zwanzigpfünder erstrecken sich von Horizont zu Horizont, dazu Boddenhechte der 30- bis 40-Pfund-Klasse, fette Barsche eimerweise, Zander in Rekordgrößen; schließlich noch eine üppige Heringssaison und die alljährliche Invasion der pfeilschnellen Hornhechte: ein Küstenparadies, Deutschlands bestes!

RÜGENS ANGELKALENDER

Aal	Juli/August, überall
Barsch	April bis Anfang Juni, Bodden. September/Oktober auch Küste
Brassen, große	Mitte Mai bis Ende Juni, Wieken
Dorsch	April/Mai und September/Oktober küstennah im Norden; im Sommer küstenfern. Nie in den Bodden und auch nicht im Süden der Insel
Hecht	September bis Anfang November in den Bodden ist Bestzeit
Hering	Ende April bis Mitte Mai, Topplatz Strelasund, Rügendammbrücke
Hornhecht	Mitte Mai bis Mitte Juni, vor allem Südküste Rügens und Strelasund, aber überall, wo Kraut wächst
Meerforelle	Januar bis Mitte Mai, alle Außenküsten mit Steinen und Bewuchs, alle Landvorsprünge, z.B. Thiessower Haken (Südperd) oder Palmer Ort (Zudar), Arkona, Außenküste von Dranske
Plattfische	Mai/Juni, auch noch Juli (Bodden); September/Oktober (Außenküste im Norden)
Zander	Immer, außer April/Mai; hartgründige, tiefe Abschnitte, gut durchlüftet, in den innersten Bodden

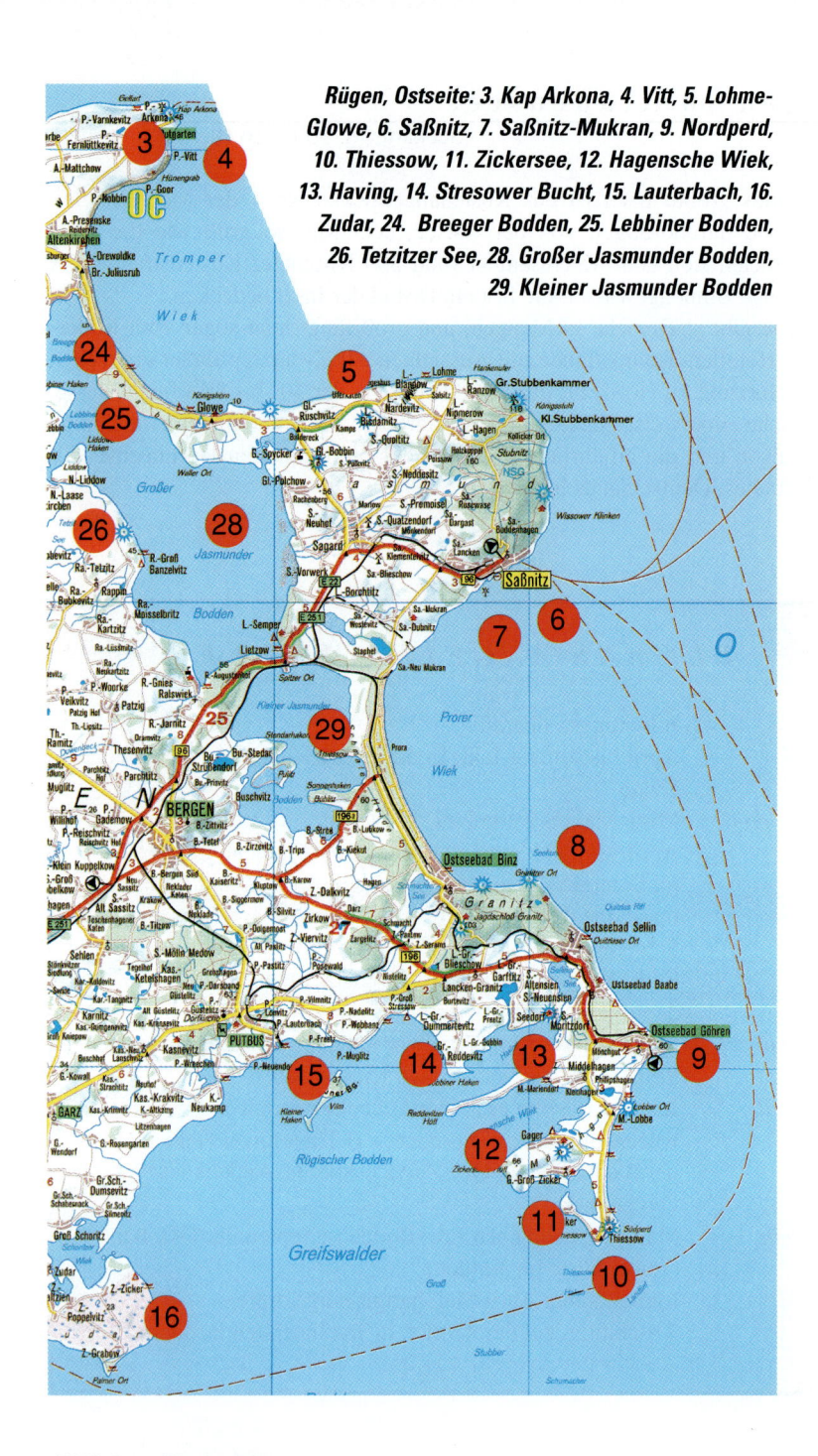

Rügen, Ostseite: 3. Kap Arkona, 4. Vitt, 5. Lohme-Glowe, 6. Saßnitz, 7. Saßnitz-Mukran, 9. Nordperd, 10. Thiessow, 11. Zickersee, 12. Hagensche Wiek, 13. Having, 14. Stresower Bucht, 15. Lauterbach, 16. Zudar, 24. Breeger Bodden, 25. Lebbiner Bodden, 26. Tetzitzer See, 28. Großer Jasmunder Bodden, 29. Kleiner Jasmunder Bodden

Bunte Rügenstrecke: Hecht, Hornhecht, Aal und Barsch - an einem Nachmittag im Mai.

Alle auf Rügen salzig schmeckenden Wasser sind Küstengewässer, auch die innersten Bodden und Wieken. Sie alle dürfen mit dem Jahresfischereischein und der Küstenangelkarte (siehe Seite 337) unbeschränkt beangelt werden. Mit Motorbooten darf überall gefahren werden (ab 5 PS mit Sportbootführerschein/See). Sowohl treibend wie auch ankernd darf geangelt werden; in den Binnengewässern aber ist das Schleppangeln verboten. Vor der Küste außerhalb der Binnengewässer ist diese Methode erlaubt. Köderfische dürfen gesenkt werden.

Boote für die Boddenangelei müssen mindestens vier Meter lang sein, Flachboden und Halbkajüte sind ideal. Rügens Angler warnen eindringlich vor den Binnenwassergefahren: Wenn die Boddenwellen weiße Kämme bekommen, sofort zurück an das Land fahren! Die Bodden sind in weiten Bereichen sehr flach - nur ein bis zwei Meter -, dadurch bildet sich eine harte, steile See, die alle Jahre ihre Opfer fordert. Dingis, Kanus oder gar Belly-Boats gehören nicht in die Küstengewässer Rügens.

Auf Rügen gibt es etwa 60 Angelvereine mit rund 3000 Mitgliedern; sie betreiben zahlreiche kleine Sportboothäfen und Bootshäuser mit Slips und Liegeplätzen. Mitfahrgelegenheiten und Beratung erfährt man bereitwillig. Kontakte knüpfe man über den Vorstandsvorsitzenden des Kreisangelverbandes Rügens, Karl-Heinz Wilde, Rügener Ring 2, 18546 Saßnitz.

Weitere Anglerische Beratung: Peter's Angelshop, Peter Freuck, Vieschstr. 3, 18528 Bergen.

Allgemeine Auskünfte: Fremdenverkehrsverband Rügen, August-Bebel Str. 12, 18586 Sellin.

Hafen von Kuhle: Hier liegen die Dorschkutter vor Anker.

Hochseeangelei

Die gesamte offene See vor der Nordhälfte Rügens, von Hiddensee im Westen bis Saßnitz im Osten, beherbergt alle Salzwasserfische der Ostsee. Dorschangelei ist im West- und Nordteil sogar knapp unter Land möglich, so vor der Dornbuschküste im Nordwesten der Insel Hiddensee oder östlich vom Kap Arkona vom Fischerdorf Vitt.

Angelkutter liegen ganzjährig in Saßnitz, neben Tagestouren werden Touren angeboten mit Übernachtungsmöglichkeiten an Bord, so daß mehrere Tage hintereinander geangelt werden kann - ein Vorteil für Angler, die von weit her anreisen. Geangelt wird im Seegebiet Adlergrund nordöstlich des Hafens oder nördlich von Kap Arkona im Norden der Insel, Fahrtdauer 1,5 bis 2 Stunden. In Tiefen von 20 bis 28 Metern werden gute Dorsche gefangen, im Schnittgewicht von fünf Pfund, aber stets vermengt mit bis zu zehn Pfund schweren Fischen. Im Winter werden Mehrtagesfahrten in den Öresund zur Laichdorschangelei veranstaltet. Ein Nachteil: Die Saßnitzer Schiffe können bei östlichen Winden ab Stärke 5 nicht auslaufen. In den Häfen Kuhle im Wieker Bodden und an der Wittower Fähre liegen weitere Angelkutter, die Dorschangelfahrten in die Gewässer Hiddensee und Kap Arkona anbieten - Fahrzeit ca. 2,5 Stunden. Der Liegeplatz Kuhle bietet die zusätzliche Möglichkeit, in unmittelbarer Nähe hervorragend Brandungs- und Boddenangeln zu betreiben. Auch aus diesen Häfen können die Schiffe bei Winden ab Stärke 5 aus westlichen und nördlichen Richtungen nicht auslaufen.

Angelkutteradressen: siehe *Angelschiffsliste Ostsee*, Seite 177.

Solche Prachtdorsche werden vor Dranske und Hiddensee gefangen.

Kreptitz: Die ganze Küste bis Möwenort ist ein ausgezeichnetes Brandungsrevier.

Küstenangelei,

Beschreibung von Nord (ab Dranske) im Uhrzeigersinn

Rügens Küste hat alles, was sich ein Meeresangler nur wünschen kann: lange, sandige Strände mit Rinnen und Bänken, gespickt mit mehr oder weniger Bewuchs und Muschelfeldern, kiesige Abschnitte mit Leopardengrund, dem gesuchten „Fleckenteppich" von Sand und Bewuchs, oder absolut steinige Abschnitte, tief und dunkel, dem Top-Jagdrevier der Meerforellen und Dorsche. Dazu im Rücken Steilküsten von schwindelnder Höhe, Buchenwälder oder Dornbuschverhaue, Stille und einsame Feldmark oder Highlife ganz in der Nähe.

Angeln kann man bei jeder Windlage, Brandung ist jeden Tag irgendwo zu finden; Strömungen - oft kräftige - sorgen immer für neue Fische und außerdem für lange Duftspuren der ausgeworfenen Köder. Überdies sind fast alle Abschnitte leicht mit Sack und Pack zu erreichen.

Das Salzgehaltsgefälle des Seewassers bestimmt die Artenzusammensetzung: Stark salzhaltiges Wasser gibt's nur im Norden der Insel, also kann man nur dort auch Dorsche vom Ufer erbeuten. Die ausgesüßten südwärtigen Strände der Insel bieten dagegen ein buntes Artengemenge aus Hecht, Barsch, Flunder, Aal, zeitweilig Hering und Hornhecht; Meerforellen aber gibt es überall.

Dranske: Bei allen westlichen Winden ein hervorragendes Brandungsrevier.

1. Dranske

Ein erstklassiger Küstenangelplatz: Seewärtig gibt es Brandungsangeln der Extraklasse vom sandig-steinigen Grund, das Tiefwasser ist mit Normalwürfen erreichbar. Bei allen südwestlich bis nordöstlich wehenden Winden fängt man Plattfische und Dorsche. Westwärts des Ortes am Anfang des Steilufers beginnt die beste Strecke, sie zieht sich kilometerweit bis zum Strand von Kreptitz und stellt ein sehr gutes Meerforellenrevier dar. Binnenwärts öffnet sich der Wieker Bodden mit sehr guten Hechtangelmöglichkeiten: Hier wurden schon 30-Pfünder erbeutet. Für die Wiek verleiht Hans-Dieter Nut, Am Ufer 4, 18556 Dranske, beim Freizeitzentrum, Boote mit Motor.
Im winzigen Boddenhafen liegt der Kutter ARKONA von Gerhard Schneider, Dr. Richard-Sorge-Str. 3, für Bedarfsfahrten mit bis zu zehn Anglern.
Die Halbinsel Bug ist Sperrgebiet. Das gesamte Angelgebiet ist 1994 als „einstweilig gesichertes NSG" ausgewiesen worden. Auf Angeleinschränkung muß deshalb geachtet werden, wenn diese rechtskräftig werden.

2. Bakenberg-Möwenort-Kreptitz

Vor der bewaldeten und stark zersiedelten Küste (Ferienhäuser) dehnt sich ein langer, kiesig-sandiger Strand, der außerhalb der Ferienzeit hervorragendes An-

Kap Arkona: Diese Küste zählt zu den schönsten Landschaften Deutschlands.

Kap Arkona: Bei stillem Wetter rauben die Meerforellen sogar zwischen den Steinen.

geln auf Dorsche und Plattfische sowie die Watfischerei auf Meerforellen gewährt: sehr empfehlenswert. Zu erreichen ist dieses Gebiet von Kuhle über Gramtitz.

3. Kap Arkona

Einer der schönsten Küstenangelplätze Deutschlands! Fast 40 Meter hoch reckt sich das Ufer steil nach oben, umschwirrt von Uferschwalben, davor eine endlos lange Großsteinküste bis zu den Hohen Dielen, ein Revier, in dem man an stillen Tagen die Meerforellen beim Rauben beobachten kann. Die Watangelei mit Spinner, Fliege und Köderfisch läßt sich erfolgreich ausüben, aber Vorsicht: Das Waten wird durch viele Steine sehr erschwert, Watstock unbedingt benutzen! Beim abendlichen Blinkern und bei auflandigem Wind werden auch Dorsche gefangen. Angeln mit dem Bodenblei ist nur weiter westlich möglich. Die Steilküste verläuft sechs Kilometer weit, allmählich niedriger werdend, bis zum Punkt 2. Im NSG „Wittow mit Hohen Dielen" darf vom Ufer, nicht aber vom Boot, in einem schmalen Küstenstreifen geangelt werden. Jenseits einer 200 Meter Abstandslinie vom Ufer darf dann wieder vom Boot geangelt und geschleppt werden. Der Zugang zu diesem Angel-Paradies ist im Sommer sehr erschwert. In Putgarten endet die Zufahrt auf einem Parkplatz, mit Pferdewagen kann man bis ans Kap gelangen. Auch im Winterhalbjahr gibt es am Kap kaum Parkplätze, man muß sich auf lange Fußmärsche einrichten, wobei Transportkarren am Steilufer und auf den steinigen Stränden wenig hilfreich sind. An den Strand gelangt man über lange Treppen.

4. Vitt

Das winzige Fischerdorf im Windschatten von Kap Arkona kann sich rühmen, neben Helgoland als einziger Ort an Deutschlands Küste die Dorschangelei vom Ruderboot zu bieten. Wilfried Vetterick in Vitt Nr. 11 verleiht diese Boote mit und ohne Motor und bietet auch geführte Angelfahrten an. Geangelt wird gleich vor dem Ort in den Steingründen, das Wasser ist bereits nach wenigen Ruderschlägen über zehn Meter tief. Im Bewuchs gibt es viele Hänger, aber noch mehr Dorsche!
Die Bootsangelei ist sehr windabhängig, bei Ostwind muß alles ruhen. Man angelt dann entlang der langen Steilküste bis zum Kap Arkona, im Süden auf vier Kilometer Länge unterhalb der Steilküste von zunehmend sandigen Stränden. Man suche zuvor mit Polarisationsgläsern den Meeresboden nach Leopardengründen, Rinnen und Bänken ab. Im Nordabschnitt werden sehr gut Dorsche, im Südabschnitt Dorsche und Plattfische erbeutet. Außerdem ist die Watangelei auf Meerforellen sehr zu empfehlen.

5. Lohme/Glowe

Über neun Kilometer größtenteils bewaldete Steilküste, voller kartoffelgroßer Steine, mit zahlreichen kleinen Bacheinläufen und einzelnen Findlingen, von Menschenhand unberührt und kaum belaufen: ein Angelparadies! In erster Linie ist dies ein Watangelrevier für Meerforellenangler; in Lohme grenzt das Gebiet an den „Nationalpark Jasmund" mit absolutem Küstenangelverbot. Aus diesem Schongebiet kommen die Fische in das hier beschriebene Revier. Aber auch Dorsch und Plattfisch gibt es in den Gebieten mit Leopardengrund. Bequeme Zufahrten sind rar, nur in Rugeshus - Weg zweigt von der Küstenstraße bei Nardevitz ab - gibt es knapp bemessenen Parkraum und einen Niedergang zur Küste. In Bisdamitz führt ein Feldweg zu einigen Privatgrundstücken und einem Ferienheim. Parken kann man dort nur mit ausdrücklicher Erlaubnis der Grundeigentümer; ein Fußweg führt durch den Wald an die zauberhafte, einsame Küste. Ein sehr empfehlenswertes Revier für sportliche Angler.

6. Saßnitz

Die Stadt am Südende des Nationalparks Jasmund mit seinen berühmten, bizarren hohen Kreidefelsen ist Liegeplatz für Hochseeangelkutter und Ausgangshafen für Sportboote; im Abstand von mindestens 500 m vor der Kreideküste darf geangelt und geschleppt werden, Zielfische sind Dorsche und Meerforellen. Vor dem Hafen liegt Deutschlands längste Hafenschutzmole. Fast 1,5 Kilometer lang reicht sie überall ans tiefe Wasser und bietet gute Möglichkeiten zum Erbeuten von Plattfischen, Aalen und im Mai/Juni Hornhechten. Bei anhaltenden Ostwinden kann man im Winter auch Dorsche angeln, im Hafen sogar Barsche.

Thiessow: Das Südperd ist Rügens Südost-Zipfel - hier kommt viel Fisch vorbei.

Vitt: Anleger und Mietboote. Die Dorsche beißen schon unmittelbar vor dem Anleger.

7. Saßnitz-Mukran

Tiefes Wasser reicht nah ans Ufer und ermöglicht so überall gutes Brandungsangeln bei südlichen und östlichen Winden. Beute: Plattfische, Aale, vereinzelt Barsche, im Winter ab und zu auch Dorsche. Auch stellt sich dieser Platz als gute Watstrecke auf Meerforellen dar. Man fährt über Dwasieden oder Dubnitz-Mukran heran.

8. Granitzer Küste

Zwischen Binz und Sellin verläuft das Ufer unter einer bewaldeten, wunderschönen und einsamen Steilküste. Die Nordhälfte des Abschnitts ist mit Steinen übersät, in der Südhälfte nehmen vereinzelt sandige Abschnitte zu. Das Gebiet wird von Watanglern (Meerforellen!) mit leichtem Wandergepäck aufgesucht, denn es gibt nirgendwo Zufahrten und Parkplätze - ein Gebiet für sportliche Angler.

9. Nordperd

Die steile, bewaldete Küste des Nordperds bei Göhren steht unter Naturschutz, vom Ufer darf aber geangelt werden. An der Huk wird die Watangelei auf Meerforellen ausgeübt, das Brandungsangeln läßt sich sehr gut den jeweiligen Windverhältnissen anpassen.

Insel Vilm: Am Riff vor der Insel werden gute Hechte und Barsche gefangen.

10. Thiessow

Die landschaftlich reizvolle Südostecke Rügens besitzt nur am Südperd tieferes Wasser in Wurfweite. Watangler befischen die Landspitze und die flache Bucht am Thiessower Haken und fangen Meerforellen, im Mai/Juni auch Hornhechte. Bequeme Zufahrt mit Parkplätzen, zum Südperd führt ein kurzer Fußweg.

11. Zickersee

In der südöstlichsten aller Buchten überwiegen bereits die Süßwasserfische. Umrahmt von bis zu 66 Meter hohen Bergen und beschilften Ufern fängt man auf dem See Barsche, Hechte, Zander, Brassen, im Frühjahr Hornhechte. Liegeplätze und Slip für Boote findet man im Hafen von Groß Zicker und am Campingplatz Thiessow. Die Seeufer dürfen nicht betreten werden (NSG).

12. Hagensche Wiek

Die Bucht darf mit dem Boot beangelt, die Ufer dürfen aber nicht betreten werden (NSG). Hier werden dieselben Fische überlistet wie am Punkt 11, Camping- und Slipmöglichkeit sind in Gager; dort im Hafen kann man auch von Land Aale und Barsche angeln.

Zudar: Die Glewitzer Wiek am Westzipfel der Halbinsel Zudar. Gut für Hecht und Barsch.

13. Having
Diese Bucht wird viel beangelt, am Ausgang im Mai/Juni fängt man unzählige Hornhechte, im inneren Bereich Süßwasserfische: große Hechte und gute Barsche. Es darf nur vom Boot geangelt werden, für die Ufer gilt ein strenges Betretungsverbot (NSG). Slip-, Park- und Liegeplätze findet man am Durchstich zum Selliner See; am Bollwerk ist das Angeln auf Barsch, Hecht und Aal möglich. Bei den Fährleuten am Durchstich werden Boote verliehen. Sehr empfehlenswert ist ein Blick vom Moritzberg.

14. Stresower Bucht
Ein reines Bootsangelrevier mit sehr flachen Ufern bietet diese Bucht; im Mai/Juni einer der besten Hornhechtangelplätze, im Herbst gehen kapitale Hechte an den Haken. Groß Stresow hat einen Campingplatz und Slip sowie einen Parkplatz.

15. Lauterbach
Im großen Hafen ist das Angeln möglich, hier findet man neben Slip- und Liegeplätzen auch Restaurants. Das Steinriff der Insel Vilm (NSG) ist ein guter Barschangelplatz, die Unterwasserberge westlich der Insel sind Hechtstellen.

16. Zudar

Der südlichste Punkt Rügens ist einsam und kaum erschlossen. Beim Dorf Maltzien kann man die Kormoraninsel Tollow sehen. Das Gewässer ringsum, wie auch die Schoritzer Wiek, ist NSG und darf nur von wenigen Anwohnern mit Sondererlaubnis befischt werden. An der Ostküste liegt der einsame Campingplatz Zicker mit einer Slipmöglichkeit. Die Camper angeln viel vor der Küste; in der offenen See sind ausschließlich Süßwasserfische anzutreffen, sieht man von den Hornhechten im Frühjahr ab. Nur zu Fuß erreichbar liegt weiter südlich vollkommen einsam das Gelbe Ufer, eine lange, teils waldbestandene Steilküste, die sich bis zum Weiler Grabow hinzieht; dort sind Parkmöglichkeiten vorhanden. Der Küstenstreifen eignet sich für die Watangelei auf Meerforellen und Hornhechte; bei Ostwinden werden auch Flunder und Aal gefangen. Palmer Ort, die äußerste Südspitze, ist umrahmt von Föhrenwäldern, sehr einsam und nur über schlechte Betonplattenwege von Grabow erreichbar (Parkplätze ca. 100 Meter vom breiten Sandstrand entfernt). Vom südwärtigen Haken wird mit der Strelasundströmung eine Unterwasserbank gebildet, die knie- bis hüfttief einige hundert Meter weit in den Greifswalder Bodden hinausreicht. Zum Sund fällt das Wasser tief ab, zur Landseite liegt kiesiger, tiefer Grund. Die Bank ist für Watangler eine Herausforderung; Meerforellen und Hornhechte werden hier vor allem nach östlichen Winden gefangen, wenn das Wasser fällt und aus dem Sund hinausläuft. Der Punkt Glewitzer Fähre hat eine Hafenbeckentiefe bis zu vier Meter und bietet so gute Barsch- und Hechtangelchancen. Südlich davon liegt der Gänsehaken mit ebenfalls guten Möglichkeiten auf Meerforellen bei der Watangelei. Ein kleiner Sportboothafen liegt in Puddemin am Nordausgang der Puddeminer Wiek. Dort ist auch ein Liegeplatz der organisierten Bootsangler zu finden. Die schmale Bucht und das anschließende Gewässer Glewitzer Wiek werden viel beangelt - Hecht und Barsch hauptsächlich - bis hinunter zum Strelasund.

17. Strelasund, rügensche Seite

Im Strelasund, der eine breite, tiefe Rinne von mindestens sechs Metern Tiefe und harten, steinigen Boden mit viel Bewuchs aufweist, wird viel geangelt (siehe S. 137). Alle flachen Uferbereiche von Zudar bis zum Bessiner Haken nördlich von Stralsund, häufig mit dichtem Schilf bestanden, lassen sich im Frühjahr und Herbst bewaten: Mit Wobblern und Blinkern werden Hechte und Meerforellen überlistet. Folgende Möglichkeiten bieten sich an, um an die Ufer zu fahren und um auch eine Parkmöglichkeit dort zu finden - von Süden nach Norden -: Venzvitz, von Sissow zur Proßnitzer Schanze (ebenso von Proßnitz); von Gustow nach Drigge mit guten Meerforellenchancen in der Gustower Wiek beim Bacheinlauf. Herausragende Tiefwasserplätze mit zeitweilig starker Strömung sind an der Proßnitzer Schanze, am Steinort in Drigge und am Drigger Ort westlich von Drigge zu finden. Auf diesem langen Teilstück sind zwei Bootshäfen:

Gustow und Altefähr, nördlich der Rügendammbrücke. Der erstere ist vier Meter tief und hat gute Hecht- und Barschangelmöglichkeiten an der Hafenkante; Slip ist vorhanden, aber kaum ein Liegeplatz. In Altefähr liegt neben dem großen Angelboothafen die Bootsvermietung SAIL & FUN, Karl-Rudolf Küstner, Fähranleger, 18573 Altefähr.

18. Kubitzer Bodden

Die riesige Bucht gilt als das beste Großhechtrevier Rügens. Angler glauben, daß hier noch Riesenhechte leben, die den bestehenden deutschen Rekord überbieten werden. Weite Bereiche dieses Gewässers sind nur bis zu zwei Meter tief, aber die Hälfte des Boddens ist durchzogen von vielarmigen Rinnen mit größerer Tiefe. Die hartgrundigen Rinnen sind gesäumt von Bänken und Bergen, alle häufig bestanden mit Muscheln und Bewuchs. Dieses Revier ist ideal für den Bootsangler. Aus Sicherheitsgründen sollten Boddenboote halbgedeckt und wenigstens vier Meter lang sein, denn bei westlichen Winden entwickelt der Bodden gefährlichen Seegang. Park- und Liegeplätze mit Slipanlage sind in Klein Kubitz sowie in Rugendorf westlich Dreschvitz vorhanden. Beim Sportbootliegeplatz Rugenhof gibt es eine Bootsvermietung (ohne Motor) „Rugenhof", Herr Papendorf, Ringstr. 29, 18573 Samtens, oder Evang. Ferienwerk Kurhessen, Postfach 1153, 37195 Wahlsburg. Der Rugenhof bietet auch Übernachtungen und Campingstellplätze.

Nach der ersten Abkühlung im Spätsommer oder zum Herbstbeginn kann sich die Watangelei auf Hechte mit großen Wobblern vor der Schilfkante lohnen. Bestes Gebiet dafür ist die etwa fünf Kilometer lange Strecke vom Bessiner Haken bis Drammendorf bei Rambin. Zu erreichen ist dieser Abschnitt über Feldwege bei Drammendorf, Giesendorf, Grabitz und Bessin.

19. Ummanz

Ein großer Campingplatz ist der einzige emsige Sommerplatz der Insel, ansonsten herrschen absoluter Friede und Ruhe. Boote werden beim Campingplatz Ostseekamp, 18569 Suhrendorf, verliehen. Anglerischen Anschluß, Liege- und Slipplätze findet man bei den Bootshäfen der rügischen Angler zwischen Wusse und der Brücke zu Rügen, so beim AV „Vocker Strom".

20. Schaprode

Der Fährhafen nach Hiddensee bietet Parkplatz und Slipanlage, aber kaum Liegeplätze; es gibt einen kleinen Angelboothafen der einheimischen Angler. Das bis zu sechs Meter tiefe Fahrwasser zwischen dem Ort und der vorgelagerten Insel Öhe eignet sich sehr gut zum Angeln auf alle Süßwasserfische, auch Flundern werden hier gefangen. Der Schaproder Bodden stellt ein gutes Bootsangelrevier dar, gut geschützt vor westlichen Winden.

21. Hiddensee

Vom Leuchtturm im Süden bis zum Leuchtturm im Norden dehnt sich eine über acht Kilometer lange Brandungsangelstrecke der Extraklasse. Besonders hervorzuheben ist die Dornbuschküste im Nordwesten. Vor der 65 Meter hohen Steilküste breitet sich steinig-sandiger Strand aus mit raschem Tiefenabfall und ausgezeichneten Dorsch- und Plattfischangelmöglichkeiten. An der Nordküste lohnt sich das Watangeln auf Meerforellen, im Mittelabschnitt der Insel liegen die besten Plattfischreviere. Autos dürfen nicht auf die Insel. Wer hier angeln will, sollte sich ein paar Tage Zeit nehmen; es lohnt sich!

B i n n e n w a s s e r, Seekarte Nr. 1621, von Nord nach Süd

Vom anmutigen, feld- und wiesengesäumten, verträumten See bis hin zum gewaltigen Binnenmeer reichen die Eindrücke dieses verzweigten Binnenwassersystems. Alle Wasser sind salzig, der Süßwasserzulauf reicht nirgendwo aus, das Salzwasser zu verdrängen. Alle Gewässer besitzen ausgedehnte flache Ufer mit weit ausladenden Schilfsäumen, selten reicht Wasser von mehr als zwei Meter Tiefe an die Wurfweite der Angler heran. Hartgrundig, steinig bis kiesig ist der Seeboden mit gutem Bewuchs, nur in den geschützten Buchten sind die Ufer etwas schlammig. Die tiefsten Stellen sind in den meist seemittig verlaufenden Rinnen und Becken mit etwa sechs bis acht Metern zu finden.
Die rügenschen Bodden sind fischreich und bieten allen Fischen der Brackwasserregion sehr gute Abwuchsmöglichkeiten. Flundern, Hechte, Barsche und Zander sind die wichtigsten Fische, die Meerforelle kommt ab und zu vor. Brassen und Rotaugen wachsen zu respektablen Größen heran, Aale gibt es überall.
Geangelt wird watend, aber in erster Linie vom Boot mit allen Kunstködern, vor allem mit großen Wobblern, hellen Spinnern und Tandemködern. Tote Köderfische, hauptsächlich die massenhaft vorkommenden Kaulbarsche und kleinen Rotaugen, aber auch Fetzen vom Hering und der Makrele, werden zupfend am System geführt; Barsche überlistet man mit den allgegenwärtigen Stichlingen, die mit der Senke gefangen werden. Wattwürmer eignen sich gut in den salzigeren Abschnitten der seewärtigen Bodden, Tauwürmer fangen gut in den übrigen Gebieten. Landangelplätze für Ansitz- und Brandungsangler sind knapp und wegen des meist flachen Wassers auch nur bei auflandigem Wind mit Erfolg beangelbar. Für die erfolgreiche Bootsangelei benötigt man Echolot und Seekarten; Anker und Schwimmwesten nicht vergessen, ebenso einen übergroßen Kescher zum Landen auch eines 20-Pfünders.
Die Schleppangelei ist in den Bodden verboten.

22. Wieker Bodden

Gute Watangelstrecken befinden sich entlang der Ostküste zwischen der Wittower Fähre und dem Fischerdorf Wiek. Ein Feldweg führt am Ufer entlang. Tiefes Wasser

erreicht man auch in den Häfen von Kuhle und Wiek und vor der Landebrücke Dranske.
Bootsliegeplätze und Slips sind zu finden in Wiek, Kuhle und im alten Dransker Hafen. Sehr aussichtsreich ist die Bootsangelei; sie wird hauptsächlich entlang der bis zu mehr als vier Meter tiefen Kanten des Rassower Stromes betrieben. Großhechte, gute Barsche, im Südteil auch Flundern gehen an den Haken. In Kuhle und Dranske liegen im Sommer Hochseeangelkutter (siehe Angelkutterliste Seite 177). Im Mai/Juni ist der Wieker Bodden einer der besten Hornhechtangelplätze.

23. Breetzer Bodden

Von allen Bodden gilt dieser als am besten geeignet für die Wat- und Uferangelei, außerdem ist er ein sehr gutes Angelrevier, weil ein ständiger Wasseraustausch zwischen der Ostsee bei Hiddensee und den Jasmunder Boddengewässern stattfindet. Die Wat- und Uferangelei beginnt bei der Wittower Fähre: Von den Fährmolen wird in der starken Strömung mit allen Techniken gefischt, auch die Gleitfloßmontage bewährt sich (Hornhecht). In den beiden Fährhäfen gibt es Slips. Tiefes Wasser liegt nur vor der West- und Nordseite der Südfähre (bis 5,5 Meter) und vor dem alten Landeplatz bei der Nordmole (bis neun Meter in Weitwurfweite). Auf der Südseite des Bodden-Mittelabschnittes liegt der alte Anleger Vieregge mit einem geräumigen, vier Meter tief gebaggerten Becken vor dem Molenkopf. Die völlig einsam und verlassen gelegene Anlage ist für Angler wie geschaffen. Ein kleiner Steg bietet Bootsliegeplätze mit Slip. Entlang des Molenbeckens und der Baggerrinne hinaus zur Boddenmitte läßt sich die Watangelei ausüben (Wassertiefe etwa 0,7 Meter).
Die Bootsangelei profitiert auf diesem Bodden von der Vielgestalt des Bodens: Bänke und Rinnen lösen einander ab, Strömung herrscht immer. Hervorzuheben ist Vaschvitz neben dem südlichen Wittower Fähranleger mit Park-, Liegeplätzen und Slip. Nur wenige hundert Meter vor dem Hafen strömt das Boddenwasser besonders tief und schmal durch eine Rinne, flankiert von flachen Bereichen - ein Superraubfischplatz. Ruderboote (Motor mitbringen!) und Unterkunft bei Familie Malaschnitschenko, 18569 Breetz/Rügen.
In der großflächigen, kreisenden Strömung dieses Boddens wird viel vom Boot geangelt. Gute Bereiche dafür sind am Südende vor dem Finkenhaken und entlang der Zwei-Meter-Tiefenlinie entlang des Ostufers. Beim Gelmer Ort hat sich eine schmale, tiefe Strömungsrinne zum Großen Jasmunder Bodden gebildet mit sehr guten Fangmöglichkeiten. Das Ostufer zur Schaabe-Nehrung darf im 100-Meter-Abstand nicht beangelt werden. Park- und Liegeplatz mit Slip findet man im Fischereihafen Breege am Nordausgang des Boddens.

25. Lebbiner Bodden

Am Südende des Boddens im Neuenkirchener Zipfel fühlt man sich an die Mecklenburger Seenplatte versetzt: Sanfte Hügel, kleine Wälder, üppige Felder, breite

Lebbiner Bodden: Hier warten Aal, Plattfisch, Hecht und Barsch auf die Angler.

Schilfgürtel - und doch hat man salziges Küstenwasser vor sich. Ein beliebter Landangelplatz liegt bei der Liddower Brücke, dem Durchfluß zum Tetzitzer See (Liddower Strom). Die Watangelei ist entlang des gesamten Westufers möglich; für das Ufer der Halbinsel Liddow ist eine Naturschutzverordnung in Vorbereitung. Im Frühjahr ist dieses Gebiet ein gutes Angelrevier für Großhechte.

26. Tetzitzer See

Für den See wurde eine Naturschutzverordnung erlassen. Vorläufig wurde bestimmt, daß das Angeln auf dem See zulässig ist, nicht aber von den Ufern. Der See ist sehr flach; er zieht die Laichhechte und Barsche ausgangs des Frühjahrs an.

27. Neuendorfer Wiek

Die flache Bucht ist Laichschongebiet vom 01. 04. bis 31. 05. Unmittelbar nach Ende dieser Zeit lohnt sich die Bootsangelei auf Hecht am Ausgang der Wiek bei der kleinen Insel Beuchel und die Watfischerei an den Ufern in Neuendorf und Breetz. Querab Breetz befindet sich jenseits der Zwei-Meter-Tiefenlinie ganzjährig eine gute Raubfischstelle.

Lietzow: Der Große Jasmunder Bodden ist bei Watanglern sehr beliebt.

Bei Lietzow stehen immer Watangler im Wasser des Jasmunder Boddens.

Ralswiek: Blick über den Großen Jasmunder Bodden zum Steilufer Semper Heide.

28. Großer Jasmunder Bodden

Er ist der Paradebodden der rügenschen Angler: berühmt wegen seiner Großhechte, vielen Barsche, guten Zander und dicken Flundern. Viele Bänke, kleine Berge und Rinnen, hartgrundig und häufig stark bewachsen sind charakteristisch für dieses Gewässer; es gibt aber auch Kies- und Steinfelder, die zu Hängern führen können. Guter Rat von einheimischen Anglern, ein seetüchtiges Boot mit Echolot und Seekarte, gepaart mit geschicktem Navigieren bringt Fische an den Haken, für die manchmal ein überdimensionaler Kescher gerade richtig ist.

Die Bootsangelei ist Trumpf auf dem größten aller Bodden. Die Häfen in Ralswiek (Süden) und Sagard (Martinshafen im Osten) bieten Park- und Liegeplätze mit Slipanlagen. Im Martinshafen findet man auch eine große Anlage mit dem Vereinshaus des AV „Am Jasmunder Bodden" mit aufgeschlossenen Angelfreunden. Frank Strübing, Schulstr. 96, 18551 Sagard, stellt Kontakte her. Segelschule Ralswiek, Am Bodden 24, 18528 Ralswiek, verleiht Boote.

Wie für alle Bodden gilt auch hier: Suche den Fisch im Sommer im Tiefwasser weit draußen, im Frühjahr und Herbst im Flacheren. Dann lohnt sich auch die Watangelei, bei der Meerforellen erbeutet werden. Gute Watangelplätze findet man vor der Steilküste „Schwarze Berge" bei Ralswiek, der Steilküste „Semper Heide" bei Lietzow und am Ostufer zwischen Neuhof und Polchow. Beliebt ist auch die Schaabe-Bucht in der Nordostecke des Boddens; das beangelbare Gebiet endet am Ufer im Norden beim Punkt „Großer Ort" (NSG). Auf der Westseite (bei östlichen Winden zu bevorzugen) findet man eine gute Watstrecke vor dem Steilufer von Banzelvitz (Veränderungen aufgrund einer bevorstehenden NSG-Verordnung sind möglich). Für die in der Nordostecke liegenden kleineren Seen gilt: Der Spykersche See ist bekannt für seine guten Hechte, die nur vom Ufer außerhalb der Schonzeit beangelt werden dürfen. Die Bootsangelei auf dem See ist verboten. Der Mittel See ist ganzjährig Fischschongebiet, aber von der Brücke, die beide Seen trennt, darf geangelt werden.

29. Kleiner Jasmunder Bodden

Der am meisten ausgesüßte Bodden erholt sich allmählich wieder von ehemals starken Verschmutzungen und eignet sich für die Angelei aller Süßwasserfische. Gute Land- und Bootsangelplätze liegen im Süden beim Einlauf des Karower Baches und im Norden beim Durchfluß in Lietzow sowie vor den bewaldeten Steilufern der Landnasen Thiessow und Buhlitz im Osten. Betretungsverbot und Angelverbot in der Uferzone gelten für die beiden Naturschutzgebiete „Halbinsel Pulitz" und „Schmale Heide" im Nordosten.

Die Boddengewässer Rügens sind berühmt für kampfstarke Hechte.

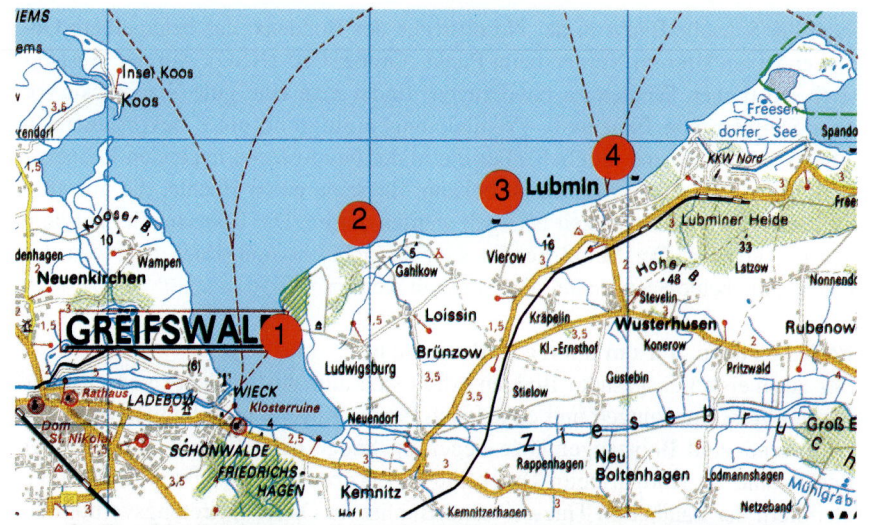

Greifswalder Boddenküste: 1. Brandungsküste Ludwigsburg, 2. Brandungsküste Gahlkow, 3. Verlademole Vierow, 4. Seebrücke Lubmin

▶ **G r e i f s w a l d e r   B o d d e n,** Seekarte Nr. 1511

Der größte aller Bodden, ein Meer im Meer, 25 mal 25 Kilometer im Geviert, zählt zu den fischreichsten Küstengewässern Mecklenburg-Vorpommerns. Mit rund 0,7% Salzgehalt stellt der Bodden zugleich Deutschlands größtes Brackwasser dar, gebildet aus dem ständigen Süßwasserzustrom der Oder, der Peene, der Ryck und dem Wasseraustausch mit der Ostsee, vor allem bei östlichen Winden.

Der Fischreichtum erklärt sich aus diesem strömungsreichen Wasseraustausch und der geringen Wassertiefe von etwa acht Metern, nur wenige Bereiche sind etwas tiefer, weite Uferzonen aber wesentlich flacher. Dadurch kann das Sonnenlicht am hartgrundigen, oft kiesig-steinigen Boden eine reiche Flora und Fauna entwickeln; Seegräser, Algen und Tange bieten Lebensraum für Unmengen kleinen Meergetiers, das wiederum den Fischen als Nahrung dient. Im Winter ist das Wasser an stillen Tagen so klarsichtig, daß man ohne große Mühe bis sechs Meter in der Tiefe alles beobachten kann, eine Fischlupe leistet dabei gute Dienste.

Anglerische Beratung: Meier's Angelladen, Wilhelmstr. 56, 17438 Wolgast. Hier werden auch Boote verliehen und vermittelt.

Allgemeine Auskünfte, Festlandseite: Fremdenverkehrsverein Greifswald, Schuhhagen 22, 17489 Greifswald, Kurverwaltung Lubmin, Freester Str. 39, 17509 Lubmin.

Allgemeine Auskünfte, rügensche Seite: Kurverwaltung Baabe, Fritz-Worm-Str. 1, 18586 Baabe; Kurverwaltung Thiessow, Utkiek 4, 18586 Thiessow. Kurverwaltung Putbus (Lauterbach), Orangerie, 18581 Putbus.

Tatort Greifswalder Bodden: Ein Fünfzehnpfünder vom legendären Schumachergrund.

Fischvorkommen

Ein Blick auf die amtlich erfaßten Fänge der Berufsfischer mag verdeutlichen, welche Arten in welchem Mengenverhältnis im Bodden vorkommen (Fänge in kg).

1990
Hering:	11.872.530
Flunder:	41.152
Dorsch:	10.289
Hornfisch:	34.996
Zander:	30.525
Barsch:	76.761
Hecht:	74.781
Aal:	14.977
übrige:	41.912
Gesamt:	**12.197.923**

1991
Hering:	6.100.277
Flunder:	81.688
Dorsch:	8.103
Hornfisch:	38.827
Zander:	57.294
Barsch:	95.695
Hecht:	63.314
Aal:	21.231
übrige:	25.737
Gesamt:	**6.492.166**

1992
Hering:	7.890.081
Flunder:	97.118
Dorsch:	8.150
Hornfisch:	64.714
Zander:	33.776
Barsch:	92.905
Hecht:	79.115
Aal:	21.406
übrige:	32.732
Gesamt :	**8.319.997**

1993
Hering:	6.480.877
Flunder:	60.250
Dorsch:	19.868
Hornfisch:	65.166
Zander:	17.920
Barsch:	74.747
Hecht:	52.096
Aal:	15.940
übrige:	8.608
Gesamt:	**6.795.472**

1994
Hering:	6.126.346
Flunder:	27.287
Dorsch:	32.882
Hornfisch:	79.512
Zander:	40.168
Barsch:	50.846
Hecht:	36.815
Aal:	25.999
übrige:	25.338
Gesamt:	**6.445.193**

In solch einer Situation bewährt sich das wasserdichte Ölzeug.

In der Rubrik „übrige" verbergen sich Kaulbarsch, Meerforelle, Lachs, Brassen, Rotauge, Güster, Ukelei und Rotfeder; bei den Salzwasserfischen Stichling, Aalmutter, Seeskorpion und Sandspierling.
Auffällig ist der Abwuchs der Fische.

Flundern sind dickfleischig und kleinköpfig, werden nirgendwo sonst gefangen und sind so begehrt, daß sogar unsere dänischen Nachbarn diesen Plattfisch wegen seiner hervorragenden Qualität lastwagenweise aufkaufen. Flundern werden überall uferfern im Bodden gefangen.

Hechte werden im Bodden groß; nur über 30 Pfund schwere Exemplare gelangen in die Zeitung, der Durchschnittshecht aber wiegt sechs Pfund. Die großen Hechte kommen im Frühjahr nach der ersten Erwärmung ins Flachwasser der Buchten und werden dann vor oder nach der Laichzeit dort erwischt; auch im Frühherbst ziehen die Fische nochmals in die Buchten. Im Hochsommer und Hochwinter stehen die Großhechte im Tiefwasser des Boddens. Hecht-Spitzenangelplätze sind:
Nordspitze der Insel Ruden; Schumachergrund, Südostseite; Böttchergrund; Tiefe zwischen Groß- und Kleinstubber; alle Scharkanten um die Insel Vilm; vor dem Auslaufkanal des Kraftwerkes Lubmin; Freesendorfer Haken nördlich der Festmarke; die Dänische Wiek querab der Ryckmündung bei Greifswald. Die Dänische Wiek gilt als bestes Watangelrevier im Frühjahr.

Barsche sind allgegenwärtig und Hauptbeute der Angler. Im Tiefwasser landfern gibt es große Fische bis zu 2 kg, das durchschnittliche Gewicht liegt bei 350 g.

Zander bevorzugen glatten, harten Grund und stehen an den Scharkanten der küstennahen Fahrrinnen; Schwarmzander wiegen bis zu 2 kg, Einzelfische etwa 5 kg.

Boddenheringe - sie kommen im April, gehen aber nirgendwo in die Flüsse und Häfen; sie können also nur vom Boot geangelt werden. Bekannteste Plätze sind die äußere Peenemündung, die Gewässer vor Lubmin bis zum Kraftwerk und die flachen Bänke inmitten der Bucht wie Elsagrund oder Schumachergrund sowie das Gebiet zwischen den Inseln Ruden und Greifswalder Oie.

Hornhechte ziehen in großen Mengen in den Bodden und werden südlich des Thiessower Hakens (s. Rügen, Seite 152) sowie auf der gesamten Untiefenschwelle zwischen Thiessow und der Insel Ruden gefangen.

Dorsche dringen nur im Winter nach anhaltenden Oststürmen und merklicher Salzgehalterhöhung in den Ostteil des Boddens vor; die meisten Fische werden jedoch östlich der gedachten Linie Thiessow-Ruden gefangen.

Meerforellen werden in zunehmendem Maße erbeutet; da im Bodden das Schleppangeln verboten ist, können die Fische nur gezielt im Umfeld kleiner Süßwassereinläufe beim Watangeln befischt werden.

Ansteuerungstonne Peenestrom: Im Frühjahr ist diese Stelle querab der Insel Ruden ein sicherer Herings-Fangplatz.

Bootsangelei

In dem Abschnitt „Fische des Boddens" wurden schon verschiedene Angelplätze erwähnt. Dabei handelt es sich um eine kleine Auswahl all jener Plätze, die in der empfohlenen Seekarte durch Untiefenmarkierungen gut erkennbar sind. Grundsätzlich kann man im Bodden überall dort, wo Untiefen, gebaggerte Rinnen und Steinfelder eingezeichnet sind, mit Fischen rechnen. Hechte und große Barsche stehen an den Scharkanten solcher Plätze, lauern am Bewuchsrand im Schatten der Pflanzen und Steine und richten ihr Gesichtsfeld gegen den Strom. Zum erfolgreichen Angeln gehört hier, wie auch auf allen anderen Bodden, neben der Seekarte ein Echolot und ein gutes Fernglas zum Fixieren der Peilpunkte; die vielen Untiefen und Fahrwassertonnen sind eine weitere gute Hilfe beim Navigieren und Auffinden der Topplätze. Treibend wird bei Stille und Schwachwind geangelt; bei kräftigem Wind und Strom dagegen vom verankerten Boot.

Boddenboote müssen mindestens 4,5 Meter lang sein, vom Typ Halbkajüte mit hohem Freibord und starker Motorisierung, denn die Wege auf dem Bodden können lang werden: Der Bodden ist ein kleines „Binnenmeer" und sehr gefürchtet bei Starkwind oder gar Sturm. Ebenso gefürchtet sind die unverhofften sommerlichen Gewitterböen, die innerhalb von kurzer Zeit die Stille in Orkanstärke wandeln können. Genaue Wetterbeobachtung und rechtzeitiges Unterlandfahren wird deshalb von erfahrenen Boddenanglern immer wieder empfohlen.

Park- und Liegeplätze nebst Slipanlagen findet man auf der rügenschen Seite in den Häfen Lauterbach, Seedorf, Baabe, Gager und Thiessow; im Westteil bietet der Platz bei der Glewitzer Fähre Schutz und eine provisorische Slipanlage. Auf der Festlandseite sind zu empfehlen: Hafen von Greifswald-Wieck; Ludwigsburg (Dänische Wiek - kein Windschutz bei Weststürmen); hilfsweise die Mole bei Vierow bei West- und Oststürmen, eine Slipanlage ist vorhanden; Häfen von Freest und Kröslin in der Peenemündung. Der Zollhafen von Ruden kann als Schutzhafen dienen. Ausgangshafen für den inneren, westlichen Teil des Boddens ist auch der Hafen von Stahlbrode neben dem Fähranleger.

Charterboote für Selbstfahrer oder Gruppentouren werden vermittelt von Meier's Anglerladen, Wilhelmstr. 56, 17438 Wolgast. Eckhard Bachler, Dorfstr. 27, 17121 Pustow, bietet auf seinem MS RETIRING von Greifswald-Wieck Angelfahrten an (siehe „Angelschiffsliste Ostsee" S. 177)

Hochsee-Ausfahrten veranstaltet mit einem ehemaligen Hochseeschlepper H. P. Beu, Am Hafen, 17440 Kröslin. Bedarfsfahrten mit Fischkuttern werden angeboten in den Häfen Wieck (Greifswald) und Freest; die dortigen Fischereigenossenschaften und Hafenmeister geben Auskunft.

Landangelplätze

Der von Rügen aus erreichbare Nordteil des Boddens ist unter „R ü g e n" ausführlich beschrieben. Ausdrücklich erwähnt werden soll noch einmal die gute Angelmöglichkeit von den beiden äußersten Landspitzen in Thiessow (Südosten), und Grabow auf der Halbinsel Zudar (Südwesten).

Festlandangelplätze von West nach Ost: Klappstuhlangelplätze gibt es nur wenige, diese beschränken sich auf die gut erreichbaren Tiefwasserbereiche vor Kais und Molen. Hervorzuheben sind die lange Verlademole in Vierow westlich Lubmin und die Seebrücke in Lubmin. (Kartenpunkte 3 u. 4).

Brandungsangeln ist möglich im sandig-steinigen Küstenbereich zwischen Ludwigsburg an der Dänischen Wiek bis nach Lubmin. Ein guter Platz mit Parkmöglichkeit am Strand liegt in Gahlkow (Kartenpunkte 1 u. 2). Die geschützteren Bereiche der Südküste sind häufig von dichten Schilfgürteln gesäumt. Dort lohnt sich die Watfischerei, so im Bereich Spandowerhagen bei Freest oder Wampen (am Eingang zur Dänischen Wiek). Auch die Innenbereiche der letztgenannten Wiek eignen sich gut für diese Methode. Hochsaison der Watfischer auf Hechte ist hier im März vor Beginn der Schonzeit (20. 03.) und gleich danach ab 15. Mai; empfehlenswert ist das Wobbeln.

Das Küstengewässer reicht im Fluß Ryck aufwärts bis zur Straßenbrücke in Greifswald. Gutes Barschrevier, auch Hechte werden von Land aus gefangen.

Greifswalder Bodden: Die steinig-sandige Küste zwischen Vierow und Gahlkow riecht förmlich nach Fisch...

▶ **P e e n e s t r o m,** Seekarte Nr. 1512 (Nord) und 1513 (Süd)

Dieses Wassergebiet - nicht zu verwechseln mit der Peenemündung bis Anklam - reicht von den Resten der Eisenbahnbrücke in Anklam bis zur Ausmündung bei Freest/Peenemünde in den Greifswalder Bodden. Es ist Küstengewässer im gesetzlichen und auch praktisch im geschmacklichen Sinne, denn nach anhaltenden nördlichen Winden und bei steigendem Wasserstand wird das Wasser merklich salzig - aber nur dann. Ansonsten ist der Peenestrom stark ausgesüßt.

Außer der Flunder gibt es hier nur Süßwasserfische. Leitfisch sind Barsch und Kaulbarsch, dazu viele Weißfischarten, Aal und Zander. Hechte werden hauptsächlich im Nordteil gefangen, Zander nur beim Bootsangeln entlang der tiefen Fahrwasserrinne. Barsche aber sind allgegenwärtig und werden gleich eimerweise im Durchschnittsgewicht von 200 g erbeutet.

Feste Angelzeiten für Barsch sind in allen Monaten mit „r" gegeben. Tiefes Wasser wird von den Fischen bevorzugt, sie ziehen in großen Schwärmen umher, bleiben oft tagelang in einem eng begrenzten Bezirk und müssen gesucht werden. Diese Stellen sind häufig zu finden im Tiefwasser vor Molen und Kais, so in den Häfen von Kröslin, Wolgast und Lassan. Die Barsche reagieren auf verschmutz-

Kröslin: Einer der vielen Clubhäfen entlang des Peenestroms.

tes Wasser empfindlich, deshalb muß man sie bei anhaltenden Südwindlagen, wenn Oderwasser ins Meer drängt, mehr im Nordteil des Gewässers aufspüren.
Die guten Hecht- und Zanderstellen - allesamt nur mit dem Boot erreichbar - findet man eingezeichnet in der „Angelkarte Usedom"; zu erwerben in Meier's Anglerladen, Wilhelmstr. 56, 17438 Wolgast. Hier erhält man auch Beratung und Leihboote. Liegeplätze und Slipanlagen sind in den Häfen Freest, Kröslin, Wolgast und Lassan vorhanden. Am Peenestrom gibt es zahlreiche kleine Häfen der organisierten Peeneangler (mehr als zwei Dutzend Vereine angeln hier).
Insgesamt ist das Gebiet ein empfehlenswertes Revier, für das Bootsangeln wegen der geschützten Lage gut geeignet. Allgemeine Auskünfte: Wolgast-Information, Rathausplatz 1, 17438 Wolgast; Fremdenverkehrsamt an der Peenemündung, Strandstr. 36, 17449 Trassenheide.

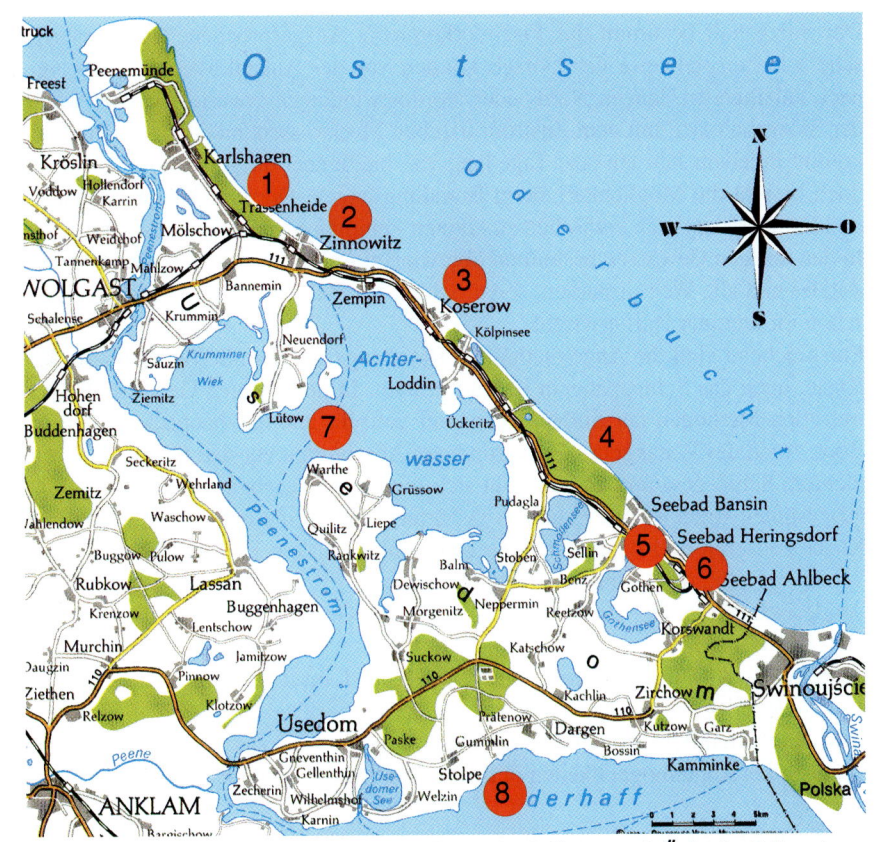

Usedom: 1. Karlshagen/Trassenheide, 2. Zinnowitz, 3. Koserow, 4. Ückeritz, 5. Bansin,
6. Heringsdorf/Ahlbeck, 7. Achterwasser, 8. Stettiner Haff

▶ **U s e d o m,** Seekarte Nr. 1513

Die zweitgrößte Insel Deutschlands ist das beste Küstenrevier für die Angler, die Süß- und Salzwasserangelei kombinieren wollen. Nordwärts bietet Usedom der salzigen Ostsee mit einer rund 40 Kilometer langen Küstenlinie die Stirn, ringsum aber bilden das Achterwasser und das Stettiner Haff große „Binnenmeere", die vom Zustrom aus der Oder, Ücker und Peene ständig ausgesüßt werden. Im Winter beträgt der Salzgehalt dieser Wasserflächen nur 0,1%, im Sommer sogar nur noch 0,05%. Vor der Küste jedoch steigt er auf etwa 0,8% und erreicht damit den Wert der äußeren Boddengewässer Rügens.

Der Salzgehalt bestimmt das Fischvorkommen. Ausgesprochene Salzwasserfische wie beispielsweise der Dorsch können vor der Außenküste Usedoms nur nach anhaltenden, langen Nord- oder Nordostwindlagen erwartet werden, wenn der Salzgehalt sich mit dem Zustrom frischen Meerwassers merklich erhöht. Das kommt in jedem Jahr ein paar Tage lang vor, bleibt aber die Ausnahme. Dann jedoch besteht die Möglichkeit, beim Brandungsangeln Dorsche, Hechte, Barsche und Flundern zugleich erwischen zu können - einmalig an der deutschen Küste.

In den übrigen Gewässerabschnitten überwiegen Aal, Kaulbarsch, Hecht, Barsch, Zander und alle Weißfischarten, sogar Schlei, Karpfen, Wels und Rapfen wurden schon im Stettiner Haff erwischt.

Entsprechend sind die Angelmethoden: Brandungsangeln und Watangeln an der Küste, auch das Schleppangeln ist dort erlaubt. In den übrigen Gewässern wird mit allen Methoden der Süßwasserangelei gefischt und das hauptsächlich vom Boot. Auch das Watangeln in hartgrundigen Abschnitten vor den fast überall von dichtem Schilf gesäumten Ufern läßt sich mit Erfolg ausüben. Überdies sind die ausgesüßten Brackwasser Usedoms in harten Wintern die ersten, die an unserer Küste zufrieren und dann sehr gute Möglichkeiten zum Eisangeln bieten. Das Schleppen ist in den „Binnenmeeren" verboten.

Anglerische Beratung, Boote und Angelfahrten: Gerhard Niepel, Ahlbecker Str. 30, 17454 Zinnowitz.

Allgemeine Auskünfte: Fremdenverkehrsverband Insel Usedom, Bäderstr. 41, 17459 Ückeritz.

Dort auch erhältlich: Faltkarte „Angelkarte Usedom" mit zusätzlichen, hier nicht behandelten Angelmöglichkeiten in den reinen Süßwasserbinnenseen der Insel.

Außenküste, von West nach Ost

1. Karlshagen/Trassenheide
Hinter Karlshagen führt die Straße direkt an den sandig-kiesigen Strand, einem sehr flachen Gebiet. Der unbeschränkt beangelbare Abschnitt endet am NSG „Peenemünder Haken", das Angelverbot dort endet aber bei der Ein-Meter-Tiefenlinie; im tieferen Wasser darf geangelt werden. Bei ruhigem Wetter und westlichen Winden folgt man beim Watangeln raubenden Seevögeln und fängt dann meist Barsche, im April/Mai zur Spierlingslaichzeit bei anhaltenden Ostwinden auch Meerforellen.

2. Zinnowitz
Abgesehen vom starken sommerlichem Badebetrieb und mehreren Campingplätzen läßt sich hier gutes Brandungsangeln betreiben auf Barsch, Zander und Flunder; vor dem Strand erstrecken sich Rinnen, Bänke und vereinzelt Krautbetten. Von der Brücke darf nicht geangelt werden. Allgemeine Auskünfte: Kurverwal-

Koserow: Die Seebrücke - hier wird gern geangelt.

tung, Makarenko Str. 1, 17454 Zinnowitz. Bis zum Achterwasser ist nur ein kurzer Weg, dort gibt es einen Bootsverleih, Slipmöglichkeiten sind dort ebenfalls und in Punkt 1.

3. Koserow

Mit der 56 Meter hohen steilen Streckelsbergküste ist dieser landschaftlich reizvolle Abschnitt ein Top-Angelabschnitt. Nicht nur die lange Seebrücke, sondern die durch viele hölzerne Pfahlbuhnen gesicherte Küste laden zum Angeln ein. Hier wurden die bisher besten Fänge der gesamten Usedomer Ostseeküste erzielt, darunter auch Meerforellen von weit über zehn Pfund, Zander, Barsche, gute Aale und Flundern. Die Fischer des Ortes fangen mit ihren kleinen, hölzernen Booten nur ein paar hundert Meter vor der Küste im Frühjahr zusätzlich Hering und Hornhecht. Die großen Meerforellen und Zander werden vorzugsweise beim Watangeln zwischen den Buhnen mit Blinkern und gezupften Twistern überlistet. Vom sommerlichen Badebetrieb ist dieses Gebiet ostwärts der Steilküste nicht so überlaufen. Bis zum Achterwasser verläuft ein kurzer Weg zum Angeln im geschützteren Binnenwasser (mit Bootsverlcih). Koscrow ist ein sehr zu empfehlendes Angelgebiet, das künftig viele Petrifreunde haben wird.

4. Ückeritz
Die teils hohe, teils flachere, immer bewaldete Küste ist das Mekka der Camper und bietet auf langer Strecke ähnlich gute Möglichkeiten für das Angeln wie Punkt 3. Sehr empfehlenswert!

5. Bansin
Der lange bewaldete Steilküstenabschnitt westwärts mit dem 56 Meter hohen Langen Berg bildet die Kulisse für ein vorzügliches Wat- und Brandungsangelrevier, das, gerade entdeckt, gelobt wird. Zander, große Barsche und Meerforellen wurden hier mehrfach erbeutet, nur wenig gestört vom Badebetrieb, der sich mehr auf den Ort mit seiner langen Seebrücke konzentriert. Ein sehr empfehlenswerter Abschnitt; ein Neuland für erfahrene Brandungsangler. Allgemeine Auskünfte: Kurverwaltung, Waldstr. 5c, 17429 Bansin.

6. Heringsdorf und Ahlbeck
Nicht nur die langen Seebrücken, sondern auch die langen, sandigen Strände mit leicht erreichbarem Tiefwasser laden zum erfolgreichen Brandungsangeln ein, das allerdings im Sommer wegen des Badebetriebes aussichtslos ist. Nicht nur Zander und Barsch, Flunder und Aal, sondern auch Hechte werden außerhalb der Hauptferienzeit erbeutet. Der Hecht läßt sich vor allem im Herbst überlisten, wenn nach dem Sommer das Wasser vor dem Strand merklich durch den Zustrom von Oderwasser ausgesüßt ist. Mit den Fischern im Ort, die ihre hölzernen, kleinen Boote auf dem Strand geslippt lagern, lassen sich Angelfahrten organisieren. Allgemeine Auskünfte: Kurverwaltung, Kulmstr. 33, 17424 Heringsdorf. Kurverwaltung, Dünenstr. 45, 17419 Ahlbeck.

Achterwasser (Landkarte Nr. 7)

Das große „Binnenmeer" eignet sich am besten zum Bootsangeln; Leihboote werden rundherum angeboten und vermittelt von Meier's Anglerladen, Wilhelmstr. 56, 17438 Wolgast, und Gerhard Niepel, Ahlbecker Str. 30, 17454 Zinnowitz. Slipanlagen und Liegeplätze findet man in (von Nord im Uhrzeigersinn) Wolgast, Krummin, Zinnowitz, Zempin, Koserow, Ückeritz, Stagnieß, Rankwitz; an der Südküste - siehe Abschnitt Stettiner Haff.

Das Achterwasser ist nirgendwo viel tiefer als fünf Meter, die Buchten sind oft sehr flach, verkrautet und verschilft. Schlammige Bereiche wechseln mit steinigem Boden, verkrautete Berge mit tiefen Rinnen. Wichtigste Beute ist der Barsch, gefolgt vom Zander; Hechte findet man mehr im Südabschnitt, hauptsächlich vor der Küste des Lieper Winkels. In den entlegenen, äußersten

DIE TOP - KÜSTENANGELPLÄTZE DER OSTSEE

Schleswig - Holstein
von Nord nach Süd

- ☆ Flensburger Förde: Bockholmwik, Westerholz bis Neukirchen, Habernis Huk
- ☆ Falshöft
- ☆ Schleimündung
- ☆ Küste Damp bis Langholz
- ☆ Eckernförde, Molen
- ☆ Eckernförder Bucht: Aschau bis Noer, Surendorf bis Dänisch Nienhof
- ☆ Zwischen Kiel und Lütjenburg: Hohenfelde; Lippe
- ☆ bei Oldenburg: Weißenhäuser Strand
- ☆ Insel Fehmarn
- ☆ Travemünde: Brodtner Ufer

Mecklenburg - Vorpommern
von West nach Ost

- ☆ Klein- und Großklützhöved westlich Boltenhagen
- ☆ Wohlenberger Wiek
- ☆ Brücke zur Insel Poel (Fährdorfer Brücke)
- ☆ Küste zwischen Rerik und Meschendorf
- ☆ Küste Jemnitzer Schleuse bis Nienhagen
- ☆ Warnemünde: Steilküste Stoltera
- ☆ Küste Dierhagen - Ahrenshoop (Fischland)
- ☆ Seebrücke Wustrow
- ☆ Insel Rügen
- ☆ Usedom: Küste bei Koserow

Ecken, in den Buchten Balmer- und Krienkel See, gibt es sogar stramme Karpfen. Aale sind überall; bei den Weißfischen sind Rotaugen neben Brassen und Güstern am häufigsten.

Saison im Achterwasser ist kurz vor und nach der Hechtschonzeit, wenn die

Hechte ins Flachwasser und in die Gräben ziehen, die Barsche sich in Schwärmen zusammenrotten. Mit der ersten spürbaren Abkühlung im September/Oktober beginnt die zweite hohe Raubfischzeit.

Gute Landangelplätze für die Watfischerei und das Grundangeln findet man (von Nord im Uhrzeigersinn) in Ziemitz bei der dortigen östlichen Landspitze; auf der Halbinsel Gnitz, Westseite beim Campingplatz (Südspitze ist NSG und darf in einer 150-Meter-Zone nicht beangelt werden); der Durchfluß zur Insel Görmitz und die West- und Nordküste der Halbinsel Lieper Winkel sowie die Brücke der Straße 110 über den Peenestrom.

Stettiner Haff (Landkarte Nr. 8)

Das Haff und das Achterwasser weisen ganz ähnliche Verhältnisse auf. Das deutsche Küstengewässer endet auf dem Haff; alle deutschen Haffbereiche können mit dem Küstenangelschein befischt werden. Die Grenze zu Polen ist auf dem Haff durch Tonnen gekennzeichnet.

Das fast ausgesüßte Wasser ist stark belastet durch den ständigen Zustrom von Oderwasser, aber Hecht, Barsch und Zander gedeihen auch hier gut und sind die wichtigsten Zielfische der Angler. Ausgangshäfen für die Bootsangelei sind im Norden der Hafen des Ortes Usedom, der Bootsplatz Dargen und der Hafen von Kamminke; im Süden bieten sich der Yachthafen von Ueckermünde und der Hafen von Mönkebude an.

Noch Küstengewässer mit zeitweilig guten Fangmöglichkeiten sind die Zarow bis zur Straßenbrücke in Grambin und die Uecker bis zur Straßenbrücke in Ueckermünde.

Die guten Bootsangelplätze sind fast alle in Küstennähe zu finden; das zentrale Haff ist sandig-schlickgrundig, ohne nennenswerten Pflanzenwuchs und weist keine anglerisch markanten Punkte auf. Überdies kann das weite Haff Bootsanglern bei aufkommendem Wind gefährlich werden. Alle empfehlenswerten Angelplätze sind im Faltblatt „Angelkarte Usedom" verzeichnet. Die Karte, anglerische Beratung, Bootsvermittlung und Köder erhält man bei „Sporthaus Weber", Ueckerstr. 88-92, 17373 Ueckermünde.

Zu beachten: Der Durchfluß des Usedomer Sees ins Haff ist ganzjährig Fischschongebiet mit Angelverbot.

Weitere Auskünfte: Fremdenverkehrsverein „Stettiner Haff", Schulstr.18-19, 17373 Ueckermünde.

Angelschiffsliste Ostsee

Diese Liste wird (jährlich aktualisiert) in der Zeitschrift AngelWoche veröffentlicht (März/April); außerdem wird sie (fortlaufend aktualisiert!) von der Zeitschrift BLINKER auf Anfrage verschickt.

Burgstaaken
➤ MS SÜDWIND, Willi Lütke, Wollinweg 12, 23769 Burg, Tel: 04371/1263 ab18 Uhr.
50 Plätze, Saison: 01. 03. bis 30. 11.
➤ MS KEHRHEIM, MS SILVERLAND , Wolfgang Lüdtke, Sommerweg 10, 23769 Burgstaaken, Tel: 04371/2149.
50 Plätze, Saison: ganzjährig.

Eckernförde
➤ MS GUDRUN, Siegfried Dröse, Jungfernstieg 73, 24340 Eckernförde, Tel: 04351/2690.
50 Plätze, Saison: ganzjährig.
➤ MS HELA, Hans Klings, Gut Eichthal, 24340 Eckernförde, Tel: 04351/83668, Fax: 04351/82380.
50 Plätze, Saison: ganzjährig.

Greifswald
➤ MS RETIRING, Eckhard Bachler, Dorfstr. 27, 17121 Pustow,Tel./Fax: 0161/4413365.
20 Plätze, Fahrten nach Vereinbarung, Abfahrt in Greifswald - Wieck.

Großenbrode
➤ MS MONIKA, Gerhard Häfner, Am Sportplatz 8, 23775 Großenbrode, Tel: 04367/8085.
50 Plätze, Saison: 01.03. bis 30.12.

Heiligenhafen
➤ MS SEETEUFEL, Manfred Much jun., Birkenhof 23, 23774 Heiligenhafen, Tel: 04362/1256, Bordtelefon: 0045/30291692.
50 Plätze, Saison: Mitte Februar bis Ende Dezember
➤ MS NICKELSWALDE I, Heidi Landschof, Fischerstr. 19, 23774 Heiligenhafen, Tel: 04362/6900, Bordtel: 0171/6017731.
50 Plätze, Saison:01.03. bis 31.12.
➤ MS KAROLINE, MS SÜDWIND, MS ALFRED , MS SEHO, Willi Stengel, Wendtstr. lb, 23774 Heiligenhafen, Tel: 04362/6281.

50 und 100 Plätze, MS Seho auch Gesellschaftsfahrten (100 Plätze) Saison: ganzjährig.
➤ MS HAI IV, Maik Foth, Rauher Berg 20, 23774 Heiligenhafen, Tel./Fax: 04362/900 200, Bordtel.; 0172/9006172.
50 Plätze, Saison: ganzjährig.
➤ MS TANJA, MS EINIGKEIT, MS KLAUS PETER, Reederei Nagel, Stiftstr. 3, 23774 Heiligenhafen, Tel: 04362/8434.
50 Plätze, Saison: ganzjährig.
➤ BALTIC II, III, IV, Baltic Kölln, Werftstr. 6, Tel: 04362/907011, Fax: 04362/907017.
Jeweils 8 bis 12 Plätze, Charterboote für Selbstfahrer (mit Motorbootführerschein).
➤ MS CHRISTA, Anton Rades, Lütjenbroder Weg 2, 23774 Heiligenhafen, Tel:/Fax: 04362/1867 und 0171/5271867.
50 Plätze, Saison: ganzjährig.
➤ Motorsegler ALTE LIEBE, Erika Reese, Rügenwalder Str. 13, 23774 Heiligen hafen, Tel: 04362/2302.
12 Plätze, Saison: ganzjährig.
➤ MS OSTPREUSSEN, Gerhard Stengel, Emanuel - Geibel - Weg 8, 23774 Heiligen hafen, Tel: 04362/22335 nach 17 Uhr. 50 Plätze, Saison: ganzjährig.

Kappeln
➤ MS STROMER II, Niels Schütt, Dorfstr. 16, 22560 Agethorst, Tel: 04892/901, Fax: 04892/592.
49 Plätze, Saison: ganzjährig, Dänischer Angelschein erforderlich.
➤ MS WIKING, Helwig Szameitat, Olpenitzer Dorfstr. 11, 24376 Kappeln, Tel: 04642/813 71-72 (81372 auch Fax und Anrufbeantworter), Bordtel: 0045/30292997 und 0171/4124840.
50 Plätze, Saison: ganzjährig.

Kiel
➤ MS EPSHOLM, G. Bruhn, Haselhof 10, 30916 Isernhagen 2, Tel: 0511/732980,
12 Plätze, Saison: 01.03. bis 30.11.
➤ MS DICKE BERTA, Aug.Walter Thiemann,Tel: 04330/858; Anmeldung: Fa. Dehn, 04321/12055.
12 Plätze, ganzjährig, Liegeplatz Museumshafen/Kiel.

Kuhle, Dranske / Rügen

✂ MS SEEADLER, Boddenreederei Gutowski GmbH, Im Höft 15 a, 18568 Gager, Tel: 038308/8389 und 0161/2416388, Fax 038308/8392.
50 Plätze, ganzjährig.

Laboe
✂ MS LANGELAND I, Gunter Fischer, Grüner Ring 33 a,
Tel: 04343/9116 oder 0161/5403426, Fax: 04343/5384.
50 Plätze, Saison: ganzjährig.
✂ MS SIRIUS I, Andreas Scharfe, Uferkoppel 14, 24235 Stein, Bordtel: 0161/4405597, abends 04343/9107.
50 Plätze, Saison: ganzjährig.
✂ MS TATJANA, Hochseetouristik, Ingrid Koch, Dorfstr. 75, 24248 Mönkeberg Tel: 0431/23482.
50 Plätze, Saison: 01.02. bis 31.12.

Maasholm
✂ MS ANTJE, MS BÄRBEL, Fredi Bruhn, Westerstr. 99, 24404 Maasholm, Tel: 04642/6062 und 6662.
Je 50 Plätze, Saison:Ol.03. bis 30.11.
✂ MS SIMONE H. & C. Ausflugsreederei, Süderstr. 10, 24972 Steinberg, Tel: 04632/7687, Fax: 04632/1588.
50 Plätze, Saison: 01.03. bis 30.11.

Niendorf / Hafen
✂ MS CHARLOTTE, Rüdiger Krüger, Passatweg 6, 23669 Niendorf, Tel: 04503/1727.
50 Plätze, Saison:15.06. bis 30.09.

Orth
✂ MS ANTARES, H. J. John, Mühlenkamp 2, 23775 Großenbrode,Tel./Fax: 04367/8257. 50 Plätze, Saison: ganzjährig.

Rostock
✂ MS GERA, MS STORKOW, Fahrgastschiffahrt Schneider, Gnatzkoppweg 26, 18055 Rostock, Tel./Fax: 0381/680311, Funktel: 0171/7427107.
14 Plätze, 10 Plätze bei Mehrtagesfahrten, Saison: ganzjährig.
✂ Motoryacht Rugard, Bootsfahrschule, An der See 14 a, 18119 Warnemünde, Tel: 0381/2060305, fax: 0381/2060306.
12 Plätze, nur Charter.

Saßnitz/Rügen
- TRITON IV, Triton Reederei, Am Bodden 224, 18528 Ralswiek, Tel./Fax: 03838/31436. 10 Plätze, Saison: ganzjährig.
- MS ALEXANDER, Reinhard Brauns, Weddingstr. 15, 18546 Saßnitz,Tel: 038392/35225 ab 18 Uhr.
12 Plätze, Saison: ganzjährig.
- MS BRIGITTE, Rainer Weise, Presenske, 18556 Altenkirchen,Tel: 0161/1527908 ab 9 Uhr und 038391/12187.
50 Plätze bei Tages-, 30 Plätze bei Mehrtagesfahrten.
Fährt ganzjährig.
- MS KALININ , Kalinin Touristik GmbH, 18546 Saßnitz, Kapitänsweg 4, bei Wünscher, Tel./Fax: 038392/32180.
30 - 35 Plätze, Saison: ganzjährig.

Stralsund/Barhöft
- MS DEMMIN, Pension am Bodden, Friedhelm Sprenger, Am Hafen 11, 18445 Barhöft, Tel: 038323/219.
12 Plätze, Saison: Mai bis Oktober.

Strande
- MS NORDLAND, Ulrike Pingel GmbH, Dänischenhagener Str. 15, Tel: 04349/8334. 50 Plätze, Saison: ganzjährig.

Travemünde
- MS ZUFRIEDENHEIT, Winfried Koesling, Teutendorfer Weg 2c, 23570 Travemünde, Tel: 04502/2411.
50 Plätze, Saison: ganzjährig.
- MS PETER , Peter Tuchtenhagen, Mecklenburger Landstr. 54, Tel: 04502/2608.
50 Plätze, Saison: ganzjährig.

Warnemünde
- MS KEHR WIEDER, Antaris Seetouristik GmbH, Parkstr. 51, 18119 Warnemünde, Tel: 0381/51394.
42 Plätze, Saison: ganzjährig.
- MS BUG, Hohe Düne GmbH, PKW- und Bootsfahrschule, An der See 14 a, 18119 Warnemünde, Tel: 0381/2060305, Fax: 0381/2060306. 12 Plätze, Saison: ganzjährig.
- 6 HOCHSEEKUTTER, Angel- und Seetouristik GmbH Warnemünde, Mittel-

Saßnitz: Hier liegt der Angelkutter TRITON IV.

mole, Postfach 301106, 18112 Warnemünde, Tel: 0381/5192012, Fax: 0381/5192013. Jeweils 12 bis 17 Plätze, Saison: ganzjährig.

W o l g a s t
➤ MS KLAUS STÖRTEBEKER, Nord-Ost-Reederei Wolgast Fahrgastschiffahrt Knut Kernbach, Hafenstr. 1 b, 17389 Wolgast, Tel/Fax: 03863/203220
20 Plätze, ganzjährig.
➤ MS TAUCHER II, H. P. Beu, Am Hafen, 17440 Kröslin, Tel: 0161/4411958, oder G. Niepel Tel: 038377 - 40298 und 4034,
12 Plätze, Saison: ganzjährig.

FISCHSCHUTZBESTIMMUNGEN AN MECKLENBURG-VORPOMMERNS KÜSTE

§ 15 Küstenfischereiordnung (KüFO):
Fischschonbezirke, ganzjährig:

1. Gewässer um den Bock am Ostzipfel von Zingst
2. Der Libben zwischen Halbinsel Bug und Insel Hiddensee
3. Die Peenemündung (siehe Gebietsbeschreibung)
4. Usedomer Kehle (Zufluß Usedomer See ins Haff, s. dort)
5. Nordteil Kleiner Jasmunder Bodden (s. Gebietsbeschreibung Rügen)

In diesen kleinen Gewässerteilen ist jeglicher Fischfang ganzjährig verboten.

Fischschonbezirke
Vom 1. Juli bis zum 31. Oktober Verbot jeglichen Fischfanges:

Je 100 Meter seewärts und seitlich von den Mündungen folgender Zuflüsse ins Küstengewässer:

Barthe	Hellbach	Saaler Bach
Brebowbach	Jemnitz	Tarnevitzer Bach
Farpen, Stauseeabfluß	Klützer Bach	Ücker
Fulgen	Recknitz	Zarow
Harkenbeck	Ryck	Ziese

Im Fischschonbezirk Warnow-Mündung ist der Fischfang mit der Handangel erlaubt.

§ 16 (KüFO):
Laichschongebiete
Vom 1. April bis 31. Mai ist dort nur die Friedfischangelei mit einschenkeligem Haken ohneWirbeltierköder erlaubt, sonstiger Fischfang verboten:

Im Stettiner Haff: Neuwarper See; Repziner Haken und Schaar; Hartschaar; Kamighaken; Göschenbrinksfläche; Anklamer Fähre; Borkenhagen; Usedomer See.

Im Peenestrom:	Klotzower Gewässer; Jamitzower Hard; Balmer See; Hohe Schaar; Hohendorfer See; Sauziner Bucht; Spitzhörner Bucht; Mahlzower Bucht; Rohrplan/ Zecherin; Bucht südlich Kuhler Ort (Alter Acker); Krösliner See einschl. Alte Peene; Freester Hock; Freesendorfer See
Im Greifswalder Bodden:	Freesendorfer See, Abfluß; Dänische Wiek; Gristower Wiek; Puddeminer Wiek; Schoritzer Wiek; Wreechener See; Neuensiener See; Selliner See; Zicker See
Im Strelasund:	Deviner See; Kemlade; Gustower Wiek; Wamper Wiek; Kubitzer Bodden
In der Darßer Boddenkette:	Flemendorfer Baek; Barther Strom; Fitt;
Prerower Strom:	Saaler Riff; Saaler Bodden; Recknitz
Zwischen Rügen und Hiddensee:	Gewässer zwischen Ummanz u. Rügen; Nordteil des Wieker Boddens; Neuendorfer Wiek; Breeger Bodden nördlich der Saalsteine; Mittel- u. Spyker See; Westteil Litzower Bucht

Geeignete Plätze für anglerische Großveranstaltungen

Weitwurf- Casting- oder Brandungsangelturniere werden immer beliebter. Hundert und mehr Teilnehmer müssen bei solchen Veranstaltungen untergebracht und auf Strände verteilt werden. An den nachfolgend aufgezählten Plätzen ist außerhalb der Ferienzeit ausreichend Raum und Parkplatz vorhanden.
Veranstaltungen mit Absperrmaßnahmen müssen beim zuständigen Ordnungs- und Fischereiamt angemeldet werden. Wettangeln ist in Mecklenburg-Vorpommern untersagt.
Die Ortsangaben erfolgen unter Vorbehalt, da sich die Verhältnisse ändern können.

Nordsee

Sylt, Weststrand; Emden, die Knock; Wilhelmshaven, Außenmole

Ostsee

Falshöft beim Leuchtturm (nicht bei westlichen Winden); Hohenfelde (nicht bei Süd-, südwestlichen Winden); Westermarkeldorf (Fehmarn, nicht bei östlichen Winden); Presen (Fehmarn, nicht bei westlichen Winden); Börgerende/Heiligendamm (nicht bei südlichen Winden); Wustrow/Fischland (nicht bei östlichen Winden).

Brandungsangel-Veranstaltungen sind sehr beliebt bei Anglern und Zuschauern.

II. Kapitel: *Fische, Fang und Verwertung*

Knapp drei Dutzend Fischarten werden beim Meeresangeln vor unserer Nord- und Ostseeküste erwischt. Dazu zählen nicht nur Salz-, sondern auch Süßwasserfische wie Hecht, Zander, Barsch oder kiloschwere (!) Rotaugen.

Aber auch alle anderen Fische können sich sehen lassen, allen voran unser größter heimischer Meeresfisch, der Hundshai, mit bis zu zwei Meter Länge bei 50 kg, Dorsche bis 28 kg und Hechte von 20 kg und mehr, dazu die vielen weiteren Fischarten, die alle in guten, verwertbaren Größen gefangen werden.

Und ständig kommen neue Fische hinzu, vor allem solche, die aus dem lusitanischen Fischereich, also aus der Biskaya, von den Küsten Portugals oder Spaniens und Frankreich zu uns wandern. Allen voran die Meeräsche, aber auch der Wolfsbarsch, Stöcker und viele weitere Arten, die selten an die Angel gehen und hier nachfolgend nicht besprochen werden; man beachte hierzu die Hinweise auf weiterführende Literatur im Kapitel *Praxis*.

Manche Fische erfordern eine eigenständige Angelei, so der Dorsch, die Makrele oder der Hornhecht und Hering. Und nicht zu vergessen die Meerforelle, die an der Ostseeküste eine immer beliebter werdende Watangelei begründet hat. Die erfreuliche Zunahme dieser edlen Fischart verdanken wir fast ausschließlich den vielfachen Mühen der Angler, die allein in Norddeutschland in fast zwei Dutzend Bruthäusern alljährlich mehr als eine Million Meerforellen erbrüten - auch zum Nutzen der Berufsfischerei.

Meeresangler fangen - im Gegensatz zur Berufsfischerei - alle Fische unter genauer Einhaltung der Schon- und Mindestmaße, ohne Beifang und „Gammel" und mit genauer Beachtung der Tötungs- und Verwertungsvorschriften. Längst hat es sich unter Anglern herumgesprochen, daß Seefische eine kostbare Bereicherung des Küchenzettels darstellen und von erheblichem Wert sind. Die Meeresangelei ist im Hinblick auf Tierschutz, Artenschutz und Ressourcenschonung allen anderen fischereilichen Methoden voraus.

Die gebräuchlichsten Meeresangelmethoden sind in den Abschnitten über folgende Fische nachzulesen:

Brandungsangeln	➠ Plattfische, Aal
Bootsangelei mit Naturködern	➠ Dorsch und Wittling, Barsch, Hecht
Schleppangelei	➠ Meerforelle
Watangelei	➠ Meerforelle
Pilken	➠ Dorsch
Fliegenfischen	➠ Meerforelle
Wrackangeln	➠ Dorsch
Spinnangeln	➠ Meerforelle, Hecht

Pöddern
Fetzenköderangeln
Paternosterangelei

⇒ Aal
⇒ Hornhecht
⇒ Hering, Makrele, Stint, Köhler

Nordsee - Angelkalender

Januar/Februar
Nur wenige Angelkutter laufen an den windarmen Tagen aus (Cuxhaven, Büsum). Umherziehende Laichdorschschwärme gewähren gute Fangmöglichkeiten jenseits der Trübwassergrenze. Auch Wrackangeln ist möglich. Nach westlichen Stürmen ziehen zeitweilig Schwärme von unreifen Dorschen in die tiefen Hafenbecken (Emden, Wilhelmshaven, Cuxhaven, Büsum). Stintschwärme wandern in die Flußmündungen.

März/April
Stinte in Massen schwimmen an Molen entlang stromauf in die Flüsse. Dorschangeln wandelt sich allmählich in reines Wrackangeln, oft durch Starkwinde behindert.

April/Mai
Nach der ersten spürbaren Erwärmung der Watten kommen die Plattfische in die Priele, im Mai verstärkt in die Häfen und Flußmündungen. Die Wollhandkrabben halten sich noch zurück. Der Mai ist draußen in der Deutschen Bucht der beste Dorschangelmonat. Die Wracks stehen voller Fisch; die Aale kommen.

Juni
Die Hornhechte erscheinen, kommen bei ruhiger Schönwetterlage in Küstennähe, stehen vor den Außenmolen in Wilhelmshaven, Meldorf, Büsum, Holmer Siel und Helgoland, sind auch vor den Hörns aller Inseln zu fangen. Die Makrelenangelei beginnt. Die Wollhandkrabben kommen.

Juli
Alle Angelkutter laufen nur noch zum Makrelenangeln aus. Die Hochsaison ist in vollem Gange. Aale überall. Die Wollhandkrabben werden zur Plage und erschweren das Angeln.

August
Die Makrelenangelei ist auf dem Höhepunkt, die Hornhechte ziehen sich zurück.

Die Hundshaiangelei beginnt (Borkum, Helgoland, Auslauf der großen Prielströme ins Tiefwasser). Überall Aale in Häfen und Prielen, hohe Pödderzeit. Noch viele Wollhandkrabben.

September
Haiangel-Hochsaison, Plattfisch- und Aalangelei florieren, weil sich die Krabben allmählich zurückziehen. Die Hornhechte verschwinden, die Makrelensaison läuft aus. Das Wrackangeln auf Dorsche kommt wieder in Gang.

Oktober/November
Zweiter Saisonhöhepunkt beim Dorschangeln. Hundshaie sind noch immer fangbar. Küstenangelei auf Plattfische floriert, fast unbehindert durch die Wollhandkrabben.

Dezember
Dorsche überall, die Laichzüge aus der nördlichen Nordsee treffen ein, besetzen die Wracks und ziehen auch in Trupps jenseits der Watten-Trübwassergrenze umher. Gutes Dorschangeln von den Helgoland-Molen.

Ostsee-Angelkalender

Januar/Februar
Hochbetrieb beim Großdorschangeln auf den Laichplätzen, Hauptfangplatz ist der Kielschiffahrtsweg nordwestlich Fehmarn. Abfahrtshäfen: Kieler Bucht, Heiligenhafen, Fehmarn, Großenbrode, Orth und Burgstaaken.

März
Bei anhaltender Erwärmung ziehen die Meerforellen in die seichten Buchten, die Watfischerei beginnt.

April
Hauptheringsfangzeit in Flensburg, in der Schlei-Mündung von Kappeln bis Arnis; Eckernförde, Molen; beide Ufer des Kieler Binnenhafens; Nord-Ostsee-Kanal von der Schleuse bis Rendsburg; im Neustädter Hafen; Travemünde, in der Trave mit Schwerpunkt bei der Herrenbrücke über die Trave; der Strelasund bei der Rügendammbrücke; der Auslauf des Peenestromes in den Greifswalder Bodden sowie die Gewässer des südlichen Greifswalder Boddens.

Mai
Hohe Meerforellen-Watangelzeit. Dorsche und Plattfische ziehen wieder an die Küsten, Boots- und Brandungsangeln leben auf, hohe Dorschzeit beginnt auf den Kuttern.

Juni
Hohe Dorschangelzeit. Die Hornhechte schwimmen überall ins Flachwasser der Buchten und werden bei der Watfischerei leicht erbeutet. Gutes Brandungsangeln auf Plattfische.

Juli
Bei anhaltender Erwärmung ziehen sich die Dorsche allmählich zurück ins Tiefe, Plattfische werden immer noch beim Brandungsangeln, Meerforellen bei der Watfischerei mit der Fliege gefangen. Gute Barschangelei in den Bodden.

August
Die Meerforellenschonzeit beginnt. Dorsche haben sich völlig ins Tiefe verzogen, die Hornhechte verschwinden ebenfalls; aber hohe Aalzeit in flachsten Uferbereichen, gute Barschzeit in den Bodden.

September
Bei Abkühlung kommen die Dorsche zurück, auch größere Plattfische werden beim Brandungsangeln wieder erbeutet, die gute Bootsangelzeit für Dorsche beginnt, ebenso wie die beste Hechtzeit auf den Bodden. Aale machen sich langsam rar.

Oktober
Sehr gutes Brandungsangeln überall, Plattfische und Dorsche beißen, Hechte sehr gut. Hochseeangelei auf Dorsch sehr erfolgreich.

November
Die Meerforellenschonzeit ist abgelaufen, die letzten noch nicht aufgestiegenen Fische stehen in der Nähe der Süßwassereinläufe bis Mitte des Monats. Noch gute Hochseeangelei auf Dorsch, Brandungsangeln ist noch gut, ebenso die Hechtangelei in den Bodden.

Dezember
Alle Fische wandern ins Tiefwasser, meiden die abgekühlten Flachwasserbezirke. Auf hoher See beim Dorschangeln stößt man jetzt oft auf Heringsschwärme und fängt mit dem Paternoster.

Synonyme

Viele weitere deutsche Artenbezeichnungen gelten oft demselben Fisch, manche werden nur landschaftlich begrenzt verwendet.

Aalputen	➟ Aalmutter
Appetitsild	➟ Jungheringe in Kräuterlake
Bastardmakrele	➟ Stöcker
Bismarckhering	➟ Heringsfilet in Marinaden
Bithai	➟ Hundshai
Blicke	➟ Sprotte
Bliekschen	➟ Jungheringe
Brisling	➟ Sprotte
Bückel, Bückling	➟ geräucherter Hering
Butt	➟ Sammelbegriff für Plattfische
Elbbutt	➟ Flunder
Fleckhering	➟ geräucherter, vom Rücken her aufgeschnittener Hering
Glattbutt	➟ Kleist
Goldbutt	➟ Scholle
Graubutt	➟ Flunder
Grundhai	➟ Hundshai
Hornfisch	➟ Hornhecht
Ihlen	➟ magere, geräucherte Heringe
Jeel	➟ Aal
Jeelmodder	➟ Aalmutter
Kabeljau	➟ Dorsch
Kohlfisch	➟ Köhler

Lachsforelle	➺ Meerforelle, auch Regenbogenforelle
Limande	➺ Kliesche
Maifisch	➺ Finte, auch Alse
Matjes	➺ Fetthering, in Salzlake gereift
Meeraal	➺ Conger
Meerbarsch	➺ Wolfsbarsch
Pferdemakrele	➺ Stöcker
Pladdies	➺ Kliesche
Plötz	➺ Rotauge
Raubutt	➺ Flunder
Rollmops	➺ Bismarckheringsfilet
Sandart	➺ Zander
Scharbe	➺ Kliesche
Seeaal	➺ Conger
Seelachs	➺ Köhler
Spierling	➺ Sandspierling
Spitzen	➺ Junghering
Struffbutt	➺ Flunder
Stuhr	➺ Kaulbarsch
Stümling	➺ Jungheringe und kleinwüchsige Ostseeheringe
Tarbutt	➺ Kleist
Tobiasfisch	➺ Sandspierling
Yhlen	➺ magere, geräucherte Heringe

Aal (Anguilla anguilla)

Mindestmaß: 35 cm. Schnittgewicht: 1/2 kg. Nordseeküstenaale sind zahlreich und selten länger als 50 cm. Ostseeaale werden bis zu 2 kg schwer gefangen. Verwechslungen sind nur in der Nordsee möglich mit dem Conger, dessen Rückenflosse jedoch auf der Höhe des Hinterrandes der angelegten Brustflossen beginnt. Die Aale unserer Küsten sind meistens männliche, kleinwüchsige Spitzkopfaale, die im Herbst mit den aus den Süßwassern ankommenden größeren Rognern (Breitkopfaale) lange Laichzüge auf dem Weg in die Sargassosee bilden.

Die besten Aalfangplätze liegen an der Nordsee in den Priel- und Flußmündungen am Rande der Strömung sowie in Häfen an deckungsreichen Stellen. In der Ostsee bevorzugen die Aale krautreiche, küstennahe Abschnitte sowohl im Salz- wie Brackwasserbereich. In der warmen Jahreszeit fängt man die schwersten und meisten Aale an der Ostsee in stillen Dämmerungszeiten nach heftigen Stürmen oder langen, auflandigen Winden in der „Wanne". Das ist die erste, meist nur knietiefe, parallel zum Ufer verlaufende Rinne, nur ein paar Meter vom Ufer entfernt. Diese Wannen, voll mit dem Angespül der Brandung, werden vom Aal nach Nahrung durchsucht.

Küstenaale werden von Mai bis Oktober, mit dem Höhepunkt im Juli/August erbeutet. An der Ostsee werden sie mit den Geräten der Binnenwasserangelei gefangen, vom Ufer mit aufgestellter Rute, bestückt mit einem Aalglöckchen. An der Nordsee ebenso, aber an Molen, Kaimauern und Buhnen. Das gleitende Sechskantblei (Sargblei) ist dabei vorteilhaft. Beim Brandungsangeln mit festmontiertem Endblei wählt man bei vermehrtem Aalvorkommen das Vorfach etwas länger als gewöhnlich (s. Plattfische).

Das Pöddern vom Boot ist bei ruhiger Wetterlage überall gebräuchlich; an der Nordsee auch in den Häfen (nachts). In den Flußmündungen der Nordsee werden im Spätsommer mit dieser Methode Aale sogar in halber Wassertiefe erwischt, oft in großen Mengen. Im ausströmenden Wasser jagen sie vorbeiziehende Jungfische, vor allem streichholzlange Stinte.

Alle „duftenden" Köder ziehen Aale magisch an. Frische, Geruch verströmende Köder, ständig erneuert und am selben Ort angeboten, garantieren gute Fänge. Wattwürmer, Seeringelwürmer, im Brackwasser auch Tauwürmer sowie Fischfetzen von Fettfischen (Hering, Sprotte, Makrele) und fingerlange Kleinfische (Stint, Hering, Sandspierling) haben sich bewährt. In Häfen in der Nähe von Imbißhallen kann man Aale auch mit Wurst- und Käsestückchen fangen.

Aalmutter (Zoarces viviparus)

Selten bis 40 cm, im Schnitt 25 cm lang. Überall verbreitet, immer in kleinen

Boddenbarsch - größer und plumper als seine Vettern aus dem Süßwasser (S. 194).

Aalmuttern - diese lebendgebährenden Fische können bis 40 cm lang werden.

Trupps. Verwechslungen sind nur möglich mit Seequappen, aber nur die Aalmutter besitzt eine durchgehende Rückenflosse mit einer scharfen Einkerbung kurz vor dem Schwanzansatz.
Neben dem Hundshai gehört die Aalmutter zu den einzigen Vertretern lebend gebärender Fische vor unseren Küsten. Nach paarweiser Befruchtung schlüpfen bis zu 300 vollentwickelte, ca. 40 mm lange Fischkinder aus dem Mutterleib.
Die Fische bevorzugen die Küstennähe und dort deckungsreiches Gebiet (Kraut-

betten, Steinfelder, Schutzbauten), meiden jedoch stark ausgesüßte Gewässerabschnitte. Sie werden in allen Nordseehäfen beim Kai- und Molenangeln, an der Ostsee beim Brandungsangeln in allen Stein- und Bewuchsfeldern als Beifang erwischt.
Die Grünfärbung der Gräten bei der Verarbeitung wird durch einen harmlosen Farbstoff verursacht. Der gute Küchenwert des Fisches kommt auch beim Räuchern zur Geltung.

Barsch (Perca fluviatilis)

Durchschnittsgewicht 200 g, in den Bodden 350 g, selten über 2 kg. Fehlt in der Nordsee, in der Ostsee stellenweise häufig. Mindestmaß Mecklenburg-Vorpommern: 20 cm.
Von allen Süßwasserfischen verträgt der Barsch offenbar Salzwasser am besten. Einen Salzgehalt bis etwa 0,8 % toleriert er und wächst in diesem Milieu besonders gut ab. Er bevorzugt krautreiche Abschnitte mit hartem Grund und klarem Wasser und hat es ganz besonders auf die Fischbrut der Küstenlaicher (Hering, Hornhecht) abgesehen. Alle ausgesüßten Buchten und Flußmündungen, Scharkanten von Fahrrinnen und tiefe Häfen mit sauberem Wasser sind Reviere der Barsche.
Die innere Flensburger und Eckernförder Bucht markieren die westlichsten Reviere, im Neustädter Hafen an der Lübecker Bucht werden die Barsche sogar, 2 kg schwer,

Der beköderte Kniehaken steht waagerecht. Damit wird auf Hecht und Barsch geangelt.

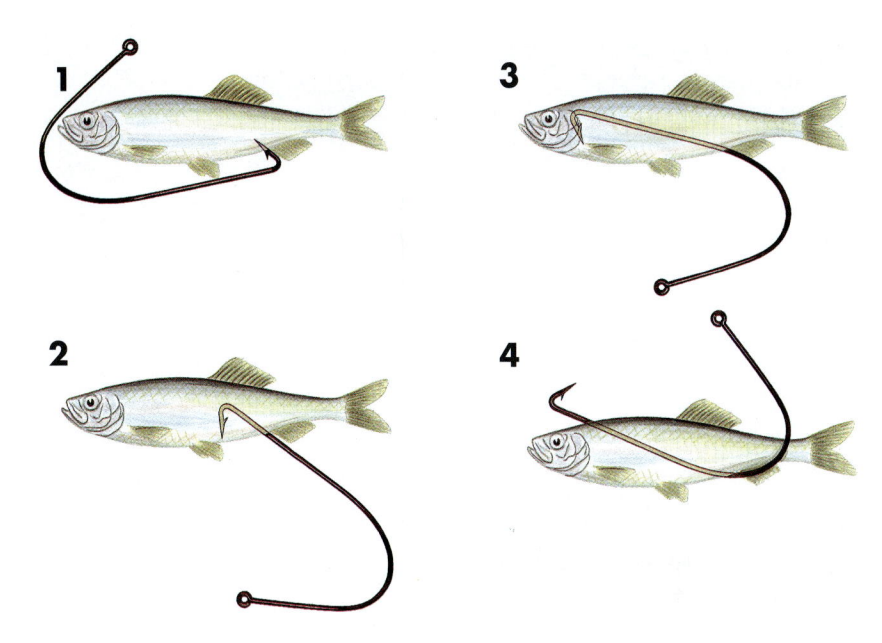

So wird das Fischchen auf den Kniehaken gezogen:
1. Den Haken in das Weidloch einstechen, 2. Durch die Bauchhöhle nach vorn schieben, 3. Unter dem Nacken die Hakenspitze drehen, 4. Hakenspitze aus dem Kopf herausstechen.

im Hafen gefangen (August), ebenso in der Trave-Mündung und in allen Häfen der mecklenburg-vorpommerschen Küste. Am häufigsten sind die kleineren Schwarmbarsche im Peenestrom. Bei Wolgast, Freest und Kröslin kann man die Fische tagelang eimerweise von Kais und Molen fangen (April/Mai).

Barsche der 300- bis 400g-Klasse in Mengen und auch vereinzelt kiloschwere Exemplare erwischt man in den Boddengewässern. Die besten Gebiete sind der Grabow (Darßer Bodden), Jasmunder Bodden (Rügen) und der Greifswalder Bodden. Barschsaison ist fast immer - mit dem Höhepunkt im zeitigen Frühjahr und im Herbst. Quicklebendige Rotwürmer sind überall der Topköder, gefolgt von kleinen toten Köderfischchen, am Kniehaken angeboten. Aber auch kleine Spinner, insbesondere Tandemspinner, kleine Twister und Gummifischchen fangen Barsche. Man fischt stets in Grundnähe. Nur dort, wo raubende Möwen ins Wasser stürzen, versucht man es auch im Mittelwasser.

Der ausgezeichnete Küchenwert der stacheligen Fische wird durch Enthäuten und anschließendes Filetieren erhöht. Barschfleisch ist, luftdicht verpackt und tiefgefroren, lange haltbar.

Solche Spinnerbaits werden gern zum Barschangeln im Peenestrom genommen.

Butt

Sammelbegriff für diverse *Plattfische*, siehe S. 263 ff.

Dorsch - typisches Erkennungsmerkmal ist der Bartfaden am Kinn.

Dorsch (Gadus morrhua)

Durchschnittsgewicht 2 kg, Fische über 25 kg (mit Laich) kommen bei uns vor. IGFA-Rekord: 37,8 kg. Größter mit der Angel gefangene Dorsch (nicht registriert, aber gewogenen):44,79 kg (Neufundland). Mindestmaß einheitlich 35 cm.
Charakteristische Merkmale des Dorsches sind die dreigeteilte Rückenflosse, die deutlich abgesetzte, helle Seitenlinie, der Bartfaden unterm Kinn und die auffällige Marmorierung. Die Fische können sich der Umgebung anpassen: Die „Golddorsche", rötlich gefärbt, kommen aus Rotalgenzonen, die „Braundorsche" aus Brauntangfeldern, die „Graudorsche" aus sandig-schlickigen Gebieten.
Verwechslungen sind bei untermäßigen Fischen nur möglich mit dem Pollack und Wittling (beide besitzen keinen Kinnfaden). Dorsche sind allgegenwärtig. In der Deutschen Bucht leben wandernde Dorsche, die sich an den alljährlichen Laichzügen aus der nördlichen Nordsee in die Südabschnitte von unserer Küste, über die holländische, belgische bis hin zur nordfranzösischen Kanalküste beteiligen. Auf dem Helgoländer Felssockel in Stein- und Bewuchsfeldern, vor allem aber bei Wracks verweilen diese Dorsche lange und sind auch im Sommer fangbar. Die beste Dorschfangzeit fällt jedoch in die Monate September bis Januar und April bis Juni. Nordsee- und Ostseedorsche bleiben lebenslang getrennt; ein

Rötlich-braun gefärbte „Tangdorsche" - sie leben in Kraut- und Tangfeldern.

Austausch der Bestände durch Sunde und Belte findet nicht statt.
Die Ostseedorsche bilden den Grundstock für eine florierende Angelkutterfischerei. Sie werden, im Gegensatz zu den Nordseedorschen, ganzjährig erbeutet, nur der März gilt als ausgesprochen fangarmer Monat. In der Ostsee wandern die Dorsche mit steigender Wassererwärmung im Hochsommer ins tiefe, küstenferne Wasser, kommen im Herbst aber bis in die flachsten Buchten zurück (Oktober/November), rotten sich dann allmählich zu Laichzügen zusammen, um an gut durchlüfteten, durchströmten und gleichmäßig kühlen Orten zu laichen (Januar/Februar).

Daraus folgt für Dorschangler in der Ostsee:

Januar/Februar	➧ Laichdorschangelei (Fehmarnbelt)
April/Mai/Juni	➧ zunehmende Kutterangelei, im Mai/Juni auch Brandungsangeln
Juli/August	➧ nur Hochseeangelei
Sept.-November	➧ beste Hochseeangelei und zunehmende Brandungsangelei
Dezember	➧ abflauendes Angeln überall

Lieblingsplätze der Dorsche sind Gebiete mit bewuchsreichem, steinigem, in der Tiefe ständig wechselndem Grund. In der Nordsee sind dies bei uns nur die zuvor aufgezählten Plätze; in der Ostsee aber sind solche bevorzugten Plätze fast überall zu finden. Herausragende Angelkutterfahrtziele sind der Breitgrund (wird von Kappeln und Maasholm angefahren); Gabelsflach und Stoller Grund (von Eckernförde und Kiel erreichbar); Kiel-Ostsee-Schiffahrtsweg bei Fehmarn (Schiffe von Heiligenhafen, Orth, Burg, Großenbrode); Küste von Rerik/Kühlungsborn (Trollegrund u. a., Schiffe von Wismar und Rostock); Kadetrinne (von Wismar, Rostock und Rügen erreichbar); Adlergrund (von Saßnitz/Rügen erreichbar). Nicht zu vergessen sind die mit Sport- oder offenen Bötebooten erreichbaren Dorschgebiete auf Helgoland und am Kap Arkona/Rügen sowie Rerik/Kühlungsborn.

Dorsche sind wertvolle Speisefische mit guter Haltbarkeit. Sie eignen sich für die meisten Zubereitungsformen, nur nicht zum Räuchern, weil sie zu fettarm sind. Dorsche verarbeitet man schon auf See zu Filets.

Fangmethoden

Pilken
Diese Methode steht an erster Stelle. Eigenschwere Pilker von 60 bis 150 g, ausnahmsweise bis 400 g, werden vom Boot bis zum Grund herabgelassen und dort „hüpfend" auf- und abbewegt. Nach jedem „Hüpfer" muß der Pilker wieder den Grund berühren. Das ist die wichtigste Regel.
Leepilken nennt man das Pilken von der Windschattenseite eines treibenden Angelkutters. Nach dem Auswerfen des Pilkers treibt der Kutter mit dem Wind auf die Einwurfstelle zu. Ist sie erreicht, befindet sich der Pilker genau unterm Boot. Er muß wieder aufgeholt werden, sonst würde die Leine am Bootskiel zerscheuern. Also: Aufholen und erneut auswerfen, wieder absinken lassen, herantreiben, wieder aufholen usw. Dieses Vorausangeln meistert man am besten mit einer Stationärrolle mit Wechselspule für je 150 Meter Schnur von 8 und 15 kg Tragkraft.
Luvpilken auf der Windseite bedingt, daß man vom Pilker ständig forttreibt. Auswerfen ist nicht nötig; man läßt den Köder einfach an der Bordwand ins Wasser tauchen, wartet bis zur Grundberührung und beginnt mit dem „Hüpfen". Schon nach kurzer Zeit geht dabei die Bodenberührung verloren, Schnur muß ausgegeben werden - ein umständliches Hantieren mit einer Stationärrolle. Deshalb verwenden Fachleute auf der Luvseite eine Multiplikatorrolle. Die „Multi" gestattet nach jedem Hüpfer mit gelockerter Daumenbremse die Herausgabe von ausreichend Schnur. Berührt der Pilker den Boden, wird mit dem Daumen die Schnurtrommel gebremst, der Pilker angehoben, die Daumenbremse gelockert, und der Pilker taumelt frei zum Boden zurück, Daumenbremse wieder fest und so fort. Be-

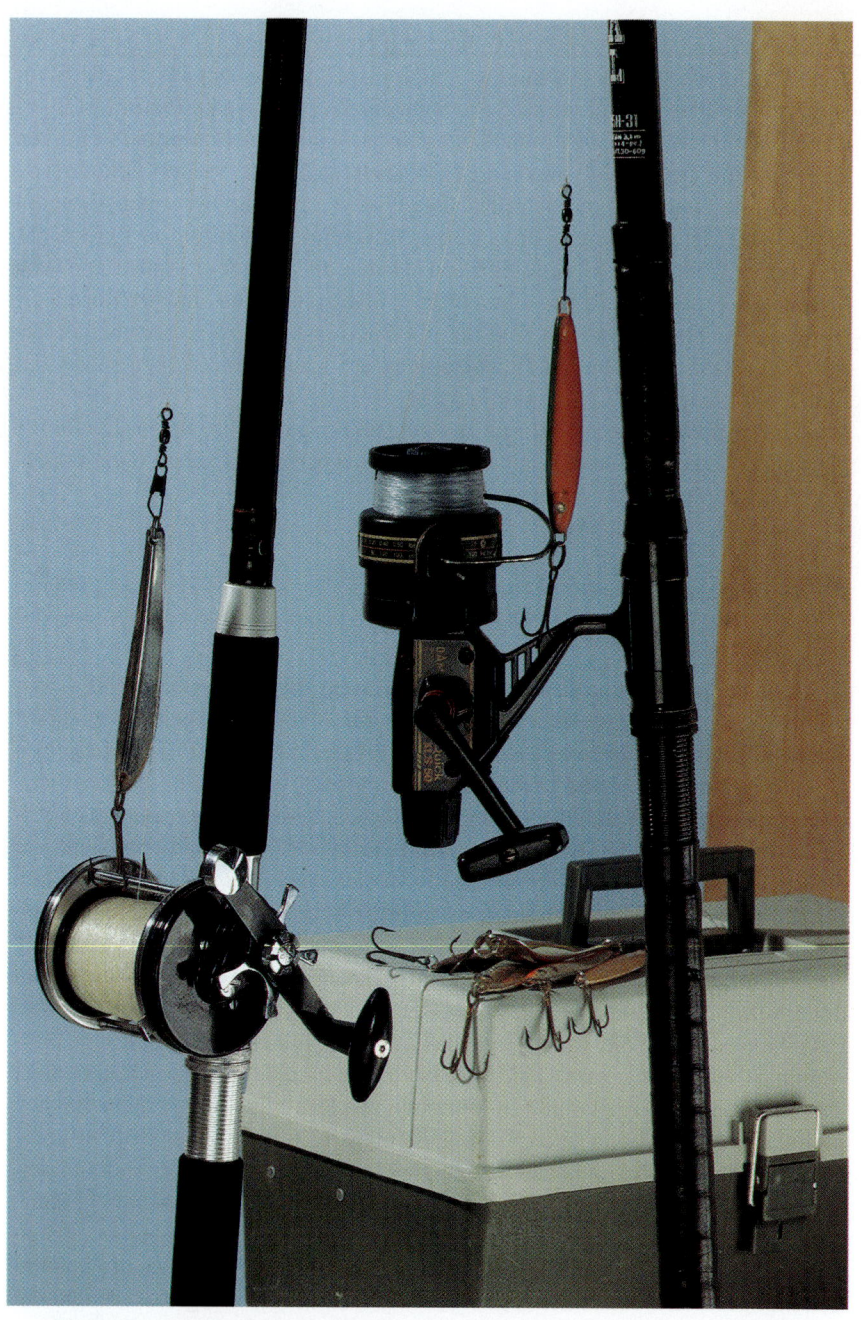

Pilkausrüstung mit Multirolle für das Luv- und Stationärrolle für das Lee-Angeln.

Interessantes Detail: Akkupressur-Armbänder gegen Seekrankheit.

Die „Daumenbremse" ermöglicht einen sehr sensiblen Kontakt zum Köder.

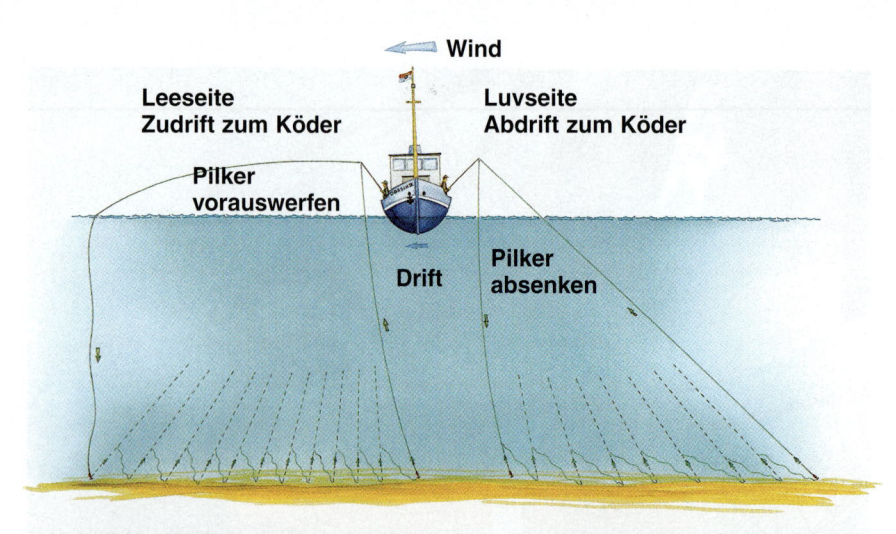

Linke Bildseite: Beim Leefischen treibt das Boot dem Fisch entgegen - der Pilker muß möglichst weit geworfen werden, damit er fängig geführt werden kann. Rechte Bildseite: Auf der Luvseite wird bei starker Drift ständig Schnur nachgegeben.

quem läßt sich so der Pilker beim Wegtreiben vom Boot ständig auf- und knapp über dem Grund halten. Das auf der Leeseite notwendige Auswerfen - Einholen - Auswerfen entfällt.

Für das Luvangeln benutzt man Multirollen mit 150 Meter 15-kg-Schnur. Vorteilhaft ist ein Umschaltgetriebe mit erhöhter Übersetzung zum schnelleren Einholen.

Für das erfolgreiche Pilken benutzt man eine Pilkerauswahl nach folgenden Kriterien:

Gewicht

75	bis	100 g
100	bis	150 g
150	bis	250 g

Wassertiefe

bis 15 Meter
15 bis 20 Meter
ab 20 Meter

Je nach Drifttempo und Unterstrom greift man zum leichteren oder schwereren Pilker. Beihakenmontagen bedingen etwas höhere Gewichte. Das gewählte Gewicht soll stets so bemessen sein, daß nach jeder Pilkbewegung der Köder wieder schnell den Boden berührt und gute Fühlung zum Pilker gewährleistet ist. Pilker bis zu 400 g und mehr werden nur ganz ausnahmsweise in Wassertiefen ab 25 Metern bei schneller Bootsdrift und sehr starkem Unterstrom verwendet, z. B. im Öresund oder an den Stromschwellen des Adlergrundes, zuweilen auch in den Tiefen des Fehmarnbeltes.

Form
Je mehr ein Pilker beim Auf- und Abtanzen über dem Grund „spielt", also hin- und herschießt und dabei um die eigene Achse schaukelt, desto besser wird er fangen. Kantige und abgeplattete Formen erfüllen diesen Anspruch am besten. Sie eignen sich besonders gut für die Luvangelei. Große Drillingshaken und vormontierte Beifänger können das „Spiel" solcher Pilker stark beeinträchtigen; man lasse die gewählte Montage im Wasser zur Probe absinken und beobachte die Köderbewegung, je fischchenähnlicher sie ist, desto besser.

Gut „spielende" Pilker sind leider nur begrenzt einsetzbar bei ruhiger See, Wasser bis ca.15 Meter Tiefe und schwachem Strom. Werden die Verhältnisse rauher und das Wasser tiefer, geht die Fühlung zu solchen Ködern bald verloren; mit der nächst höheren Gewichtsklasse läßt sich das nur schwach ausgleichen. Für solche rauheren Bedingungen verwendet man plumpere, fischchenähnliche Formen, glatt lackiert für das besonders gute Gleiten, mit sparsamen, reflektierenden Mustern.

Farbe
Dorsche können nach neuerem Forschungsstand nur begrenzt im Blaugrün-Bereich Farben erkennen - so sind auch die meisten Beutefische gefärbt. Blaugrün ist überdies zunehmend die vorherrschende Farbe ab etwa fünf Meter Tiefe; sogar gelbe oder rote Köder wandeln sich in solchen Tiefen in verblaute Graustufen.
Die Farben also spielen beim Fang keine vordergründige Rolle, wohl aber die

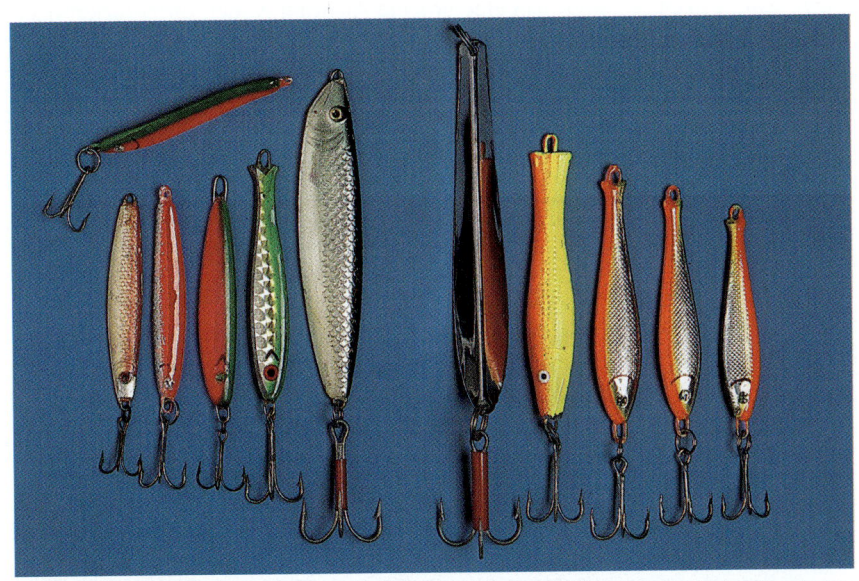

Verschiedene Pilkerformen und -farben: Der größte wiegt 250 Gramm, der leichteste 75 Gramm. Bei wenig Drift und flachem Wasser werden noch leichtere Pilker gefischt.

verblauten Grauwerte. Die Beutefische (Hering, Sandspierling, Sprotte) sind in der Tiefe fabelhaft getarnt und gegen den jeweiligen Hintergrund kaum erkennbar. Ein Pilker muß also besser für den Dorsch erkennbar sein als die üblichen Beutetiere - dann wird gefangen.

Verchromte Pilker werden vom Dorsch gegen das dunkle Wasser gut wahrgenommen, nach oben gegen den Himmel aber kaum. Deshalb sind am Grund stehende Dorsche mit solchen Pilkern schwer zu überlisten, im Freiwasser jagende aber fangbar. Rote Pilker wirken in der Tiefe dunkelgrau und sind von am Grund stehenden Dorschen sehr gut gegen den Himmel erkennbar und werden sofort attackiert. Im Freiwasser jagende Dorsche aber können solche Pilker nur schwer gegen den dunklen, blaugrauen Hintergrund der Tiefe erkennen, die Farbe versagt unter solchen Bedingungen.

Rot-weiße oder rötlich-verchromte Fischchenformpilker (Rücken rot, Flanken verchromt) vereinen Vorteile beider Farbgruppen und fangen deshalb am besten. Das sind die mit Abstand am meisten verwendeten Pilkerformen und Farben.

Weil das Meerwasser durch mannigfache Einflüsse ständig seine Farbe wechselt (Algenblüte, Sedimenteintrag) ist es sinnvoll, neben dem „Chrom-Rot-Pilker" auch weitere Farben zu versuchen; im Vordergrund stehen rot/grüne und gelbliche Farben. Diese Farben können zeitweilig, manchmal nur in einem Driftgebiet und manchmal nur für wenige Stunden, besser fangen als die Standardfarbgebung.

Fazit: Zum Pilken benötigt man eine größere Auswahl Köder, differenziert nach Gewicht, Form und Farbe.

Stückliste Pilken

- 1 Rute ca. 3 Meter mit 60 bis 150 g Wurfgewicht
- 1 Stationärrolle für 150 Meter 15-kg-Leine
- 1 Rute ca. 2,7 bis 3 Meter, 100 bis 250 g Wurfgewicht
- 1 Multirolle für 150 Meter 15-kg-Leine
- 2 Dutzend Pilker in den Farben Rot/Silber und Rot/Grün und Gewichten von 75-100-125-150-250 g
- 1 Dutzend Karabinerwirbel
- 2 Dutzend Twister in den Farben Rot, Gelb und Schwarz
- 1 Heringspaternoster (wird benötigt, wenn man beim Pilken in einen Heringsschwarm gerät. Als Paternostergewicht verwendet man den Pilker).

Beihaken
In Kombination mit einem Pilker fangen Beihaken oft mehr Fische als der Pilker. Man montiert die Kunstköder oberhalb des Pilkers in die Rollenschnur (s. Abb. S. 207). Die Mundschnur wählt man aus knick- und verdrallungsfreier Amnesiaschnur. Bewährt haben sich Twister mit kleinem Bleikopf in den Farben Rot, Gelb und Schwarz, wobei die Farben nach denselben Kriterien wie beim Pilker gewählt werden. Twister dürfen in der Köderkiste eines Dorschanglers nicht fehlen.

Pilkpraxis vom Angelkutter

Auf allen Ostseeangelkuttern wird ganzjährig zumeist die Pilkangelei ausgeübt. Hin und wieder wird auch mit Naturködern geangelt, was aber andere Geräte und Taktiken verlangt (s. nächster Abschnitt). Man frage bei der Platzbuchung gleich nach der Angelmethode, damit man richtig ausgerüstet an Bord kommt.

Platzbuchungen auf Kuttern sind häufig ein Problem, weil viele Schiffe im voraus von Gruppen und Vereinen belegt werden. Rechtzeitiges Buchen ist unbedingt notwendig. Es kann vorkommen, daß man einer Gruppe zugebucht wird, die nicht pilken, sondern mit Naturködern angeln will. Deshalb nochmals: vorher fragen.

Platzbuchungen sollte man stets selbst schriftlich bestätigen oder sich bestätigen lassen. Bestellte Bootsplätze müssen spätestens eine halbe Stunde vor der Abfahrt eingenommen werden - beim Skipper anmelden! Sonst wird der Platz von wartenden, nicht gebuchten Anglern besetzt.

An Bord gibt es keine vorbestellten, numerierten Plätze; wer zuerst kommt, hat die freie Auswahl. Die besten Plätze sind die mit viel Bewegungsfreiheit, z. B. am Heck und am Bug. Haben Vereine das Schiff gebucht, kann es passieren, daß die Plätze numeriert und verteilt wurden; dann muß man sich arrangieren. Wiederum: vorher fragen.

Den gewählten oder zugewiesenen Angelplatz markiert man an Bord durch Festbinden seiner Rute an der Reling. Stabile Gummibänder eignen sich dazu am besten. Nach gewöhnlich ein- bis zweistündiger Fahrt beginnt das Angeln nach einem Hornsignal. Auf der Luvseite geht's gemütlich zu, man muß den Pilker nur an der Bordwand herablassen. Auf der Leeseite kann es gefährlich werden, denn es gilt, den Pilker weit vorauszuwerfen. Dabei ist größte Umsicht von jedem gefordert, wer nicht absolut sicher werfen kann, sollte es unterlassen und sich nicht selbst ins Unglück stürzen; es sind schon schlimme Unfälle passiert bis hin zum verlorenen Auge. Kopfbedeckung und Schutzbrillen sollten bei der Pilkerei nie fehlen.

Das übrige Gerät muß man schon im Hafen fest verstauen. Man rechne mit bewegter See und rutschender Ladung, vielleicht auch mit Spritzwasser und Regen.

Dieser Dorsch von 25 Pfund wurde nördlich von Rügen auf Pilker gefangen.

Wasserdichte Behälter mit festen Griffen eignen sich an Bord am besten. Man bindet die Griffe mit einer Leine irgendwo fest, stellt die Behälter möglichst unten auf die Planken nach dem Motto: Was unten steht, kann nicht mehr runterfallen.

Schiebehülse

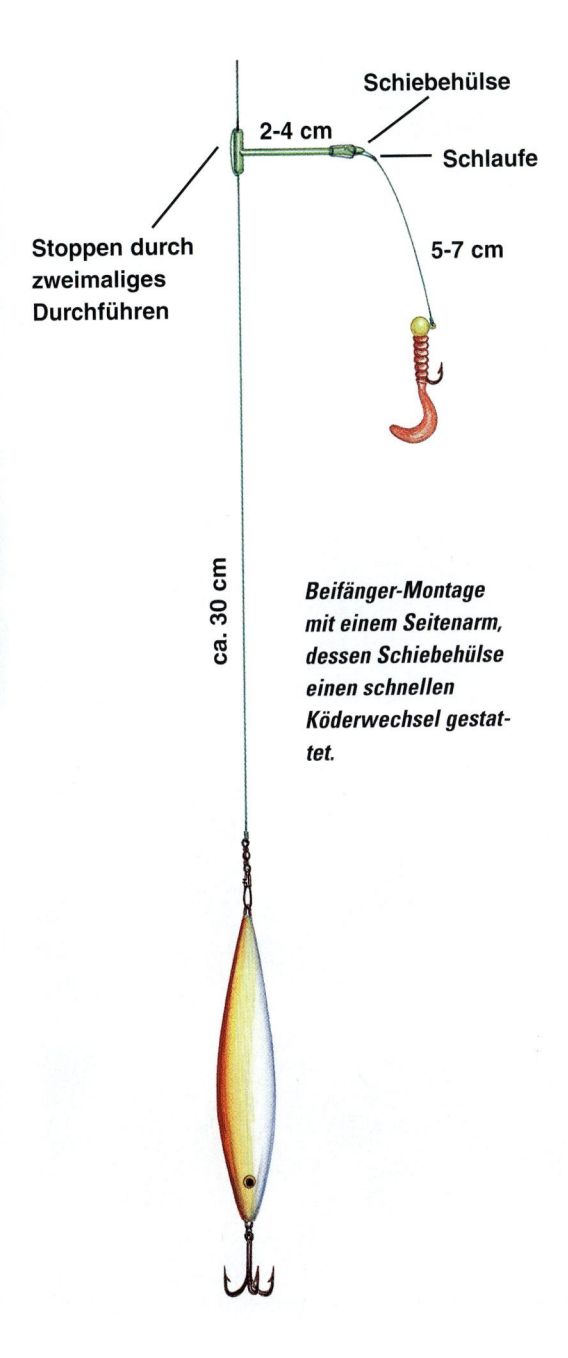

2-4 cm

Schlaufe

5-7 cm

Stoppen durch zweimaliges Durchführen

ca. 30 cm

Beifänger-Montage mit einem Seitenarm, dessen Schiebehülse einen schnellen Köderwechsel gestattet.

Auf den meisten Ostseekuttern werden Getränke und Lebensmittel angeboten; deshalb bringt man eigene Getränke nicht kistenweise mit (das macht man auch nicht im Wirtshaus). Auf den Schiffen stehen Müllcontainer, die für jeglichen Abfall zu benutzen sind - Müll gehört niemals ins Meer.

An Bord herrscht das eherne Gesetz: *Captain's word is law!* Der Schiffsführer ist Hausherr und für die Sicherheit allein verantwortlich; was er anordnet, muß, auch wenn es manchmal schwerfällt, unbedingt befolgt werden.

Sofort nach Auffinden des Wracks wird eine Markierungsboje gesetzt.

Manche Wrackdorsche passen kaum in die herkömmlichen Fischkisten.

Oft finden sich am Wrack mehrere Kutter ein.

Wrackangeln

Das ist die erfolgreichste Dorschangelmethode in der Nordsee. Hat der Kapitän das Angelschiff über ein Wrack manövriert und ertönt das Signal, dann muß der Köder runter zum Wrack. Bei jedem Tagestörn bleibt dabei ein dutzend Mal oder öfter alles im Wrack hängen, bevor auch nur ein Fisch den Köder gepackt hat. Deshalb werden Blei- und Hakenvorfächer dünner gewählt als die Rollenschnur. Die „Sollbruchstellen" sollen den Totalverlust des Vorfachs verhindern.
Als Köder werden Paternoster aus bunten Tintenfischimitationen verwendet. Bleibt ein Haken im Wrack hängen, wird mit blockierter Spule rigoros bis zum Schnurriß gewartet und sofort mit den restlichen Ködern weitergeangelt.
Denn beim Wrackangeln bleibt nicht viel Zeit. Das Wrack ist im Gezeitenstrom rasch überdriftet, Fische stehen fast nur im Stromschatten des Wracks. Deshalb endet die Beißerei nach kurzem Fortdriften, das Boot muß gewendet werden und erneut zum Wrack zurück. Und wieder bleiben nur zwei oder höchstens fünf Minuten Zeit, um an einen guten Fisch heranzukommen. Die Wendepausen werden genutzt, um beschädigte Paternoster komplett auszuwechseln.
Wegen der unvermeidlichen, meist felsenfesten Hänger benötigt man sehr strapazierfähige Ruten und Rollen. Sie müssen Schnurdruck bis zum Zerreißen klaglos überstehen. Nur Vollglasruten vom Typ *Ugly Stick* und einfache, aber stabile Multirollen mit Stahlspulen überstehen die Mißhandlungen durch Wrackhänger.

Sparmontage für das Dorschangeln am Wrack.

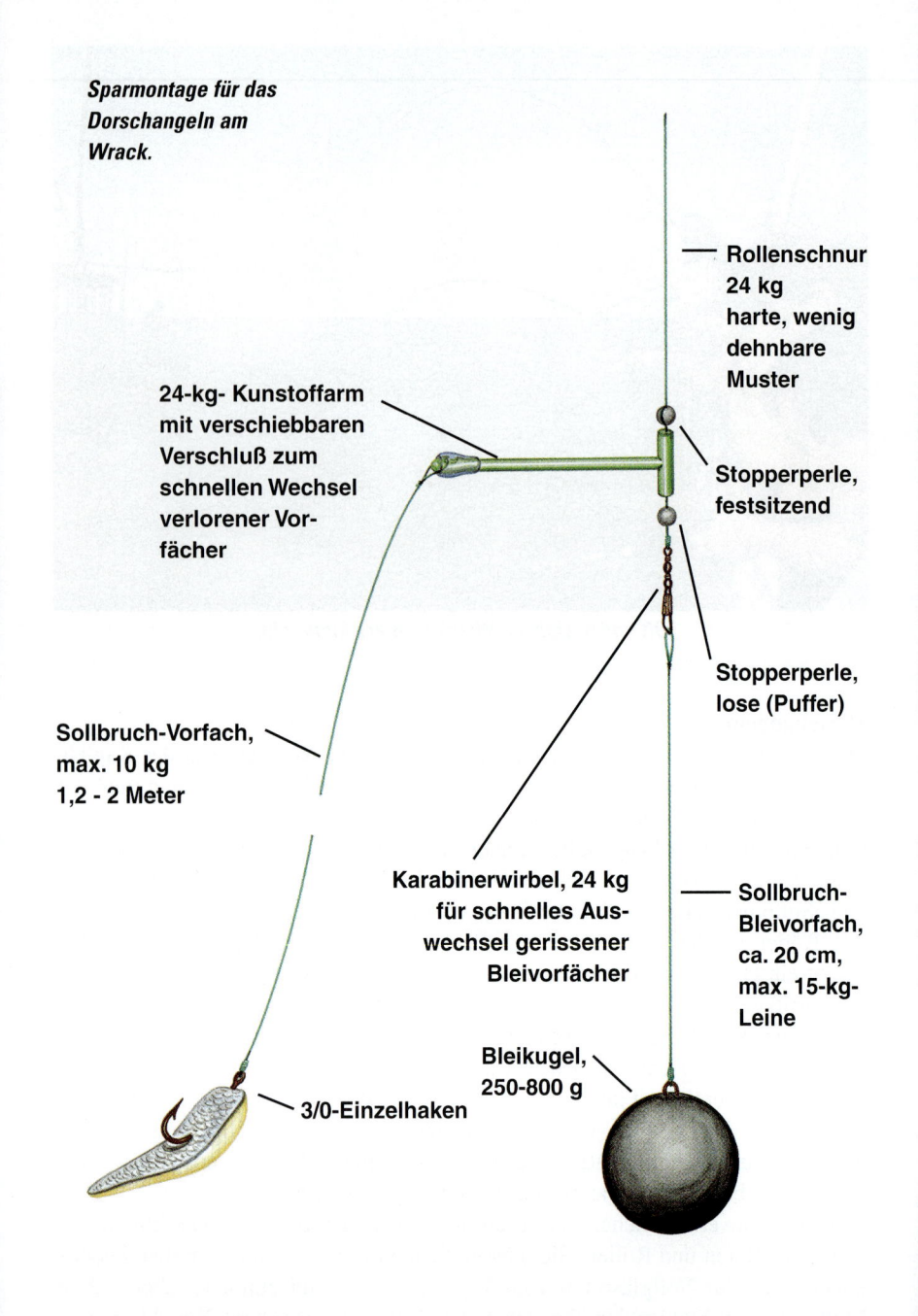

Rollenschnur 24 kg harte, wenig dehnbare Muster

24-kg- Kunststoffarm mit verschiebbaren Verschluß zum schnellen Wechsel verlorener Vorfächer

Stopperperle, festsitzend

Stopperperle, lose (Puffer)

Sollbruch-Vorfach, max. 10 kg
1,2 - 2 Meter

Karabinerwirbel, 24 kg für schnelles Auswechsel gerissener Bleivorfächer

Sollbruch-Bleivorfach, ca. 20 cm, max. 15-kg-Leine

Bleikugel, 250-800 g

3/0-Einzelhaken

24 kg

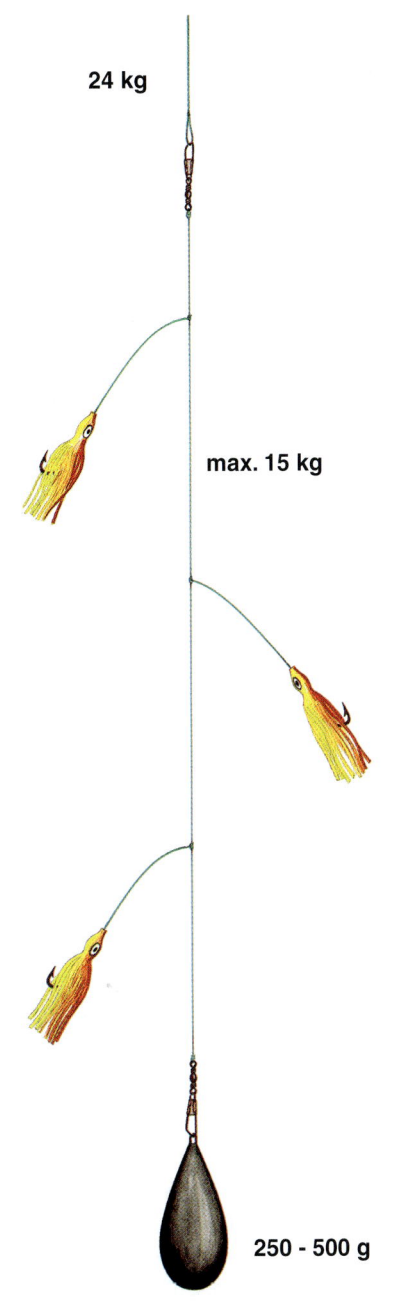

max. 15 kg

250 - 500 g

*Oben: Tintenfisch-Paternoster haben sich besonders beim Wrackangeln bewährt.
Links: So wird ein Tintenfisch-Vorfach mit Endblei montiert.*

Stückliste Wrackangeln

- 1 unzerbrechliche Bootsrute (Vollglas), ca. 2,5 m, Spitzenteil biegsam, Rollerendring vorteilhaft, Schraubrollenhalter
- 1 Multirolle für 200 Meter 24-kg-Schnur, seewasserbeständig, aus Stahl gefertigt mit Stahlspule und großem Windegriff
- 2 Dutzend 15-kg-Vorfächer mit je drei Tintenfischimitationen
- 1 Dutzend 36-kg-Karabinerwirbel
- 2 Dutzend Gewichte von 250 bis 500 Gramm, mit Öse

Bootsangeln mit Naturködern

Es gibt Zeiten und Orte, da suchen und fressen Dorsche in erster Linie Weichtiere am Boden. Dann ist die Angelei mit Naturködern vorteilhaft, und man fängt mehr als mit dem Pilker.

Damit werden auch weitere Fischarten erbeutet: in erster Linie Wittlinge, aber auch Flundern, Klieschen, Schollen und sogar Knurrhähne, Lengfische, Seehasen, Seeskorpione und Aalmuttern - Fische, die kaum an den Pilker gehen.

Das Naturköderangeln erfordert andere Geräte und Taktiken als das Pilken. Beide Angelmethoden gleichzeitig auf einem Angelkutter ausgeübt, führen unweigerlich zum Verheddern der Leinen. Deshalb bleibt diese Methode beschränkt auf Chartergruppen, die nur mit Naturködern angeln wollen, oder man angelt vom Sportboot.

Stückliste Bootsangelei, allgemeines Zubehör

- Ölzeug mit Kapuze
- Kopfbedeckung für Kälte, Wind und Sonne
- Profilstiefel
- Filetierhandschuh
- Filetiermesser
- Priest (Schlagholz)
- Transportbehälter Fisch
- Bindeband für Ruten an der Reling
- Maßband und Waage
- Drahtzange für Haken- und Schnurabkneifen
- Sprühöl (Pumpspray)
- Seife, Handtuch
- Arbeitslappen
- Hakenlöser
- Verbandszeug

Köder

Wie beim Brandungsangeln (s. unter *Plattfische*) so sind Watt- und Seeringelwurm im Salzwasser, der Tauwurm im Brackwasser der Bodden und Wieken die wichtigsten Köder. Sie werden an der Küste überall in den Angelfachgeschäften angeboten. Für einen Tagestörn rechne man mit dem Verbrauch von 100 Würmern.

Daneben wird auch mit Fischfetzen von frischen Heringen, Makrelen, Plattfischen oder mit kleinen Fischchen (Sandspierlinge, Jungheringe) geangelt. Die Anköderung erfolgt wie beim Brandungsangeln. Die dort empfohlene Ködernadel ist auch hier vorteilhaft, allerdings werden pro Haken nur zwei Würmer aufgezogen. Duftstoffe sind bei dieser Angelei sinnvoll, wenn das Boot vor Anker liegt oder langsam treibt.

Gerät

Rute: Sie muß für ein Wurfgewicht von 200 bis 300 g ausgelegt sein. Auf Sportbooten mag eine ca. drei Meter lange Rute genügen, auf Angelkuttern sind Ruten von etwa vier Metern vorteilhafter, weil sich damit Vorfach und Fisch besser vom Nachbarn fernhalten lassen.

Rolle: Nur Multirollen werden verwendet. Typen mit einem Fassungsvermögen von 150 Meter 15-kg-Schnur reichen aus.

Schnur: Die 15-kg-Schnur kann monofil oder geflochten gewählt werden, wesentlich ist nur, daß sie möglichst wenig Reibungswiderstand im Wasser erzeugt. Man wähle deshalb immer die dünnste aller erhältlichen 15-kg-Schnüre.

Bleie: Sie sollen sich beim Driften oder Nachschleppen der Köder nicht ständig drehen. Deshalb verwendet man schlitten- oder rohrförmige Bleie in Gewichten zwischen 150 und 400 g, je nach Tiefe und Drifttempo.

Schlepparme (Booms): Das wichtigste Teil der Ausrüstung. Dem Schlepparm kommt beim Driften die Aufgabe zu, das Blei zu tragen und zugleich das Vorfach verdrehungsfrei achteraus laufen zu lassen. Arme aus dünnem Rohrmaterial mit entgrateter Ein- und Austrittsöffnung und Schnurinnenführung eignen sich gut.

Vorfächer: Die abgebildete Montage hat sich bei unterschiedlichsten Verhältnissen bewährt, jedoch sind Varianten zum Thema „Vorfach" fast unerschöpflich. Allgemein benutzt man Zweihakenmontagen, die ganz knapp über dem Grund geschleppt werden. Nur in hohen Bewuchsfeldern wird ein Haken etwas oberhalb des Schleppschlittens in die Hauptleine montiert. Hinter den Haken können Lockperlen, rotierende Turbinen oder Löffelchen und andere flatternde, bewegliche und Lebendigkeit vortäuschende Montageteilchen auf die Schnur gezogen werden. Rote, gelbe, grüne und silberne Farben haben sich bewährt und werden in unterschiedlichsten Kombinationen montiert. Möglichen Schnurverdrehungen wird durch Wirbel vorgebeugt; Karabinerwirbel erlauben das rasche Wechseln der Vorfächer. Fertige Schleppködermontagen werden im Handel angeboten.

Taktik

Naturköderangeln mit dem Schlepparm ist nur möglich vom driftenden Boot. In der Ostsee gibt es an 99 von 100 Tagen immer Drift, sogar bei völliger Windstille. In der Nordsee hingegen ist Drift kein Thema, denn die Gezeiten halten das Wasser in ständiger strömender Unruhe.

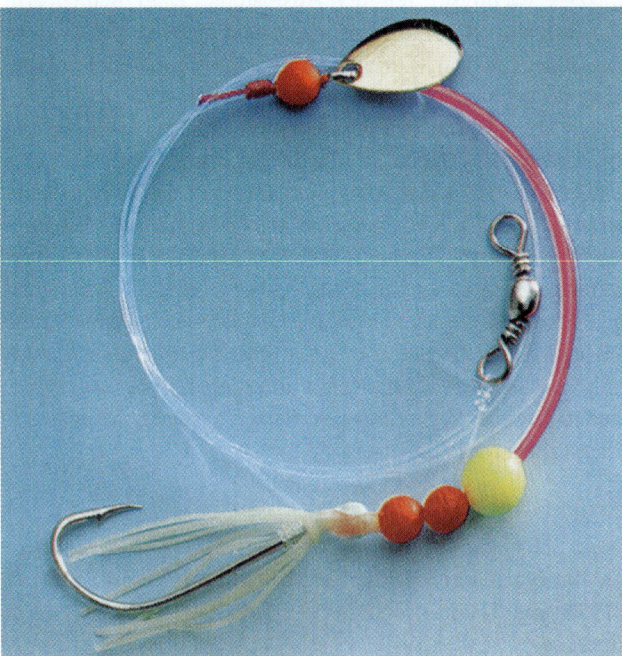

Dorsche, Wittlinge und Plattfische werden beim Naturköderangeln vom driftenden Boot durch bunte Lockmontagen mit Perlen und Spinnerblättchen zum Biß gereizt. Der Haken wird mit Watt- oder Seeringelwurm beködert.

Haken Gr.1, Schaft mit zusätzl. Widerhaken

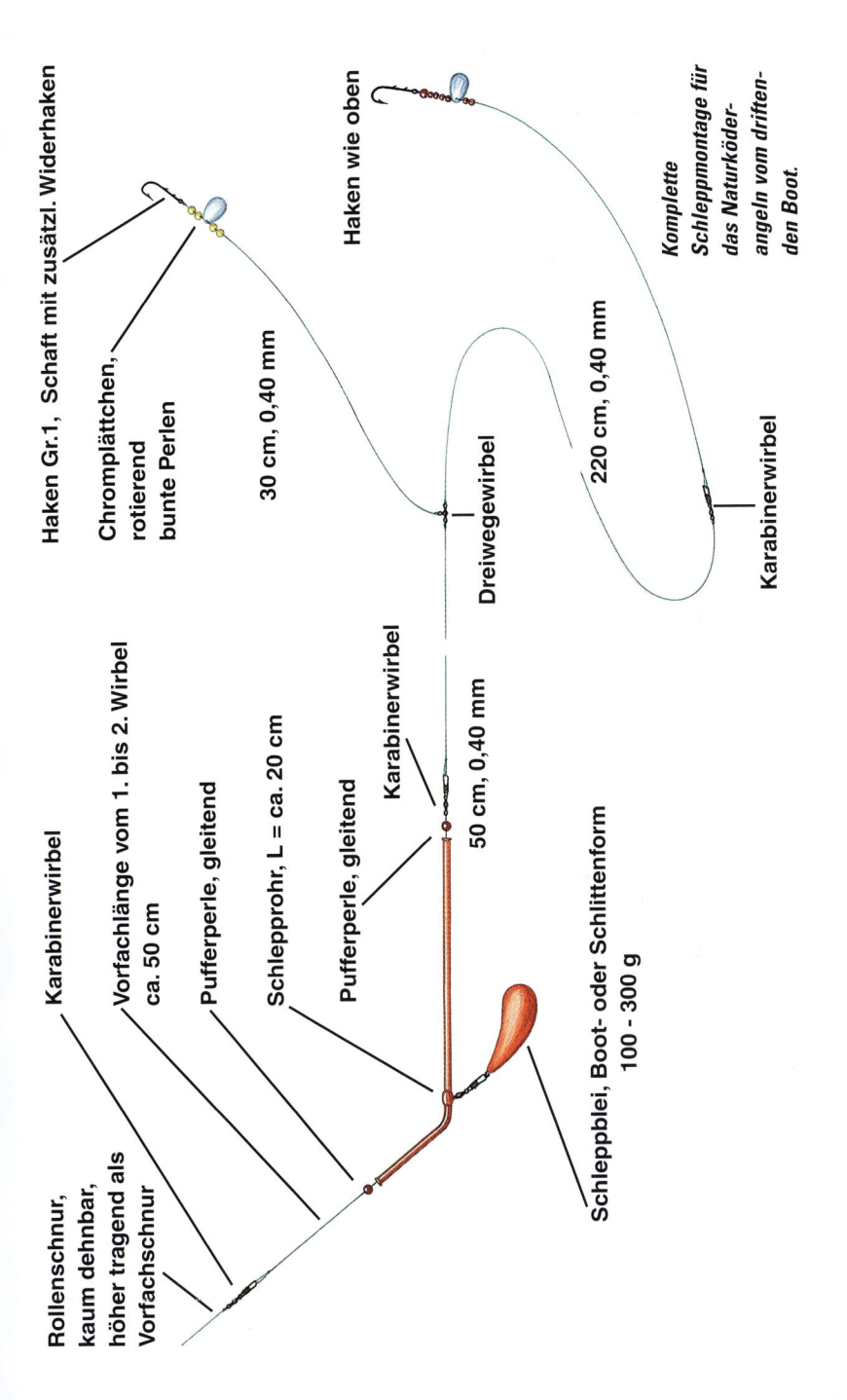

Chromplättchen, rotierend bunte Perlen

Haken wie oben

30 cm, 0,40 mm

220 cm, 0,40 mm

Komplette Schleppmontage für das Naturköderangeln vom driftenden Boot.

Dreiwegewirbel

Karabinerwirbel

Rollenschnur, kaum dehnbar, höher tragend als Vorfachschnur

Karabinerwirbel

Vorfachlänge vom 1. bis 2. Wirbel ca. 50 cm

Pufferperle, gleitend

Schlepprohr, L = ca. 20 cm

Pufferperle, gleitend

Karabinerwirbel

50 cm, 0,40 mm

Schleppblei, Boot- oder Schlittenform 100 - 300 g

Modernes Meeresangeln 215

Naturköderangeln ist reines Spürangeln. Die Bisse werden gefühlt und mit kurzem Anhieb quittiert. Voraussetzung dafür ist, daß der Schlepparm samt Blei *gleitend* auf der Hauptschnur montiert wird. Versäumt man das, fühlt man keine Bisse und fängt kaum Fische.

Köder und Schleppblei sollen nicht in gleichmäßiger Fahrt über den Grund schliddern, sondern in kleinen Intervallen zupfend geführt werden. Auf Seeboden mit Kies und Bewuchs hängt das Blei ständig für kurze Augenblicke fest, bei wachsendem Zug löst es sich wieder, „springt" vorwärts, ruht wieder für Augenblicke, „springt" abermals - ein idealer Zustand. Denn diese Bewegungen übertragen sich auf die Köder, sie bewegen sich ebenfalls springend oder hüpfend. Und das reizt die Fische. Insbesondere die am lichten Tag im Sand vergraben liegenden Plattfische verlieren ob solcher lebendig erscheinenden Köder ihre Scheu und stürzen sich auf die Haken.

Meisterangler unterstützen diese gewünschte, lebendige Köderdarbietung noch durch unterschiedlich lange Vorfächer und knüpfen sie bis zu drei Meter lang. Denn das sich ebenfalls von Zeit zu Zeit verhängende Vorfach spannt sich bei ausreichender Länge gut, und bei Zugverstärkung schnellt der beköderte Haken mit langen, hin- und herschlängelnden Sprüngen hinter dem Schleppblei, wiederum Lebendigkeit vortäuschend. Die Regel lautet: *Je flotter die Drift, desto länger das Vorfach.*

Geschleppt wird im Winkel von 30 bis 40 Grad zur Wasseroberfläche. Treibt das Blei dabei hoch, muß das Gewicht schwerer gewählt werden; bleibt das Schleppgewicht ständig am Boot, dann ist es zu schwer und muß gegen ein leichteres ausgetauscht werden.

Über die Angelei ohne Schleppblei vom verankerten Boot lese man unter *Wittling* (S. 297) nach.

Finte (Alosa fallax)

Zusammen mit der sehr ähnlichen Alse – einer eng verwandten Art – wird der Fisch auch als Maifisch bezeichnet. Die Alse gilt bei uns als ausgestorben. Die Finte wird bis 50 cm lang und fünf Pfund schwer, bleibt meistens aber kleiner und ähnelt einem großen, plumpen Hering. Mindestmaß in Schleswig-Holstein: 30 cm. In Mecklenburg-Vorpommern ist der Fisch ganzjährig geschützt.

Die Finte kommt alljährlich zum Laichen in den Unterlauf der großen Flüsse, bei uns Anfang Mai beispielsweise in die Elbe. Im Brackwasserbereich zwischen Stromkilometer 670 bis 690 gegenüber Kollmar und Brokdorf veranstalten die Fische dann ein großes Spektakel: Zu Tausenden verfallen sie in den „Fintenkol-

Finten werden im Mai in der Unterelbe gefangen - deshalb auch der Name „Maifisch".

ler", ähnlich unseren Brassen, und laichen heftig plantschend auf den flachen Bänken des südlichen Elbufers.

Noch um 1900 fingen Fischer in der Elbe rund 150 000 kg Finten, auch heute noch werden bei einem Hol mit dem Hamen 20 Zentner Finten erbeutet, der Bestand erscheint stabil.

Ein gezieltes Beangeln der Finten hat bisher nicht stattgefunden. Der Fisch wird stets nur zufällig gefangen beim Angeln mit Fetzenködern spinnend oder mit der Pose von Kais und Molen im Salzwasser. Die Fische bewohnen ähnliche Gebiete wie die Makrelen, kommen im Spätsommer näher zur Küste und sind dann am besten zu fangen, wenn die Makrelen Ende August/Anfang September ihre Rückwanderung antreten. Die Finten bleiben dann noch bis zur ersten fühlbaren großen Abkühlung vor Sieltoren, Kais, Molen und vor allem dort, wo warmes Wasser einläuft. Dort suchen sie nach großen Planktern und kleinsten Fischchen (junge Stinte, Heringe).

Flunder

siehe *Plattfische* (S. 263)

Franzosendorsch - beim Wrackangeln häufiger, manchmal geradezu lästiger Beifang.

Franzosendorsch (Trisopterus luscus)

Bis zu 40 cm lang, meistens aber kleiner, dringt dieser Fisch, aus der Biskaya zuwandernd, zunehmend in die Nordsee vor und besiedelt auch vereinzelt das Kattegat. Bei uns wird der Fisch hin und wieder beim Naturköderangeln und mit Beihaken beim Pilken an den Wracks der Nordsee erbeutet; Ostseefänge bleiben die große Ausnahme.
Der kleine Dorschverwandte liebt dieselben Standorte wie sein großer Vetter und lebt ebenso räuberisch. Dort, wo er in der südlichen Nordsee vermehrt gefangen wird, lohnt es sich, gezielt mit den Methoden der Dorschangelei, aber feiner, zu angeln. Der Fisch läßt sich vorzüglich in der Küche verwerten, eignet sich auch gut zum Räuchern.

Hecht (Esox lucius)

Im ausgesüßten Bereich der mecklenburg-vorpommerschen Bodden, Sunde und Wieken kommt der Hecht in respektablen Mengen und Größen vor. Rügens Ang-

Knapp 31 Pfund - Rita Schwalbe fing diesen Traumhecht im Großen Jasmunder Bodden.

ler glauben sogar, daß in ihren Bodden ein Hecht lebt, der den alten deutschen Rekord von 25 kg überbieten könnte. Über Hechte der 10-kg-Klasse redet man an der Küste nicht, nur Fische der 15- bis 20-kg-Klasse haben Aussicht, in die Zeitung zu kommen. Mindestmaße: Mecklenburg-Vorpommern = 45 cm; Schleswig-Holstein = 40 cm; Niedersachsen = 35 cm. Schonzeit: 20. März bis 15. Mai (Mecklenburg-Vorpommern), 1. Februar bis 15. April (Niedersachsen).

Herausragende Bezirke für die Hechtangelei sind die rügenschen Bodden: Kubitzer, Wieker, Breetzer, Breeger und Großer Jasmunder Bodden sowie die Westhälfte des Greifswalder Boddens.

Die Hechte leben in den genannten Gewässern in oder am Rande der dichten Krautbetten, im Hochsommer und Tiefwinter in den Tiefbereichen, im Frühjahr und Herbst an den Scharkanten von Fahrrinnen und Bergen, bei Anlegern und Brücken. Unmittelbar nach der Laichschonzeit im Mai und nach der ersten merklichen Abkühlung im Frühherbst kommen die Großhechte überall in die Ufernähe. Dieser Lebensrhythmus begründet zwei Angelmethoden.

Angelmethoden

Watangeln
Es wird entlang der hartgrundigen Schilfkanten der genannten Bodden betrieben, aber Vorsicht im Bereich spärlichen Schilfwuchses: Dort können weiche Schlammlöcher sein, zum Teil noch aus dem Kriege von Bombentrichtern herrührend.
Beim Watangeln erreicht man in der Regel nur Wassertiefen bis 1,5 Meter. Man sucht die erkennbaren Krautfelder ab und befischt mit Wobblern hauptsächlich die Lücken. Die Wobbler sollten zwischen 10 und 20 cm lang oder noch größer sein.

Bootsangeln
Die Aussichten auf einen Großhecht steigen beim Bootsangeln beträchtlich. Man angelt bei starker Drift ankernd (oder treibend, wenn das Boot sich nur langsam bewegt). Befischt werden vorzugsweise die schon beschriebenen Tiefplätze (in den Bodden bis etwa acht Meter) mit Wackelschwanz-Gummifischchen (mit Vorblei bzw. Bleikopf) oder toten Köderfischen (Rotauge, Barsch) zupfend auf dem Grund. Ebenso erfolgreich kann das Blinkern und Pilken (Greifswalder Bodden) sein. Man verwendet große Köder von 30 bis 60 g und führt sie knapp über dem Grund. Groß (bis 25 cm) müssen auch die Tiefenwobbler sein, mit denen sich bevorzugt die bis in sechs Meter Tiefe hinabreichenden Krautbetten befischen lassen. Bei klarem Wasser kann eine Fischlupe hilfreich sein (Selbstbau: Trichter mit Einblicköffnung und Fensterglas am breiteren Ende).

Gerät

Küstenhechte werden mit denselben Geräten beangelt, die auch am Süßwasser verwendet werden: 3-Meter-Rute mit Stationärrolle und 8-kg-Schnur, kombiniert mit einem 15-kg-Stahlvorfach (knickfrei und grün gefärbt) reicht für die meisten Fälle aus. Auf der absolut sicheren Seite ist man bei Hängern und Großhechten mit einer 15-kg-Schnur.

Hering (Clupea harengus)

Er wird bei uns etwa 35 cm groß, Fische bis 40 cm sind die Ausnahme. Mindestmaße: Mecklenburg-Vorpommern: 16 cm, übrige Küsten: 20 cm. Der Fisch kann leicht mit der (für die Frischverarbeitung nicht geeigneten) Sprotte verwechselt werden. Sprotten eignen sich nur zum Räuchern.

Heringe bevölkern Nord- und Ostsee gleichermaßen, aber in verschiedenen lokalen Rassen, die man nach ihrem Laichverhalten unterscheidet. Vor unseren Küsten erscheinen ab Mitte März die Frühjahrslaicher; Herbstlaicher sind bei uns nur fernab der Küsten zu finden. Generell läßt sich sagen, daß die Ostseeheringe zuerst erscheinen mit dem Höhepunkt etwa Mitte April. Wenn sie Ende April allmählich wieder abziehen, dann erscheinen die Nordseeheringe an der Küste und bleiben dort den ganzen Mai.

Heringe wachsen schnell, schon nach wenigen Wochen sind die Fischchen 40 bis 60 mm lang, bevölkern millionenfach die Küsten und begründen das vermehrte Vorkommen von Hornhechten, Meerforellen und Makrelen, die alle die Jungheringe jagen.

Fangmethode

Egal, ob vom Boot oder vom Kai: Heringe fängt man mit Paternostern aus zwei bis sechs Haken. Als Köder eignet sich alles, vom blanken, blitzenden Goldhaken bis hin zur geflügelten Ameisenimitation. Wesentlich ist nur, daß die Haken nicht größer als Nr. 10 sind, sich im Wasser bewegen und irgendeinen Plankter imitieren, so klein, daß er vom Hering leicht zu bewältigen ist.

Das Paternoster wird mit einem Blei beschwert. Beim Bootsangeln genügt ein normales Kugel- oder Birnenblei; aber beim Angeln von Land bewährt sich ein Trapezblei, bei Trübwasser mit Lockfarben bestrichen. Es gewährleistet beim Abtaumeln und Heranholen Hin- und Herbewegungen, die durch feines Zupfen noch verfeinert werden und dem Hering lebendige Plankter vortäuschen sollen. Achtung: Das Reißen (Haken von außen) ist verboten!

Im Kieler Hafen werden die Heringe gleich eimerweise gefangen.

Herings-Paternoster: Weniger als 5 Haken sieht man selten.

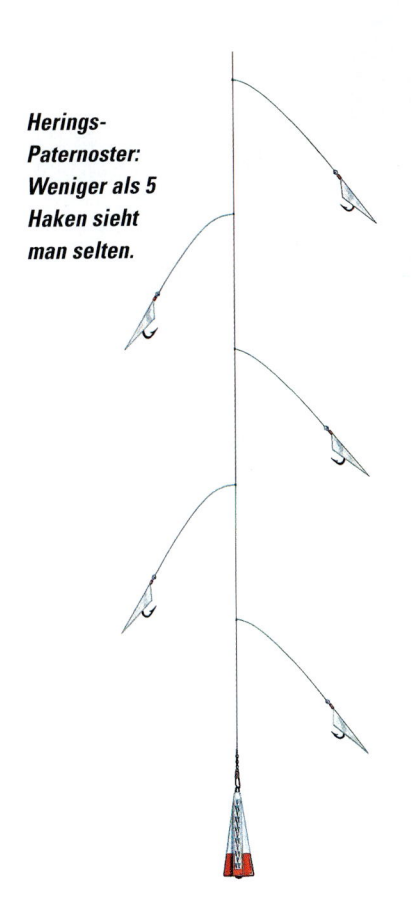

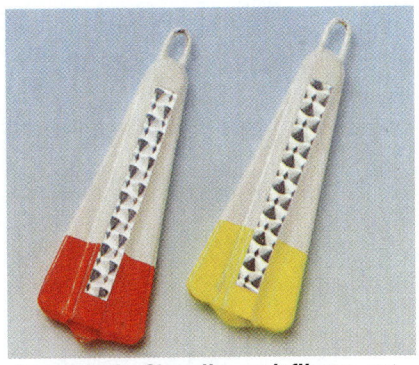

Heringsbleie: Sie sollen weit fliegen, gut steigen und zusätzlich locken.

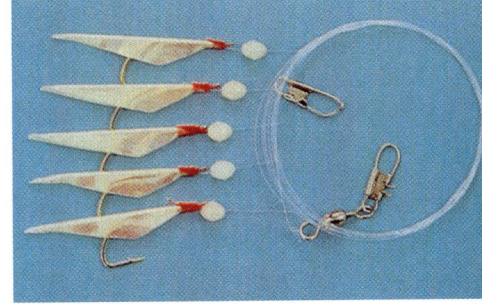

Die winzigen Kunstköder imitieren Fischbrut oder kleine Garnelen.

Verwertung

Heringe kehlt man sofort, damit sie ausbluten (Haltbarkeits- und Qualitätsverbesserung) und wäscht mit einer Bürste oder Handwaschlappen die Schuppen vom Körper. Danach lagert man sie kühl und trocken an einem schattigen Platz, schlachtet und reinigt sie noch am Fangplatz und transportiert sie eisbeutelgekühlt. Die Verarbeitung sollte noch am selben Tag erfolgen, weil die Fische rasch vertranen (s. Kapitel *Praxis* mit Abschnitt *Verwertung*, S. 302).

Angelscheine

Für alle Angelplätze wird ein gültiger Jahresfischereischein verlangt. Zwei Ausnahmen: Cuxhaven und Wilhelmshaven (Niedersachsen, einziges Bundesland ohne Fischereischeinpflicht).
Urlauber und Ausländer können in Schleswig-Holstein einen befristeten

Ein Hering aus der Peene-Mündung im Greifswalder Bodden.

Urlauberangelschein auch ohne Vorlage des Fischereischeines bei den örtlichen Ordnungsämtern und Kurverwaltungen erwerben. In Mecklenburg-Vorpommern und Niedersachsen ist die Heringsangelei für Ausländer frei.

In Mecklenburg-Vorpommern ist neben dem Jahresfischereischein ein Küstenangelschein erforderlich. Er wird befristet oder für ein Jahr ausgegeben bei Kurverwaltungen und Touristikinformationen sowie beim *Landesamt f. Fischerei*, Justus-von Liebig-Weg 2, 18059 Rostock, Tel: 0381 - 40 51 80.

Stückliste Heringsangeln

- ❏ 1 Rute ca. 3 m lang, Typ leichte Spinnrute
- ❏ Stationärrolle für 200 m 0,30-mm-Schnur
- ❏ div.Trapezbleie, 40 bis 70 g
- ❏ div. Heringspaternoster
- ❏ div. kleine Karabinerwirbel
- ❏ 1 Eimer mit Leine zum Wasserschöpfen (Fische reinigen)
- ❏ 1 Eimer, weiß und dickwandig, mit Deckel und Beuteleis zum Aufbewahren und Kühlen der Fische
- ❏ Handtücher
- ❏ Priest (Schlagholz)
- ❏ Maßband (für Heringe gelten Mindestmaße)
- ❏ Schere und/oder Messer zum Ausweiden

Heringsalarm - Liste
(alle Fangplätze in alphabetischer Folge)

Bei den angegebenen Gerätehändlern erhält man Geräte und Auskünfte, ob die Fische in Mengen eingetroffen oder noch zu fangen sind.

Nordsee

- *Cuxhaven* - Saison: April/Mai. Keine Extrascheine. Auskunft: SCHMIDT & JÜRGENS, Herr Ehrental, Präsident-Herwig-Str. 61, 27472 Cuxhaven, Tel: 04721- 23316.
- *Holmer Siel/Nordstrand* - Saison: Ende April/Mai. Keine Extrascheine. Auskunft: Angelhändler Owens, Ludwig-Nissen-Str. 4, 25813 Husum,Tel: 04841-61811, sowie Kirchenstr.19, 25840 Friedrichstadt, Tel: 04881-7600.
- *Meldorf/Hafen* - Saison: Ende April/Mai. Keine Extrascheine im Hafen. Auskunft: Angelgerätehändler Hermann Paech, Westerstr.1, 25704-Meldorf, Tel: 04832-2106.
- *Wilhelmshaven* - Saison: April. Im Binnenhafen Hafenschein erforderlich. Auskunft: SAMEN-RÖMER, Herr Uwe Wolf, Gökerstr. 86, 26384 Wilhelmshaven, Tel: 04421 - 31120.

Ostsee

- *Eckernförde* - Saison: April/Mai. Keine Extrascheine. Auskunft: Angelhandel Fisherman's Friend, Bachstr.10, 24340 Eckernförde,Tel: 04351-2330.
- *Flensburg* - Saison: April. Keine Extrascheine. Auskünfte: Angelhändler Dirk Sennholz, Ochsenweg 72, 24941 Flensburg-Weiche, Tel: 0461-91514.
- *Greifswald/Lubmin* - Saison: April. Nur Bootsangelei, keine Extrascheine. Boot/Auskunft: Eckardt Bachler, Dorfstr. 27, 17121-Pustow, Tel: 0161-44 133 65.
- *Kappeln/Schlei* - Saison: April. Extraangelschein erforderlich, kann auch am Wochenende am Hafen in Kappeln am Kiosk gekauft werden. Auskünfte: TAXI-ZENTRALE Kappeln, ESSO-Tankstelle, Am Hafen 2, 24376 Kappeln, Tel: 04642-2421, auch am Wochenende ist dort Angelscheinausgabe.
- *Kiel* - Saison: April/Anfang Mai. Im Hafenbereich keine Extrascheine. Im Schwentine-Mündungsbereich (Ostufer) Extraschein erforderlich, zu beziehen bei: Angelhändler Großmann, Sörensenstr. 45, 24103 Kiel, Tel. 0431/733307.
- *Lübeck* - Saison: April/Mai. Extraangelscheine sind von der Trave-Mündung bis ins Lübecker Hafengebiet erforderlich. Scheine und Auskünfte beim Angelhändler ANGELSORIUM, Frau Bemba, Hansering 16 a, 23558 Lübeck,Tel: 0451-86 56 66 und Kurverwaltung Travemünde, Tel: 04502 - 80431 sowie Amt für Hafen in Lübeck,Tel: 0451-120.

✂ *Neustadt* - Saison: April/Mai. Kein Extraschein. Auskünfte: KALLES AN-GELSHOP, Vor dem Kremper Tor 1, 23730-Neustadt, Tel: 04561 - 6450.

✂ *Nord-Ostsee-Kanal* - Saison: April/Anfang Mai. Angeln ist nur organisierten Anglern möglich, deren Vereine Mitglied im Landessportfischerverband Schleswig-Holstein sind. LV-Tel.-Nr.: 0431-67 68 18. Gute Angelplätze finden sich in Königsförde, bei der Hochbrücke in Rendsburg bis zum Ort Nübbel und noch weiter bis zur Fähre Breiholz. Auskünfte: Fa. DITTMER, Angelabteilung, Tel: 04331-45 41 65. Dort gibt's auch Gast- und Kanalangelkarten.

✂ *Peene-Mündung* - Saison: April. Nur Bootsangelei. Boote und Auskünfte: Angelhändler MEIERS ANGELLADEN, Herr Ulrich Meier und Frau, Wilhelmstr. 56, 17438 Wolgast, Tel: 03836 - 20 34 35.

✂ *Rostock* - Saison: April/Mai. Keine Extrascheine. Angeln von Molen in Warnemünde und vor Hafenanlagen. Auskünfte: Angelhändler Fritz Haverkost, Friedhofsweg 45, 18057 Rostock, Tel: 0381 - 492 52 65.

✂ *Stralsund* - Saison: April/Mai. Keine Extrascheine. Topplatz ist die Rügendammbrücke. Auskünfte: Angelhändler Ziese, Wasserstr.14, 18439 Stralsund, Tel: 03831 - 2943 82.

✂ *Wismar* - Saison: Mai. Keine Extrascheine. Angeln im Westhafen (Werft). Auskünfte: Angelhändler Thomas Müller, Lübsche Str. 53, 23966 Wismar, Tel: 03841 - 21 23 04.

Hornhecht (Belone belone)

„Tarpon des kleinen Mannes" wird der bis zu 90 cm, selten über einen Meter lange Fisch genannt, weil er beim Jagen und im Drill bisweilen meterweite Sprünge vollführt. Keine Mindestmaße und Schonvorschriften.

Der unverwechselbare schlanke Fisch ist bei uns nur Frühjahrs- und Sommergast, erscheint Anfang Mai vor unseren Küsten an Nord- und Ostsee und verschwindet wieder Ende Juni, spätestens im Juli. Seit die Heringe sich wieder prächtig vermehren, haben die Hornhechte bei uns zugenommen und begründen hauptsächlich vor der mecklenburg-vorpommerschen Küste eine eigenständige Angelei. Denn kaum sind die laichenden Heringe abgezogen und deren Junge geschlüpft, erscheinen die pfeilschnellen Fische. Sie kommen, um über Seegraswiesen zu laichen und sofort die Jagd auf die Jungheringe zu eröffnen. Dabei dringen sie bis ins flachste, hüfttiefe Wasser der Buchten vor, kommen in Häfen und vor Sperrwerke, meiden aber allzu süßes Wasser. An der Nordsee fängt man Hornhechte überall vor den weißen Stränden und Hörns der Inseln, namentlich vor Sylt und vor den Molen Helgolands.

Die Ostsee wird in allen Bereichen bevölkert, bevorzugt stille Buchten mit Kraut,

Diese Hornhechte hat der Watangler mit Fetzenködern gefangen.

Der schmale, bezahnte „Schnabel" bricht leicht im Drill, wenn mit Blinkern gefischt wird. Mit Fetzenködern passiert das nicht.

Gewässer um Landzungen, Meerengen. Sichere Plätze sind zu finden entlang der äußeren Flensburger Förde (Habernis Huk), vor Pelzerhaken (Brücke und Sandbank) im Fehmarnsund und vor Wulfen (Fehmarn-Südküste), vor allen Huks Mecklenburgs vom Großklützhöved bis Fliemstorf (Wismarbucht), an der Stolteraküste und den Molen von Warnemünde, an den Buhnenfeldern des Fischlandes bei Wustrow/Ahrenshoop, an der Westküste Hiddensees und der Nordküste Rügens sowie an den Hörns Thiessow und Zudar im Südosten und Süden Rügens, dort auch in der Stresower Bucht.

Die Bootsangelplätze sind nicht aufzuzählen. Entlang der Ostseeküste lassen sich an stillen, warmen und sonnigen Tagen überall in Küstennähe Hornhechte fangen - im Mai/Juni oberflächennah, im Juni/Juli bis in 10 Meter Tiefe. Nur die stark ausgesüßten inneren Bodden werden von den Fischen gemieden.

Fangmethoden

Der Fang mit Blinkern und Spinnern ist strikt abzulehnen. Die Fische packen solche Köder mit ihrem dünnen, pinzettenartigen Schnabelmaul, ohne gleich zu schlucken. Bei der ersten heftigen Gegenwehr zerbricht der Hornschnabel oft, der Fisch kommt frei und muß verludern. Reißende Angelmethoden sind verboten! Weidgerechter und mindestens ebenso fängig sind Fetzenköder, aus den

Wenn im Mai die Hornhechte kommen, sind solche Fänge normal.

Hakengröße 1/0

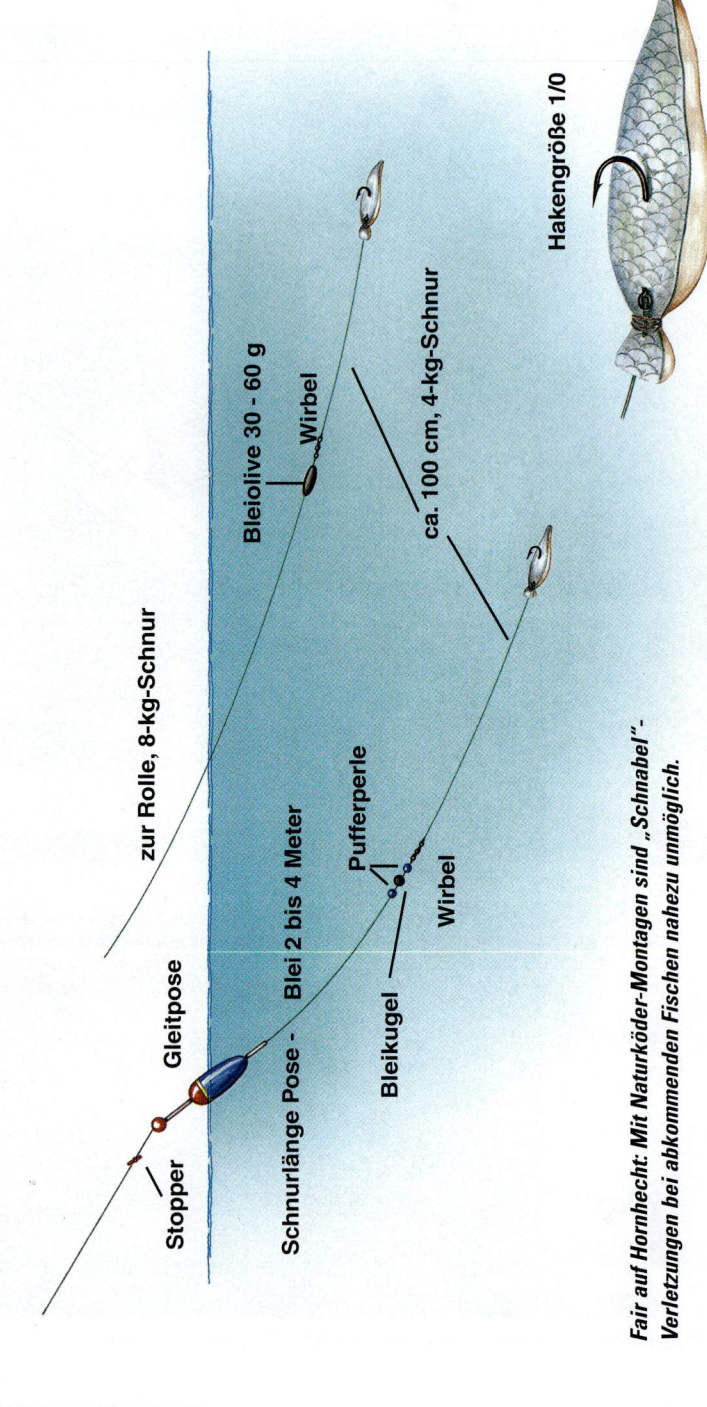

zur Rolle, 8-kg-Schnur

Bleiolive 30 – 60 g

Wirbel

ca. 100 cm, 4-kg-Schnur

Gleitpose

Schnurlänge Pose – Blei 2 bis 4 Meter

Pufferperle

Wirbel

Bleikugel

Stopper

Fair auf Hornhecht: Mit Naturköder-Montagen sind „Schnabel"-Verletzungen bei abkommenden Fischen nahezu unmöglich.

230 Modernes Meeresangeln

Flanken frischer Fische geschnitten, mit „flatterndem" Ende (s. III. Kapitel, *Köder*, S. 308). Solche Köder werden in kurzer Zeit geschluckt, und der Haken kann sicher im Kopfbereich fassen. Man fischt mit dem Fetzenköder spinnend mit Vorblei. Oder bei bewegter See vorteilhaft - mit dem Gleit- oder feststehenden Floß - in ein bis zwei Meter Wassertiefe von Molen, Kais und Ufern. Nach dem Biß läßt man dem Fisch einige Sekunden Zeit bis zum Anschlag. Ebenso angelt man auf die im Juli tiefstehenden Hornhechte weiter draußen in den Buchten vom Boot. Am Gleitfloß werden Fetzenköder, halbierte Spierlinge oder kleine Heringe angeboten. Vom verankerten Boot läßt man die Gleitfloßangel, auf etwa halbe Wassertiefe der Bucht eingestellt, achteraus treiben und füttert mit *Rubby dubby* (zerstampftes Frischfischfleisch aus Fettfischen wie Hering, Makrele, Sardinen, Sprotten) laufend an. Die Hornhechte folgen der Duftspur im Wasser zum beköderten Haken (s. auch *Wittling*, S. 297).

Verwertung
Die Gräten des Fisches sind grasgrün und zahlreich. Das sollte niemanden davon abhalten, den wohlschmeckenden Fisch zu verwerten. Er eignet sich besonders gut zum Räuchern oder zum Garen mit Weiterbehandlung in einem sauren Fischsud. So lassen sich auch die saisonbedingten Überfänge gut haltbar machen.

Hundshai (Galeorhinus galeus)

Unser größter einheimischer Meeresfisch kommt in der Nordsee vor, wird bis zwei Meter lang und 50 kg schwer. In den fünfziger Jahren wurde bei Helgoland ein Fisch von 198 cm und 49,5 kg erbeutet.
Hundshaie sind lebendgebärend. Im Sommer verlassen 20 bis 40 vollausgebildete, bis 40 cm lange Jungfische den Mutterleib. Die niedrige Geburtenrate und gleichzeitige starke Befischung haben dazu geführt, daß die Fische bei uns rar geworden sind.
Die Haie wachsen langsam, ein 1,5 Meter langer Hai ist zehn bis fünfzehn Jahre alt. Bodennah lebend, werden sie Opfer der Schleppnetzfischerei - früher oder später. Die in der EFSA organisierten Angler setzen alle Haie, die tragend sind oder weniger als 110 cm messen, zurück ins Meer. Dabei ist große Vorsicht geboten, denn die messerscharfen Zähne können böse Verletzungen anrichten. Im Wasser ist der Hai dem Menschen nicht gefährlich.
Die bekanntesten Angelgebiete liegen nordöstlich von Helgoland am Rande des NSG „Helgoländer Felssockel", nordwestlich von Borkum auf dem Borkum-Riff und vor den Ausläufen der großen Prielströme vor den Ost- und Nordfriesischen Inseln (s. *Sylt/Hörnum*, S. 51).

Hundshai - unser größter heimischer Meeresfisch.

Die Hauptangelzeit fällt in die Monate September/Oktober; das Angeln beginnt aber schon im August. Die Haie bevorzugen offenbar Rinnen und Löcher zwischen Sandbarren und Riffen und schätzen Strömung, die ihnen Witterung zuträgt. Die anglerischen Erfahrungen deuten darauf hin, daß dieser Hai aus seinen Verstecken heraus angreift, aber bisweilen auch witternd umherzieht und im Freiwasser jagt. So wurden Hundshaie bis zur Metergröße schon mit Makrelenfliegen am Paternoster bei der Makrelenangelei erwischt (Borkum) - was Rückschlüsse auf sein Jagdverhalten und seine Nahrung zuläßt.

Fangmethode
Die „Fliegenhaie" sind jedoch eine Ausnahme. Europaweit - und so auch bei uns - werden Hundshaie am Boden mit der Grundangel und halbierten oder im ganzen angeköderten Makrelen erbeutet. Man fischt vom verankerten Boot und legt eine Duftspur mit *Rubby dubby* aus frischen Makrelen, das man, in einen Zwiebelsack gefüllt, außenbords befestigt oder in die Tiefe fiert - immer so, daß die Lockwirkung den ausgelegten Köder bestreicht. Diese Angelei hat bei uns eine lange Tradition. Tierparkgründer Karl Heinrich Hagenbeck war einer der ersten, der bereits vor dem Er-

> ### *Stückliste Haiangeln*
>
> ♦ 1 Bootsrute, ca. 2,5 bis 3 Meter, WG 250 - 300 g
> ♦ 1 Multirolle für 200 m 24-kg-Schnur, geflochten
> ♦ div. Vorfächer, Stahl, mehrfädig, geschmeidig, 36 kg
> ♦ div. Haken Gr. 6/0 bis 8/0, Typ MUSTAD BEAK
> ♦ div. Birnenbleie 250 bis 500 g
> ♦ div. Booms (Seitenarme)
> ♦ 1 Gimbal mit Harness (Rutenhalter mit Kampfgurt)
> ♦ 1 Lösezange, groß mit langen Griffen
> ♦ 1 Paar Handschuhe mit Stahlgewebe

sten Weltkrieg in Helgoland Haie angelte, sein größter Fisch maß 1,95 Meter. Auch heute noch unternehmen die Helgoländer Fischer mit ihren Börtebooten Haiangeltouren - auf Wunsch. Denn nicht jedem Angler liegt genügend Geduld im Blut, um einen ganzen Angeltag im Ansitz auf einen Hai zu verbringen. Aber die Geduld kann mit einem unerhörten Zweikampf Mann gegen Fisch belohnt werden, denn Hundshaie wehren sich wie Berserker an der Angel, parieren den Anhieb mit langen Fluchten und gelegentlichem Einwickeln in die Schnur, weshalb das Stahlvorfach lang sein muß; Kunststoffleinen können bereits von der rauhen Haut zerrieben oder mit den scharfen Zähnen zerbissen werden.

Verwertung

Das frische Haifleisch verströmt einen unangenehmen Uringeruch. Nur nach langer Vorbehandlung in Buttermilch oder in einer Marinade verliert sich der Geruch, und es entstehen schmackhafte Haisteaks.

Haiangel-Montage für das Grundangeln mit Easy-slider-Seitenarm (rechte Skizze). Beim Drill kann die Leine fast geradlinig durch einen Schlitz im Arm verlaufen, wird also nicht geknickt (linke Skizze).

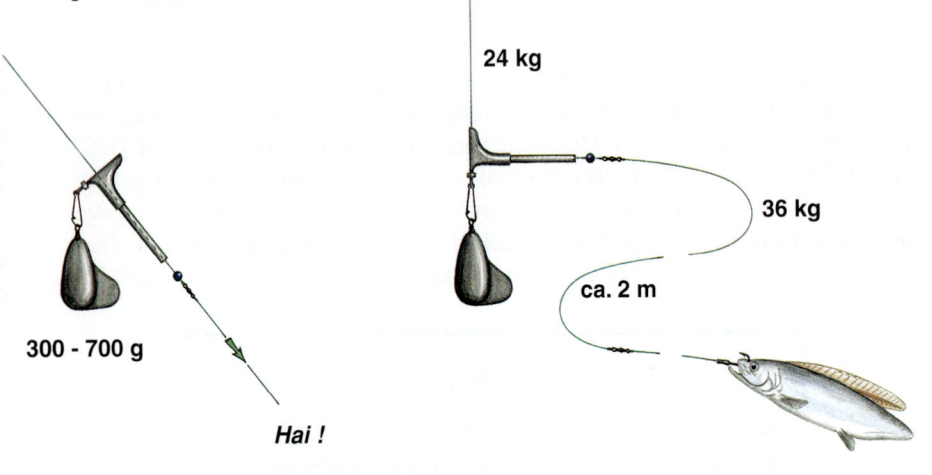

24 kg

36 kg

ca. 2 m

300 - 700 g

Hai !

Um die rasenden Drehbewegungen des gehakten Hais abzufangen, wird das Stahlvorfach mittig mit einem Wirbel versehen. In der meist harten Nordseeströmung sind Senker mit Steuerflossen vorteilhaft.

Kliesche

siehe *Plattfische*, S. 263

Knurrhahn, Grauer (Eutrigla gurnardus)

Der Fisch, meistens nur 300 bis 500 g schwer, ist häufiger Beifang beim Naturköderangeln in der Nordsee über schlickig-sandigen Abschnitten in küstenfernen Gebieten. Die meist 30 cm langen Fische werden höchstens 50 cm lang und leben gesellig mit dem Roten Knurrhahn (s. Bild).

Knurrhähne werden in der Nordsee auch beim Grundangeln mit Naturködern erbeutet.

Mit seinen langen, zu Tastorganen und Stelzbeinen umgeformten vorderen Brustflossenstrahlen huscht der Fisch auf dem Grund umher, immer auf der Suche nach kleinen Bodentieren. Aber auch ein großer Fetzenköder, manchmal sogar ein Pilker, werden attackiert, und so kommt es, daß bei einem Nordseetörn oft mehrere Knurrhähne in die Fischkiste wandern. Die kleinen Fische eignen sich vorzüglich zur Herstellung von Fischsuppen.

Köhler (Pollachius virens)

Der Köhler (oder Seelachs) ist eigentlich ein Fisch des Nordatlantiks und der nördlichen Nordsee, dringt von dort zunehmend in die südliche Nordsee und über das Kattegat, die Sunde und Belte in die westliche Ostsee ein. Dabei handelt es sich meistens um zwei-, höchstens dreijährige Fische bis zu 40 cm Länge und etwa 1/2 bis 1 kg Gewicht. Köhler können bis zu 1,3 Meter lang und 20 und mehr Kilogramm schwer werden und gelten in dieser Größe als der kampfstärkste Seefisch Nordwesteuropas.

Die Fische sind bei uns Beifang bei der Dorschangelei, entweder am Pilker oder am Beihaken. Unsere nördlichen Nachbarn fangen Köhler gezielt in Mengen mit

Köhler - dieser Schwarmfisch des Nordatlantiks ist vor deutschen Küsten eher selten.

einem speziellen Paternoster aus verschiedenfarbigen Plastikschläuchen mit 3/0 Haken (Gummiwürmer). Die Methode gründet sich auf das Schwarmverhalten der Köhler: Wo einer beißt, sind immer viele weitere. Sie sind - gleich den Makrelen - äußerst unruhige Jäger, die blitzschnell auftauchen und ebenso schnell wieder verschwinden. Werden beim sommerlichen Angeltörn in unseren Gewässern vereinzelt Köhler gefangen, dann lohnt sich bestimmt der schnelle Wechsel vom Pilker zum bebleiten Köhler-Gummiwurmvorfach - vielfache Beute ist fast garantiert.

Köhler eignen sich besonders zum Kochen, Dünsten und Braten. Das etwas fade, geschmacksneutrale Fleisch ergänzt man durch würzige Beigaben.

Lachs

siehe *Meerforelle*, S.. 249

Leng (Molva molva)

Dieser Fisch ist in unseren Küstengewässern nicht heimisch, wird aber in kleine-

Leng - diese dorschartigen Fische stehen vereinzelt bei den Wracks.

ren Exemplaren immer wieder gefangen, in der Nordsee bei Helgoland, in der Ostsee in der Nähe der dänischen Sund- und Beltgewässer. Der Fisch kann bis zu 1,8 Meter lang und weit über 20 kg schwer werden (IGFA-Rekord: 37,2 kg). Bevorzugte Standorte sind deckungsreiche Abschnitte, bei uns vor allem Wracks. Im und am Wrack halten sich die kleineren Fische solange auf, wie sie sich von größeren Dorschen nicht bedroht fühlen. Nach dem Fang von über 30 Lengfischen an einem Wrack im Öresund scheint es sinnvoll, die Wracks der westlichen Ostsee, namentlich im Fehmarnbelt, gezielt nach diesem Fisch abzusuchen. Man bedient sich dabei der Wrackangelmethode (siehe *Dorsch,* S. 197) und verwendet als Köder große Fischfilets an 3/0 Haken.

M a k r e l e (Scomber scombrus)

Sie ist der wichtigste Saisonfisch vor unserer Nordseeküste. Alljährlich, sobald sich das oberflächennahe Wasser auf etwa 12 bis 15 Grad erwärmt hat, erscheinen die großen Schwärme in der Deutschen Bucht, die ersten bei Borkum und Helgoland schon Ende Mai, und bleiben überall bis etwa Mitte September. Höhepunkt der Saison ist im Juli/August.

Die Fische werden höchstens bis 60 cm lang und ganz ausnahmsweise 3 kg schwer. Unsere Makrelen wiegen im Schnitt etwa 0,8 kg und erreichen fast immer das Mindestmaß von 30 cm (gilt nur für Schleswig-Holstein). Die Makrelen der Deutschen Bucht kommen aus ihren Überwinterungsquartieren vor der Südwestküste Englands durch den Ärmelkanal zu uns und ziehen auch dorthin wieder zurück. Die Fische wandern, um bei uns im freien Wasser zu laichen und dann ausgehungert Jagd auf Kleinfische und große Plankter zu machen. In der Ostsee gab es noch bis etwa 1960 eine ebenso ertragreiche Makrelenangelei wie heute in der Nordsee. Die Fische sind seither aber selten geworden und werden nur noch vereinzelt und zufällig gefangen. Der Grund: Es sind Fische des Stammes, der in der tiefen Norwegischen Rinne vor der Südwestküste Norwegens überwintert. Diese Fische werden alljährlich auf der Wanderung Richtung Ostsee im Skagerrak von Ringwadenfischern und Fabrikschiffen abgefangen und erheblich dezimiert.

Fangmethoden
In fast allen Nordseehäfen bieten Bootseigner ab Juni Tagesfahrten zum Makrelenangeln an; die bequemen, großen Schiffe mit Bordservice sind in der Hochsaison beinahe täglich ausgebucht, rechtzeitige Anmeldung ist ratsam. Die besten Fänge (einhundert und mehr Fische pro Angler) werden bei sonnigem, ruhigem und windarmem Wetter gemacht. Die Kapitäne spüren die Fische mit Fischlupen und durch Möwenbeobachtung auf: Wo Möwen sich sammeln und ins Wasser stürzen, haben Makrelen einen Kleinfischschwarm an die Oberfläche gejagt.
Geangelt wird mit Vierer- bis Sechserpaternostern aus Haken der Größe 1/0, die mit Hühnerfedern, Kunststoffäden, bunten und blitzenden Phantasiefliegen und Blinkern verkleidet sind. Die Beißlust der rasenden Fische kennt offenbar keine Grenzen, denn keines der vielen Paternoster kann für sich in Anspruch nehmen, herausragend fängig zu sein; der Futterneid der Fische läßt sie auf all diese drei bis fünf Zentimeter langen Köder losgehen.
Die Fische ziehen fast immer in Tiefen zwischen sieben und fünfzehn Metern, angelt man darunter, wird häufig nichts gefangen. Ein bei etwa zehn Metern in die Schnur gebundener Stopper erleichtert das rasche Auffinden der richtigen Angeltiefe. Die wichtigsten Angelplätze liegen etwa 15 bis 20 sm vor der Küste, so z. B. auf halbem Weg zwischen Büsum und Helgoland oder jenseits des Schiffahrtzwangsweges vor den Ostfriesischen Inseln; nur zeitweilig bei anhaltenden hochsommerlichen Schönwetterlagen mit östlichen Winden kommen die Makrelen bis in die Flachwasser der Bänke und Barren nahe der Inseln. Dann begründen sie die Uferangelei (Sylt, Borkum, Helgoland, selten auch Außenmolen Wilhelmshaven, Büsum und Mielesiel bei Meldorf). Man fängt sie ebenfalls mit Paternostern, reduziert wegen der besseren Wurfweite

Makrelenvorfächer gibt es fertig gebunden in großer Vielfalt beim Fachhändler, die vier Abbildungen zeigen nur eine kleine Auswahl.

die Köder auf ein bis vier Stück. Als Wurfgewicht werden Pilker (platte, langsam sinkende Formen) von 75 bis 100 g verwendet.
Eine Variante zu den Paternostermassenfängen ist das Angeln mit dem Fetzenköder. Man schneidet einen kleinfingerlangen Hautlappen aus der Bauchseite der Makrele, steckt den Köder auf einen 1/0 Haken und angelt damit spinnend oder schleppend. (Montage siehe *Hornhecht*, S. 226; Fetzenköder siehe *Köder* im Kapitel Praxis, S. 312). Oder man montiert ein Gleitfloß dazwischen und angelt vom Boot, achteraus treibend, oder von Molen und läßt den Köder mit dem Gezeitenstrom weit in die See treiben. Dabei werden auch Hornhechte, gelegentlich Stöcker, Finten und Meerforellen gefangen.

Geräte
Die Rute fürs Paternosterangeln vom Boot muß mindestens so lang sein wie das Paternoster zuzüglich etwa 1 bis 1,5 Meter. Ruten von 3,7 bis 4,2 Meter Länge mit geringer Spitzenaktion, steife, aber leichte Typen, haben sich bewährt. Dazu

> ### *Stückliste Makrelenangeln vom Kutter*
>
> - 1 Rute, ca. 4 Meter, leicht
> - 1 Stationärrolle für 100 m 10-kg-Schnur
> - div. 4- bis 6-Hakenpaternoster
> - div. 10-kg-Karabinerwirbel
> - div. Torpedo-, Kugel- oder Birnenbleie
> - Priest, Maßband, Messer
> - 1 Wascheimer mit Leine
> - 1 Nierenbürste
> - Kühltasche oder Kühlcontainer, Beuteleis
> - Ölzeug (Overall), abwaschbar
> - Schutzhandschuhe, dünne
> - Schutzbrille (Polarisations-)
> - Band oder Klemmhalter für ruhende Rute

eine Stationärrolle mit hoher Übersetzung und ca. 100 Meter 8- bis 10-kg-Schnur. Für alle anderen Methoden kann man wesentlich leichtere Gerätekombinationen wählen. Ein Schutzhandschuh, mit dem man die Fische beim Abhaken packt, ist ratsam, denn der scharfe Analdorn der Makrele oder die Stacheln der häufig als Beifang erwischten Stöcker (s. S. 297) können zu Verletzungen führen.

Ein Fangtag an Bord
Die früh auslaufenden Kutter sind oft stundenlang auf der Suche nach Fischen. Es kann vorkommen, daß der Skipper sechs bis sieben Stunden lang kreuzen muß, ohne auch nur einen Fisch zu finden. Dann aber sind sie da, und an Bord ist die Hölle los: Fünfzig Angler fangen gleichzeitig zwei, vier oder sechs Makrelen! Und jeder weiß: Schnell muß alles gehen, denn der Schwarm bleibt nicht lange, die Paternoster müssen rasch wieder ins Wasser. Eine ungeübte Anglerschar gerät dabei schnell ins Durcheinander: Überall zappelnde Fische, Haken in Ärmeln und Pullover, verhedderte Vorfächer, fluchende Kameraden. Wer nicht gut vorbereitet ist, wird gestreßt. Erfahrene Makrelenangler verwenden deshalb sehr lange Ruten. Damit können sie die rasenden Fische vom Gerät des Nachbarn fernhalten. Sie drillen nicht, sondern ziehen die Fische rigoros hoch, parieren damit jede Flucht der rasenden Fische, verhindern so das Verheddern in Nachbars Leine. Sie heben die Makrelen zügig aus dem Wasser, klemmen die Rute senkrecht in eine zuvor angebrachte Halterung und „pflücken" die Makrelen mit der behandschuhten Hand von den Haken, hängen das Paternoster straff in einen Rutenring, damit die Haken nicht frei herumschwingen und ins Auge geraten können. Sie versorgen die Fische und tragen dabei Ölzeug, weil sich das Makrelenblut (in Textilien eingetrocknet schwer lösbar) wieder abwaschen läßt und Haken sich darin kaum verfangen. Sie tragen auch Schutzbrillen, damit weder Blut noch Haken in die Augen geraten können.

Makrelen haben Zebrastreifen auf dem Rücken (die bräunlichen Fische sind Stöcker).

Beim Makrelenfang stehen die Angler meistens Schulter an Schulter.

Ein schönes Makrelen-Quartett hängt am Paternoster.

Die raubenden Möwen weisen dem Kutterkapitän den Weg zum Makrelenschwarm.

Wenn der Kutter umsetzt, werden die Ruten an der Reling festgebunden.

Hat sich ein Nachbar in ihrem Vorfach verheddert, fackeln sie nicht lange: Das Vorfach wird ausgehängt, ein neues in den Karabinerwirbel geklinkt, fertig. Auch das Blei läßt sich so leicht wechseln.

Wehe, wer seine Makrelen während des Verholens zum nächsten Fangplatz putzt und damit die Möwen anlockt: Er wird vom Kapitän sofort getadelt! Denn die Möwen sollen am Horizont die Makrelen suchen und nicht an Bord gefüttert werden!

Verwertung

Die warmblütigen Makrelen (die Bluttemperatur liegt bei der Jagd immer über der Wassertemperatur) verderben im warmen Sommer schnell. Die ideale Versorgung beginnt sofort nach dem Abhaken mit Betäuben und Kehlschnitt. Es gilt, die Hauptschlagader zwischen Herz und Kiemen zu durchtrennen, damit das intakte Herz das Blut aus allen Gefäßen pumpen kann - ein wesentlicher Punkt für verbesserte Haltbarkeit und besseren Geschmack der Fische. Eingeweide und Kiemen werden erst während der Rückfahrt entfernt, die Fische sauber gespült, abgetrocknet und in Kühltaschen oder Container gelegt. Brucheis in wasserdichten Beuteln sorgt für die Kühlung beim Transport. Noch am Fangtag sollte die Weiterverarbeitung beginnen; räuchern oder dünsten mit Einlegen der Fische in eine Marinade sind ideale Verwertungsmöglichkeiten bei großen Fängen (s. Kapitel *Praxis - Verwertung -*, S. 302).

Makrelen müssen sofort ausgeweidet, gespült, getrocknet und kühl gelagert werden.

Meerässche, Dicklippige (Mugil labrosus)

Der Fisch kann über 70 cm lang und mehr als 5 kg schwer werden. Solche Großfische sind bei uns eher die Regel als die Ausnahme. Das Mindestmaß beträgt immerhin 40 cm.

Die „Dicklippe" zählt zu den vielen lusitanischen Fischarten, die seit geraumer Zeit vermehrt aus der Biskaya und dem Ärmelkanal zu uns einwandern. 1963 wurden Meeräschen zum ersten Mal in kleinen Mengen in der Elbmündung gefangen, und seit 1974 sind sie häufig im Gebiet zwischen Borkum und der Weser-Mündung, auf den Watten der Ostfriesischen Inseln, seit geraumer Zeit auch bei Helgoland und vor den Nordfriesischen Inseln. Heutzutage ist die gesamte Deutsche Bucht mit Meeräschen besiedelt, man findet die großen Fische im Sommer überall in den Häfen, vor Molen und Bollwerken. Inzwischen hat diese Art auch das Kattegat und die westliche Ostsee erobert; die Dicklippige Meeräsche gehört zu unserem gesamten Küstenangelgebiet.

Die großen Fische ziehen stets in kleinen Trupps zu Orten, die auf festem Grund hauchdünnen Kieselalgenbewuchs aufweisen. Das sind Steine, Spundwände, Dalben, Pontons. Die Fische schaben mit den hornigen Lippen die Algen ab, die Fraßspuren sind bei Ebbe gut zu erkennen. Diese Freßgewohnheit macht es schwierig, die Fische zu angeln. Jedoch sind Meeräschen keineswegs nur auf Kieselalgen spezialisiert. Sie sind beinahe Allesfresser, wenn ihnen das passende Futter nur lange genug angeboten wird: Würmer, Maden, Fischstückchen, ja sogar Brotteig wird von den Fischen genommen; im Hafen von Galway (Irland) fing der Autor beim Congerangeln zwischen den Spundwänden eine achtpfündige Meeräsche - mit Makrelenfilet!

Fangmethode

Dort, wo die Fische in Häfen herabfallendes Futter gewohnt sind (Fischereikais, Imbißbuden) und reger Schiffsverkehr den Fischen die Scheu genommen hat, gelingt es am leichtesten durch Anfüttern, die Tiere von ihren anderweitigen Futtergewohnheiten abzulenken. Wenn die genannten Futterarten angenommen werden, beginnt man mit dem gleichen Köder am 8er Haken mit 6-kg-Leine zu angeln. Der beköderte Haken muß wie das Lockfutter langsam absinken. Man läßt Blei und Pose weg, angelt nach Sicht und Gefühl oder verwendet nur eine kleine, farblose Wasserkugel. Das klingt wie eine Herausforderung ans Fliegenfischen und tatsächlich: Mit der Fliege wurden beim Meerforellenangeln bereits Meeräschen erbeutet. Die besten Bedingungen sind an der Nordsee bei auflaufendem Wasser; die Fische schwimmen suchend an den Steinschüttungen entlang bis ins flachste Wasser. An der Ostsee findet man die Fische - die auch weit ins Brackwasser wandern - bei stillem Wetter durch genaues Beobachten. Die Meeräschen lassen bei der Futteraufnahme gern Schwanz- und Rückenflosse aus dem Wasser

Dicklippige Meeräsche in ihrer natürlichen Umwelt.

Diese „Dicklippe" wurde im Helgoländer Hafen gefangen.

Wasserkugel, 20 - 25 mm ⌀, durchsichtig

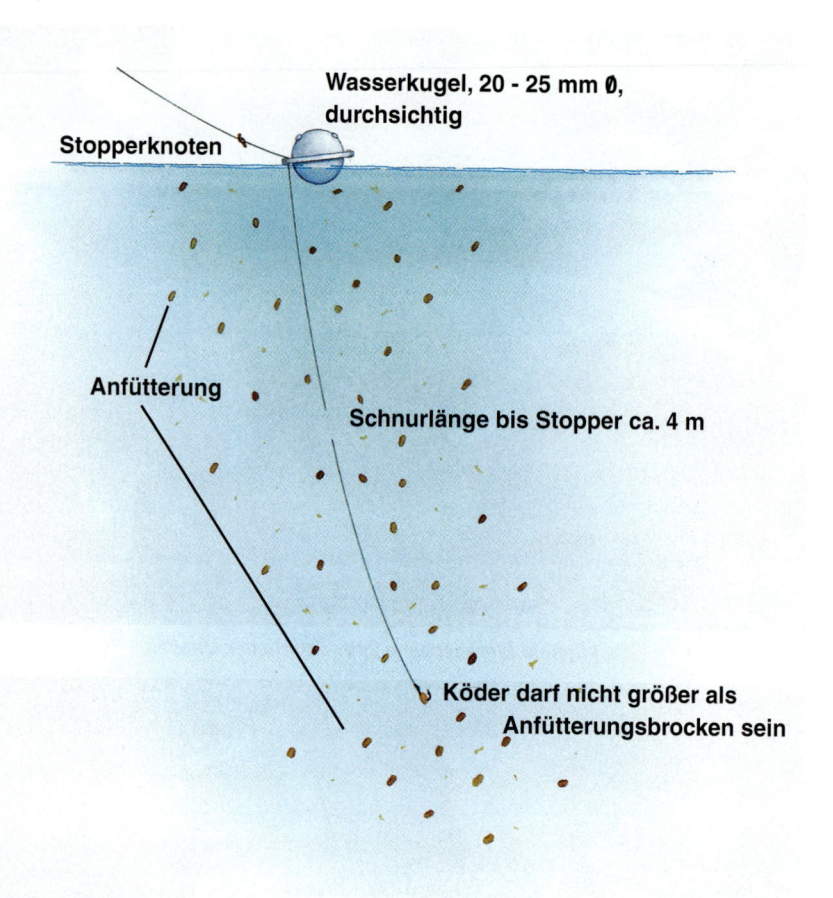

Stopperknoten

Anfütterung

Schnurlänge bis Stopper ca. 4 m

Köder darf nicht größer als Anfütterungsbrocken sein

Meeräschenfang in Häfen und Buhnenfeldern: Der Haken wird direkt an die dünnste erhältliche 6-kg-Schnur geknüpft. Die Wasserkugel wird gleitend montiert und dient nur dem Auswerfen. Es wird auf Sicht geangelt, sobald die Fische die Fütterung annehmen.

ragen und sind mit der Polarisationsbrille beim „Steinabweiden" unter Wasser erkennbar. An der Nordsee sind Meeräschen fast immer zu finden in den Häfen von Borkum, Hörnum auf Sylt und Helgoland (Hafenbecken, Molenecken); der aufmerksame Angler wird sie aber beinahe in allen Häfen, Sielen und Buhnenfelder der Nordseeküste finden.

Verwertung
Meeräschen gelten als Delikatesse. Die aus deutschen Gewässern auf den Märkten angebotenen Fische werden oft an Händler aus Frankreich oder Italien verkauft.

Meerforelle (Salmo trutta f. trutta)

Altfische der 10-kg-Klasse werden bei uns alljährlich gefangen; das Durchschnittsgewicht liegt allerdings etwa bei 1,5 kg. Der Fisch lebt überall küstennah und steigt zum Laichen in die Unterläufe der Flüsse auf. Das Mindestmaß beträgt 40 cm, in Mecklenburg-Vorpommern 45 cm. Schonzeit in Mecklenburg-Vorpommern und Schleswig-Holstein: 01.8. bis 31.10. Die Meerforelle kann leicht mit dem Lachs verwechselt werden.

Unterscheidungsmerkmale der Meerforelle vom Lachs

Körperform: Die Meerforelle ist plumper, gedrungener als der Lachs. Der Schwanzstiel geht so breit in die Schwanzflosse über, daß die Landung eines größeren Fisches mit dem Schwanzwurzelgriff unmöglich ist. Der Lachs hingegen ist immer sicher an der Schwanzwurzel festzuhalten.
Schwanzflosse: Das Schwanzflossenende der Meerforelle verläuft gerade, das des Lachses ist konkav eingebuchtet.
Schuppenreihen: Zwischen Fettflosse und Seitenlinie besitzt die Meerforelle zwischen 13 und 19 Schuppenreihen, meistens jedoch 15 bis 16. Der Lachs besitzt dagegen 11 bis 15 Reihen, meistens jedoch nur 12 bis 13.

Zur absolut sicheren Unterscheidung müssen in Zweifelsfällen weitere Merkmale herangezogen werden. Dazu gehören der Bau des Kopfes (Schnauzenlänge, Kiemendeckelknochen-Aufbau), Pflugscharbein (Dornenbesatz) und Kiemenbögen (Reusendornen). Man benutze weiterführende Literatur zur Artenbestimmung.

Bezeichnungen und Bedeutungen

Bei der Meerforelle:
Grönländer	☞ Fische, die einen ersten Sommer im Meer waren und nur zum Überwintern in die Unterläufe der Flüsse wandern.
Smolts	☞ Im Süßwasser auf etwa 20 cm herangewachsene Forellen, die ihr buntes Kleid verloren haben und sich silbrig verfärbt zur Wanderung ins Meer anschicken.
Überspringer	☞ Erwachsene Fische, die im Meer ein oder mehrere Jahre verbleiben und sich nicht am Laichen beteiligen.
Absteiger	☞ Fische, die nach dem Laichen ins Meer zurückkehren.

Beim Lachs:
Parr	☞ Fingerling, ca. 7 cm lang.
Smolt	☞ siehe Meerforelle.
Grilse	☞ Fische, die einen Winter in der See verbracht haben, ca. 50 bis 60 cm lang.
Kelt	☞ Fisch, der nach dem Laichen wieder ins Meer wandert.
Salmon	☞ Fisch, der wenigstens zwei Winter im Meer zugebracht hat.

Leopardengrund - hier ist gut zu erkennen, weshalb dieser Boden so genannt wird: Steinige, bewuchsreiche Abschnitte wechseln mit Sandflächen, der Grund sieht scheckig aus wie ein Leopardenfell.

Angelplätze

Dank der umfangreichen Erbrütungs- und Besatzmaßnahmen der Anglerschaft an allen norddeutschen Flüssen hat der Bestand an Meerforellen rapide zugenommen. Die Pirsch auf den edlen Salmoniden hat sich zu einer eigenständigen Angelei entwickelt. Außer zur Laichzeit, wenn die meisten Fische ins Süßwasser aufgestiegen sind, kann man Meerforellen im Meer immer erbeuten (Schonzeit beachten).

Nordsee - Angelplätze finden sich im Bereich einströmenden Süßwassers. Die Fische stehen vor Sieltoren und Schleusen und im großen Radius um solche Einfließstellen. Bekannte Fangplätze sind die Häfen von Emden, Wilhelmshaven und Cuxhaven, vor allem aber die Siele der Miele (Meldorf), der Arlau (Holmer Siel/Nordstrand) und Schlüttsiel (bei Niebüll).

Ostsee - Angelplätze sind praktisch überall zu finden. Die gesamte Ostseeküste entwickelt sich zu einem Meerforellenangelparadies. Hervorzuhebende Plätze sind auch hier alle Süßwassereinläufe und deren großräumige Umgebung, Gebie-

Meerforelle - gerades Schwanzflossenende, relativ viele Punkte unter der Seitenlinie.

Lachs - leicht gegabeltes Schwanzflossenende, sehr wenig Punkte unter der Seitenlinie.

Saison

Januar/Februar: Topangelzeit rund um Süßwassereinläufe. Die Fische kommen ausgehungert vom Laichen, schwimmen bei großer Kälte nur zögernd ins Salzwasser und vereinen sich mit den Überspringern, die sich nicht am Laichen beteiligt haben, und den Grönländern, die ebenfalls in der eisigen Kälte Brack- und Süßwasser aufsuchen. Beste Angelzeit ist die helle Tagesperiode mit Höhepunkt um die Mittagszeit.
März/April: Topzeit für alle Angelarten und überall. Die Fische werden mit zunehmender Erwärmung agiler, zerstreuen sich über die ganze Küste. Viele große Fische stehen bei den Sandspierlings-Laichplätzen über sandigen, flachen Bänken, besonders nach der ersten merklichen Erwärmung während sonniger, windarmer Perioden. Fangzeit während der gesamten Tagesperiode.
Mai/Juni: Immer noch gute Angelzeit, aber die Fische gehen mittags zunehmend aus der Reichweite der Watangler, ziehen sich tagsüber ins tiefere Wasser zurück. Beste Zeit für die Schleppangelei. Watangeln ist morgens und abends am erfolgreichsten.
Juli: Die nächtliche Watangelei erlebt ihren Höhepunkt. Bei Mondschein oder klarem Himmel kann man die ganze Nacht lang fangen. Die gleißende Tageshelle vertreibt die Fische tagsüber aus allen flachen Bereichen, außer an sehr dunklen, regnerischen Tagen. Die Fische jagen die Herings-, Sprotten- und Sandspierlingsbrut in allen Förden, Buchten und Wieken. Leopardengrund und Seegraswiesen mit guten Deckungsmöglichkeiten sind jetzt die bevorzugten Aufenthaltsorte der Forellen.
August/September/Oktober: Schonzeit in Küstengewässern
November/Dezember: Die laichwilligen Fische sind fast alle in die Flüsse aufgestiegen oder stehen in der Nähe der Süßwassereinläufe. Mit zunehmender Abkühlung ziehen die Überspringer auch wieder ins Brackwasser der Buchten und Wieken. Hohe Zeit der Watfischerei am Tage, vor allem in der Mittagszeit.

te mit Süßwasserquellen im Meer vor hohen, zur Küste abfallenden Landstrichen, alle Gebiete mit abwechslungsreichem Bewuchs und vielen Steinen („Leopardengrund"). Man beachte die genauen Hinweise im Kapitel *Angelplätze*.
Großräumig gesehen konzentriert sich die besonders aussichtsreiche Angelei (von West nach Ost) auf die Flensburger Förde; das Südufer der Eckernförder Bucht; die Schwentine-Mündung im Kieler Hafen; die Süd- und Ostseite der Hohwachter Buchtufer; die Ostküste Fehmarns; die Küste des Klützer Winkels

Weltmeister Günter Großmann bevorzugt diese Wobbler und Blinker für Meerforelle.

zwischen Travemünde und Boltenhagen; die Küste zwischen Heiligendamm und der Stoltera bei Warnemünde; die Nord- und Ostküste Rügens und die Nordküste der Insel Usedom.

Auch die Sehnsucht nach Stille, Einsamkeit und Weite bei der lautlosen Watangelpirsch kann fast überall erfüllt werden. Erwähnenswert ist die oft erfolgreiche Angelei entlang reiner Sandstrände in den Tagen nach der ersten spürbaren Wassererwärmung im März/April. Dann beginnt die Laichzeit der Sandspierlinge auf den nur ein, zwei Meter tiefen Bänken. Die kleinen Fischchen drängen sich zu vielen Tausenden und werden von den Meerforellen gejagt. Bekannte Plätze dieser Art sind die Sandhaken bei Pelzerhaken, die Buchten von Boltenhagen und Wohlenberg westlich Wismar sowie die Landhaken von Thiessow und Zudar im Süden der Insel Rügen.

Fangmethoden

Watangeln

Watangeln, die Pirsch mit Blinker und Fliege, gehört zweifellos zur schönsten Bereicherung des Meeresangelns. Beste Voraussetzungen fürs *Blinkern* bestehen bei stillem, ruhigem Wetter in Dämmerungszeiten oder bei stark bedeck-

Weltmeister Günter Großmann in voller Montur - beim Watangeln mit Spinnern und Wobblern schwört er auf diese Ausrüstungsgegenstände: 1. ein schwimmender Watkescher, 2. eine Neopren-Wathose und eine atmungsaktive, winddichte Jacke mit großen, aufgesetzten Taschen mit Klettverschluß und engen Bündchen, 3. darüber eine Brust- und Rückentasche, die mit Riemen getragen wird, 4. Rute: Zebco Hypercast, 3 m, WG 30-60 g, 2-teilig, SIC-Ringe und Korkhandteil (Kork ist warm im Winter), 5. Rolle: soll etwa 200 m Schnur von 5-10 kg Tragkraft fassen und eine hohe Einholgeschwindigkeit ermöglichen.

tem Himmel auch am Tage. Die raubenden Meerforellen verraten sich durch in Scharen springende Kleinfische. Dann ist die hohe Zeit der Spinnangelei, die mit schlanken Blinkern aber auch mit schweren, weit auszuwerfenden *Wobblern* ausgeübt wird. Farben und Formen sind Geschmacks- und Glaubenssache; blaugrüne Farben herrschen vor, aber ein Farbwechsel beispielsweise zu Rot kann durchaus den ersehnten Erfolg bringen. Ködergröße: Etwa 10 cm, eher etwas kleiner. Das Gewicht bei Blinkern wählt man so, daß sie beim Einholen etwa in halber Wassertiefe laufen, Gewichte von 8 bis 18 g sind empfehlenswert. Wobbler werden eigens fürs Meerforellenangeln angeboten, darunter auch Typen, die im Wasser wenig schlängeln und einem Sandspierling ähnlich laufen und beim Zug nicht zu tief tauchen.

Mit der *Fliege* angelt man vorteilhaft, wenn das Wasser leicht „riffelig" gekräuselt ist und der Wind günstig steht. Man verwendet Einhandruten Klasse 7 bis 9 etwa drei Meter lang, dazu *Floating Line* mit *Sinking Tip* und Fliegen, die einer Garnele oder einem Fischchen ähneln.

Bei ungünstigem Wind kann man zum Auswerfen ein sehr kleines, spindelförmiges Wurfholz benutzen (dänisch:„Dobbe") und die Fliege als Springer montieren. Auch in Kombination mit kleinen Spinnern werden Fliegen als Springer benutzt.

Bei auflandigem Wind gelingt es, mit der Fliege zuweilen im flachsten Wasser Meerforellen zu fangen. Dazu watet man soweit wie möglich ins Wasser und legt die Würfe parallel zum Ufer aufs Wasser. Im knie- bis hüfttiefen Spülsaumbereich gelingen so oft gute Fänge.

Meerforellen sind im Salzwasser keineswegs ängstlich und scheu, sie schwimmen einem Köder oft bis vor die Wathose nach. Solche Nachläufer reizt man zum Anbiß durch plötzlichen Einholstop. Der absinkende und wieder herangeholte Köder wird dann manches Mal genommen. Die mangelnde Beißlust mit Nachschwimmen beruht offenbar auf dem sehr guten Sehvermögen der Fische. Im klaren, flachen Wasser begleiten sie einen schwimmenden Köder sehr scharfsichtig und lassen sich nicht so leicht täuschen - da hilft nur Köderwechsel.

Die guten Angelerfolge in stockschwarzer Nacht mit dunklen, ja schwarzen Fliegen, Wobblern und Blinkern sind ein weiterer Beweis für die Scharfsichtigkeitstheorie. Die Fische erkennen nachts keine Einzelheiten, wohl aber immer noch die dunkle Silhouette gegen den Nachthimmel und schnappen sorgloser zu als am Tage.

Schleppangeln

Mit den wachsenden Erfolgen in skandinavischen Gewässern wird das Schleppangeln auch bei uns populärer. Meerforellen und auch Lachse jenseits der 10-kg-Marke werden alljährlich beim Schleppen erbeutet. Schleppreviere sind küstennahe Bereiche mit abwechslungsreicher Bodenformation, mit Senken, Rinnen, Bergen und großen Steinen in vier bis 20 Meter Tiefe. Das Schleppangeln beschränkt sich auf die Ostsee. Es ist dort überall erlaubt, nur in den inneren Gewässern Mecklenburg-

„Big-Jon"-Downrigger mit Elektromotor, Berkley-Schleppruten und Multirollen Triton LD-2000 von Shimano - das ist zuverlässiges Gerät zum Downrigger-Schleppen.

Vorpommerns, nämlich in Sunden und Bodden, Wieken, Haffen, Buchten, dem Achterwasser und dem Peenestrom ist das Schleppen untersagt.
Man unterscheidet zwei Schleppgerätegruppen:
- *Downrigger*, bei denen Schleppgerät und Angel beim Drill getrennt werden, und
- *Schergeräte*, bei denen gehakte Fische samt Schergerät gedrillt werden müssen.

Downrigger
Bei den Downriggern gibt es sowohl Geräte für den Handbetrieb als auch elektrisch betriebene. Damit werden Schleppbleie von vier bis sechs kg bei zwei bis vier Knoten Fahrt in variabler Tiefe gehalten. Zur Schleppausrüstung gehört im-

Ein 4-kg-Schleppblei für den Downrigger mit zwei Auslöse-Clips für die Schnur.

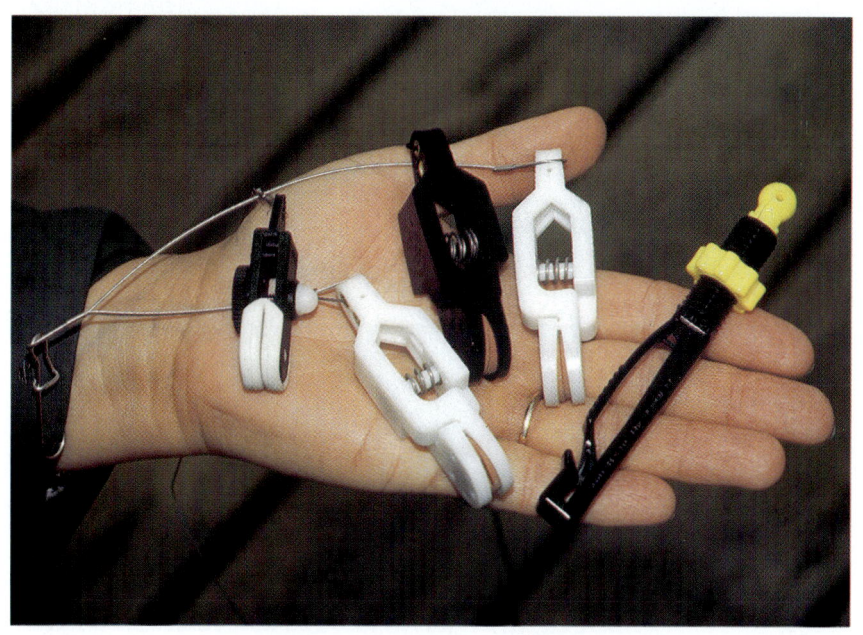

Verschiedene Typen von Clips, mit deren Hilfe die Angelschnur in der gewünschten Tiefe gehalten und die Rute vorgespannt wird.

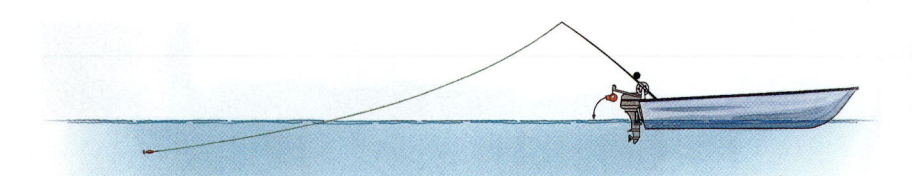

1. Langsam losfahren und Angelschnur etwa 5 Meter achteraus laufen lassen.

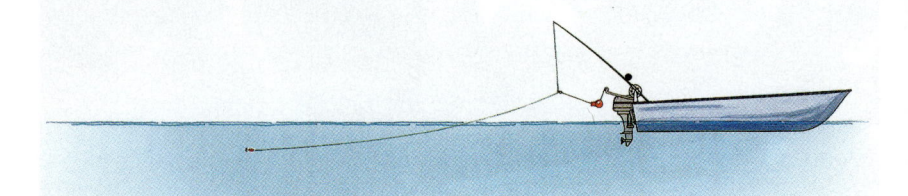

2. Schnur zurückholen und einclippen.

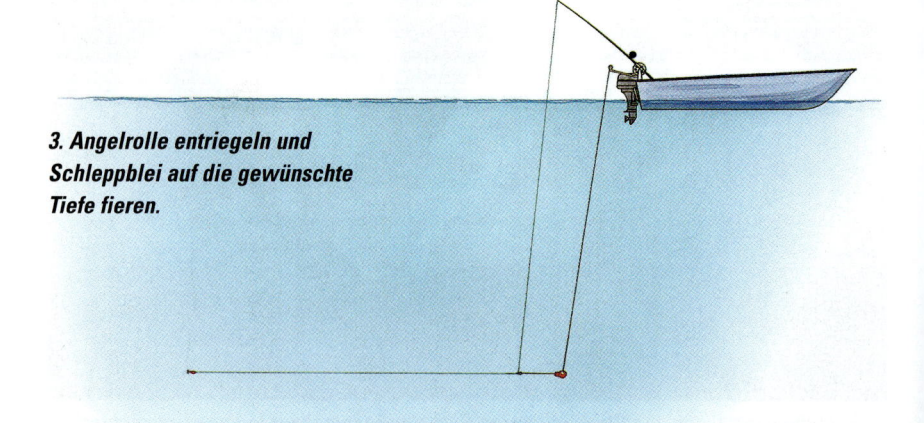

3. Angelrolle entriegeln und Schleppblei auf die gewünschte Tiefe fieren.

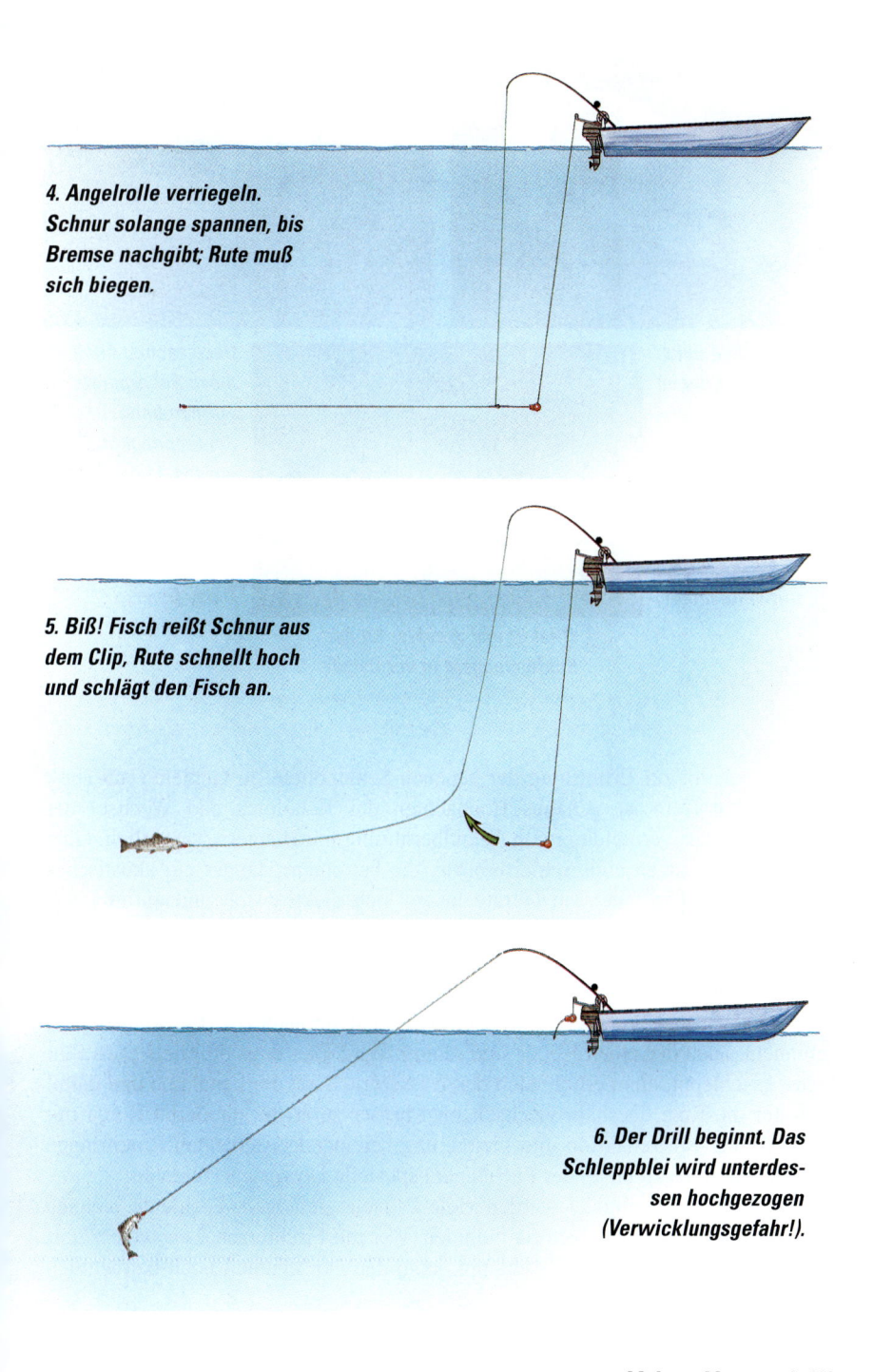

4. Angelrolle verriegeln. Schnur solange spannen, bis Bremse nachgibt; Rute muß sich biegen.

5. Biß! Fisch reißt Schnur aus dem Clip, Rute schnellt hoch und schlägt den Fisch an.

6. Der Drill beginnt. Das Schleppblei wird unterdessen hochgezogen (Verwicklungsgefahr!).

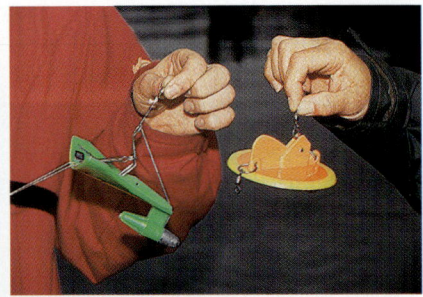

Oben links: Schergeräte bringen den Köder auf Tiefe. Die abgebildeten Mini-Diver-Disks (Big Jon) können so eingestellt werden, daß sie außerdem seitwärts laufen.

Oben rechts: Auch diese Schergeräte werden beim Schleppangeln eingesetzt. Links der Big Jon Helldiver, rechts der scheibenförmige Luhr Jensen Dipsy Diver.

Blinker und Wobbler für das Schleppangeln in der Ostsee

mer ein Echolot zur Ermittlung der genauen Schlepptiefe. In Gebieten mit stark wechselnder Tiefe ist genaues Beobachten des Echolotes und Wechsel der Schlepptiefe zur Vermeidung von Grundberührung mit Hängern wesentlich. Gute Downrigger besitzen eine Schleifbremse, die bei einem Hänger ein akustisches Signal abgibt. Die teuersten Geräte lassen sich elektronisch und automatisch wechselnder Tiefe anpassen.

Der große Vorteil von Downriggern gegenüber Schergeräten wird bei der Auswahl des eigentlichen Angelgerätes klar. Bei der Downriggertechnik kann man Ruten, Rollen und Schnüre verwenden, wie man sie auch bei der Spinnangelei gebraucht, auch dieselben Köder sind fängig. Wird allerdings tiefer als etwa fünf Meter geschleppt, dann erhöht sich der Wasserdruck auf die Fangleine und damit auch auf die Rute. Deshalb wechselt man besser zu etwas stabileren Ruten mit parabolischer Spitzenaktion und vielen, eng beieinander stehenden Rutenringen im Spitzenteil. Dazu bietet der Fachhandel spezielle Downriggerruten an.

Bei der Downriggerangelei werden viele Dorsche gefangen, Fachleute rechnen mit etwa 20 Fischen auf einen Salmoniden. Wer mit Fischfetzen, langsamer Fahrt und besonders nah am Grund schleppt, kann den Dorschanteil noch beträchtlich erhöhen.

Schleppgerät - Tauchtiefe

in Abhängigkeit von Schleppleinenlänge und Leinendicke am Beispiel des Gerätes PINK LADY, Gr.1*)
Schlepptempo 2 bis 4 Knoten

Leinenlänge in Meter		7,6	15,2	22,9	30,5	45,7	61,0	76,2
Schnurdicke in Millimeter	0,30 ⇨	5,5	10,7	15,5	20,1	28,0	32,6	33,5
	0,40 ⇨	5,2	10,0	14,6	18,9	26,2	30,2	30,8
	0,50 ⇨	4,9	9,4	13,6	17,4	24,1	27,4	27,2
	0,55 ⇨	4,6	8,8	12,8	16,5	22,6	25,3	
	0,65 ⇨	4,3	8,2	11,9	15,2	20,7	22,9	*Erreichte maximale Tauchtiefe des Gerätes in Meter*

*) Für andere Fabrikate gelten andere Daten.

Als Schleppköder werden dieselben Muster verwendet, die man überall zum Meerforellenfang benutzt. Neben Blinkern verwendet man auch spezielle Schleppwobbler. Auch Streamer eignen sich sowie Tandemmontagen aus Blinkern und Fliegen, wobei die Fliege an einem kurzen, steifen Seitenarm vor dem Blinker montiert wird.

Schergeräte

Schergeräte sind klein, preiswert und sehr effektiv in flachen Gewässern einsetzbar. Mit solchen Geräten kann man sogar rudernd in flachsten Strandabschnitten schleppen. Die Geräte funktionieren alle nach dem Wobblerprinzip: Je mehr gezogen und vor allem je mehr Leine ausgegeben wird, desto besser tauchen sie. Durch Wechsel der Zugpunkte an den Schergeräten lassen sie sich nicht nur tief, sondern auch oder nur seitlich führen. Gerade die seitliche Führung vom Boot ohne Tieftauchen verspricht sehr gute Schlepperfolge beim langsamen Schleppen entlang der Watangelküsten über zwei bis vier Meter tiefem Wasser. Alle Schergeräte arbeiten nach dem One-Line-Prinzip: Das Schergerät wird zwischen Rute und Köder in die Fangleine montiert; hat ein Fisch gebissen, muß er mitsamt dem Schergerät gedrillt werden. Das hat zunächst den Vorteil, daß Fisch und Schergerät an die Wasseroberfläche kommen, weil der zerrende Fisch das Kräfteparallelogramm im Schergerät verändert und bei anhaltender Fahrt durch den veränderten Anstellwinkel des Gerätes die Scherkraft nachläßt. Oben angekommen, aber heißt es: Fahrt wegnehmen, Rute in die Hand, und der Drill beginnt. Für den Drill von Fisch samt Gerät benötigt man eine Spinnangelausrüstung, die diesem Doppeldruck gewachsen ist. Ruten mit Wurfgewichten zwischen 50 und 300 g sind je nach Schleppgerät angebracht.

Schleppnrollen mit Schnurlängenanzeige sind für Schergeräte vorteilhaft, denn, wie schon erwähnt: Die Tauchtiefe ist sehr von der Länge der ausgegebenen Leine (aber auch vom Durchmesser) abhängig.

Verwertung

Kenner messen der Meerforelle einen noch höheren Küchenwert als dem des Lachses bei. Der edle Fisch eignet sich für alle Zubereitungsarten, große Fische vorzüglich zum Räuchern. Lediglich die abgelaichten Absteiger, gut an ihrem ramponierten, mageren Zustand zu erkennen, sollte man nicht in die Küche geben, sondern zurücksetzen.

Meerforellen gehören zum Besten, was man an unserer Küste für die Küche fangen kann. Der Fisch gehört in jedem Fall in die Hand einer/eines erfahrenen Köchin/Kochs.

Plattfische

Die Plattfische gehören mit zur häufigsten Beute der Brandungsangler in Ost- und Nordsee. Sie werden zusammenfassend dargestellt, weil bei dieser Großfamilie die Arten von Laien häufig verwechselt und die unterschiedlichsten Fische pauschal als „Butt" bezeichnet werden. Das ist schade, denn die häufigsten drei Arten (Flunder, Kliesche, Scholle) unterscheiden sich wesentlich in Vorkommen, Küchenwert, Lagerfähigkeit und Schonbestimmungen.

F l u n d e r (Platichthys flesus)

Der Fisch wird bis zu etwa 50 cm lang, das Mindestmaß beträgt 25 cm. In der Ostsee sind weibliche Tiere vom 01.02 bis 30.04 geschont.
Die Flunder ist die häufigste Plattfischbeute beim Brandungsangeln. Von Mai bis Oktober ist sie allgegenwärtig, sowohl im Salz- wie im Brack- und Süßwasser. In

den großen Strömen zieht sie weit aufwärts (in der Elbe früher bis Magdeburg). Sie lebt küstennah, erst im Spätherbst ziehen die großen, reifen Fische ins tiefere Wasser zurück, um dort von Februar bis April zu laichen. Die ersten großen Fische werden deshalb erst wieder ab Mai beim Brandungsangeln erbeutet.

Die besten Flunderplätze sind Sand- und Kiesböden mit Leopardenzeichnung, insbesondere Kleinalgenbewuchs und Muschelbänke werden bevorzugt. An der Nordsee findet man Flundern überall auf den schlickigen Watten, vor allem im Tiefwasser vor Molen, Buhnen und in Häfen. Die Fische werden beim Brandungs- wie auch beim Bootsangeln mit Naturködern, hauptsächlich Watt- und Seeringelwürmern, gefangen.

Nur die bei den Zeichnungen angegebenen Unterscheidungsmerkmale sind eindeutig, ansonsten verwischen sich die Merkmalsgrenzen zu den nahen Verwandten. Die „echte" Flunder ist rechtsseitig (Kopf zeigt, von der Oberseite betrachtet, nach rechts, der Anus nach unten). Aber fast ein Drittel aller Fische ist linksseitig! Ein Teil der Fische besitzt, je nach Aufenthaltsort, orangefarbene Flecken auf der Oberseite, jedoch nie so auffällig leuchtend rot wie bei der Scholle, und ein Teil der Fische hat gelbe, braune oder gar schwarze Flecken auf der ansonsten weißen Unterseite. Schließlich gibt es eine große Zahl von Bastarden (Blendlingen) zwischen Flundern, Schollen und Klieschen, die alle Merkmale durcheinander aufweisen können und kaum eine eindeutige Artenzuordnung ermöglichen - da bleibt nur noch die Sammelbezeichnung „Butt".

Im Küchenwert rangiert die Flunder im Vergleich zu allen anderen Plattfischen an letzter Stelle.

Kliesche (Limanda limanda)

Wird bis 40 cm lang und über 1 kg schwer, Schnittgewicht aber nur 0, 6 kg. Mindestmaß 23 cm. Der Fisch meidet Brack- oder gar Süßwasser. Im Salzwasser wird er hingegen fast ebenso häufig beim Brandungsangeln erwischt wie die Flunder, mit der er den Lebensraum teilt. Die Körperfarbe wechselt je nach Aufenthaltsort von hellbraun über gelblich (Sandregionen) bis zu dunkelbraun oder gar schwärzlich (Schlickgrund). Es gibt viele Bastarde, aber selten linksseitige Fische .

Leider kommen nur die kleineren Klieschen in die Reichweite der Brandungsangler, die größeren Fische bevorzugen tiefes Wasser und sind häufige Beute beim Bootsangeln. In der Nordsee sind Klieschen sehr häufig, auch in den Häfen. In der Ostsee meidet der Fisch alle ausgesüßten Buchten und Wieken. Sogar auf der Hohen See ab der Darßer Boddenkette nimmt das Vorkommen nach Osten hin rapide ab.

Scholle - diese hier wurde im Kleinen Belt gefangen.

Flundern - an der geraden Seitenlinie zu erkennen, die Färbung kann variieren.

Schollen - die wunderschöne Zeichnung ist gut zu erkennen.

Kliesche - von der Flunder gut durch die gebogene Seitenlinie zu unterscheiden.

Feinschmecker schätzen Klieschen sehr und ziehen sie Schollen und Flundern vor. Aber leider verdirbt dieser Plattfisch von allen „Platten" am schnellsten. Schon nach etwa sechs Stunden ist bei ungenügender Kühlung der Wohlgeschmack verloren. Deshalb: Klieschen nach dem Fang sofort ausbluten lassen, ausweiden, eisgekühlt lagern und alsbald zubereiten.

S c h o l l e (Pleuronectes platessa)

Schollen können sehr alt und schwer werden. Vor etwa hundert Jahren waren in der Nordsee Fische von einem Meter Länge und einem Alter von etwa 20 Jahren keine Seltenheit. Auf Grund der intensiven Befischung sind solche Prachtfische selten geworden. Immerhin steht der EFSA-Rekord bei 5,0 kg. Mindestmaß: Nordsee 27 cm, Ostsee 25 cm. Weibliche Schollen sind in der Zeit vom 01. 02 bis 30. 04. geschont .

Noch mehr als ihre verwechselbaren, ähnlichen Familienangehörigen schätzt die Scholle sauberes, salziges und klares Wasser der offenen See. An der Nordseeküste meidet sie die schlickig-grauen Wattenwasser, kann nur vor den seeseitigen Stränden der Inseln erbeutet werden. An der Ostsee fängt man sie beim Bootsangeln auf hoher See, beim Brandungsangeln nur dort, wo tiefes Wasser und sandig-kiesiger Grund in Wurfweite liegen. Beste Schollenangelzeit ist nach der Laichzeit von Mai bis Juli. Dann kommen die Fische in den Dämmerungszeiten näher zum Ufer, durch Fahrrinnen in die Häfen. Tagsüber verharren die Fische, bis zu den Augen im Sand vergraben, am Boden. Sie gehen dann nur an Köder, die sich bewegen und nahe genug an ihnen vorbeigeführt werden - Zeit für den „Buttlöffel" (s. *Plattfisch-Angelmethoden*, S. 270).

S t e i n b u t t (Psetta maxima)

Der größte aller in unseren Küstengewässern heimischen Plattfische. Wird mehr als ein Meter lang und kann weit über 20 kg schwer werden, wird aber selten über 10 kg schwer gefangen. Deutscher Rekord: 6,350 kg. Mindestmaß: 30 cm. Schonzeit: Vom 1. Juni bis 31. Juli.

Der linksseitige, fast kreisrunde Fisch kann nur mit dem entfernt ähnlichen, ebenfalls linksseitigen Kleist verwechselt werden. Letzterem aber fehlen die vielen deutlichen, warzigen Schuppen auf der Oberseite, auch wird der Kleist kaum gefangen, denn er lebt küstenfern in der Nordsee und fehlt in der Ostsee fast gänzlich.

Der Steinbutt ist dagegen auch in größeren Exemplaren schon ab acht bis zehn

Flunder: **Hornige Hautwarzen entlang der Flossenansätze, ein Warzenfeld über der Brustflosse, Warzen auch auf dem Kopf.**

Scholle: **Fühlt sich überall glatt an, Warzen nur auf dem Kopf in einer Reihe zwischen den Augen.**

Kliesche: **Scharf gebogene Seitenlinie über der Brustflosse.**

Meter Tiefe in Küstennähe zu erwischen und wird kleiner, bis etwa 2 kg, auch beim Brandungsangeln erbeutet (Fischland/Wustrow). Die größeren Fische wurden alle mehr oder weniger zufällig beim Bootsangeln über tiefem Wasser gefangen, sowohl beim Naturköderangeln als auch beim Pilken. Die großen Steinbutte sind Räuber, schnelle, geschickte Jäger, die sich von Fischen aller Art ernähren und deshalb auch auf den Pilker gehen.

Wiederkehrende Bootsangelfänge wurden bisher bekannt vom Ausgang der Flensburger Förde; vom Mittelgrund in der Eckernförder Bucht, vom Walkyrengrund querab Bliesdorf (südlich Grömitz) und aus dem Seegebiet vor Fischland (Wustrow, Ahrenshoop) sowie vor Hiddensee und Dranske (Rügen).

Die Bootsangler erwischen den Fisch hauptsächlich vor der Laichzeit im Mai und danach ab August bis in den November. Der Steinbutt bevorzugt offenbar sandig-kiesige Abschnitte mit Bewuchsinseln und vielen kleinräumigen Rinnen, Senken und Bergen. Gleich allen anderen Plattfischen gräbt er sich ins lockere Sediment und geht erst in den Dämmerungszeiten auf die Jagd. Nur aktive, bewegte Köder reizen ihn auch tagsüber zum Anbiß.

Seezunge (Solea solea)

Sie gehört zu den seltenen Fängen der Angler. Die Chancen, diesen in der Küche so hoch geschätzten Plattfisch beim Angeln zu erwischen, sind in der südlichen Nordsee am größten. Das nachtaktive Tier schätzt reine Sand- und Schlickböden und wird bei Borkum, von den Molen bei Helgoland (Düne) und den Stränden aller Friesischen Inseln im Sommer beim Brandungsangeln mit dem Wurmköder gefangen. In der Ostsee ist der Fisch sehr selten.

Plattfischangelmethoden

Brandungsangeln

„White water is the angler's heaven" - weißes Wasser ist des Anglers Himmelreich. Dieser Satz aus England, dem Mutterland des Küstenangelns, sagt, worauf es ankommt: Brandung muß sein, schäumendes Wasser auf die Ufer rollen, Wind auf die Küste wehen, dann gibt es Fische.

Die besten Stunden sind gekommen, wenn nach langem Starkwind oder Sturm der Wind abflaut, die See sich allmählich beruhigt, aber immer noch mit kräftigen Wellen aufs Ufer rollt. Dann hat sich in Wurfweite der Angler in den Rinnen zwischen den Bänken Unmengen von Zerreibsel angesammelt. Da schlingern zerschlagene Muscheln und Krebschen auf dem Sand hin und her, von der Wucht der Brandungswogen zerquetschte Fischchen, losgespülte Würmer, Schnecken,

Steinbutt - unverwechselbare Form, Hautwarzen auf der gesamtem Oberseite.

Seezunge - typisch: zungenähnliche Form, Minischwanzflosse, seitliche Maulspalte.

Asseln und vieltausendfaches Plankton, manches von weit her herangetragen. Mit dem Unterstrom fließt dieser Nahrungsbrei immer wieder zurück ins zwei, drei und vier Meter tiefe Wasser. Und dort stehen die Fische - vollzählig. Denn keiner will das Schlemmerfest versäumen, die Einladung zum großen Fressen. Kommt dann noch die Dämmerung hinzu, dann ist es vollkommen aus mit der Zurückhaltung der Fische, keinen hält es mehr in der Tiefe, schon in geringerer Entfernung als der Wurfweite stehen sie und nehmen willig die angebotenen Köder der Angler. Das sind die Sternstunden beim Brandungsangeln. Aber nicht immer ist Sternzeit, aber doch Fangzeit. Der geübte, gewitzte Angler fängt immer, auch wenn kein Orkan zuvor die See aufwühlte. Dabei ist zu beachten, daß für Nord- und Ostsee unterschiedliche Regeln gelten.

Nordseeregeln
⇨ Angle nur bei steigendem Wasser.
⇨ Beginne schon bei niedrigstem Wasserstand.
⇨ Suche tiefes Wasser (ab 2 m) in Wurfweite.

Die Fische der Nordsee müssen sich immer nach den mächtigen Gezeiten richten, kommen und gehen mit dem Flut- und Ebbe-Rhythmus und scheren sich weniger - wie die Ostseefische - um die Tageszeiten, nur der Wasserstand zählt. Zum „Himmelreich der Angler" gehört an der Nordsee ein Tidenkalender, der ihm genau sagt, wann die Fische kommen und wann er wieder einpacken kann, nämlich spätestens nach einer halben Stunde ab Wasserhöchststand.

Ostseeregeln
⇨ Angle in der Dämmerung.
⇨ Angle gegen den Wind.
⇨ Suche die Brandung.
⇨ Suche tiefes Wasser in Wurfweite.

An der Ostseeküste spielt die kleine, nur wenige Zentimeter hohe Gezeitenwelle kaum eine Rolle; unterschiedliche Wasserstände werden in erster Linie durch die Windverhältnisse hervorgerufen.

Angelplätze
Insgesamt betrachtet ist das Brandungsangeln an der Nordseeküste weniger abwechslungsreich und erfolgreich auszuüben als an der Ostseeküste. An der *Nordsee* beschränkt sich diese Angelmethode auf die seewärtigen Strände der Inseln und auf das Angeln in Häfen, von Kais, Buhnen und Molen. An der *Ostsee* aber ist überall Brandungsangelland. Man ist gezeitenunabhängig und findet immer einen Küstenabschnitt, auf den der Wind zuweht und Brandung herrscht. An sol-

Modernes Meeresangeln 271

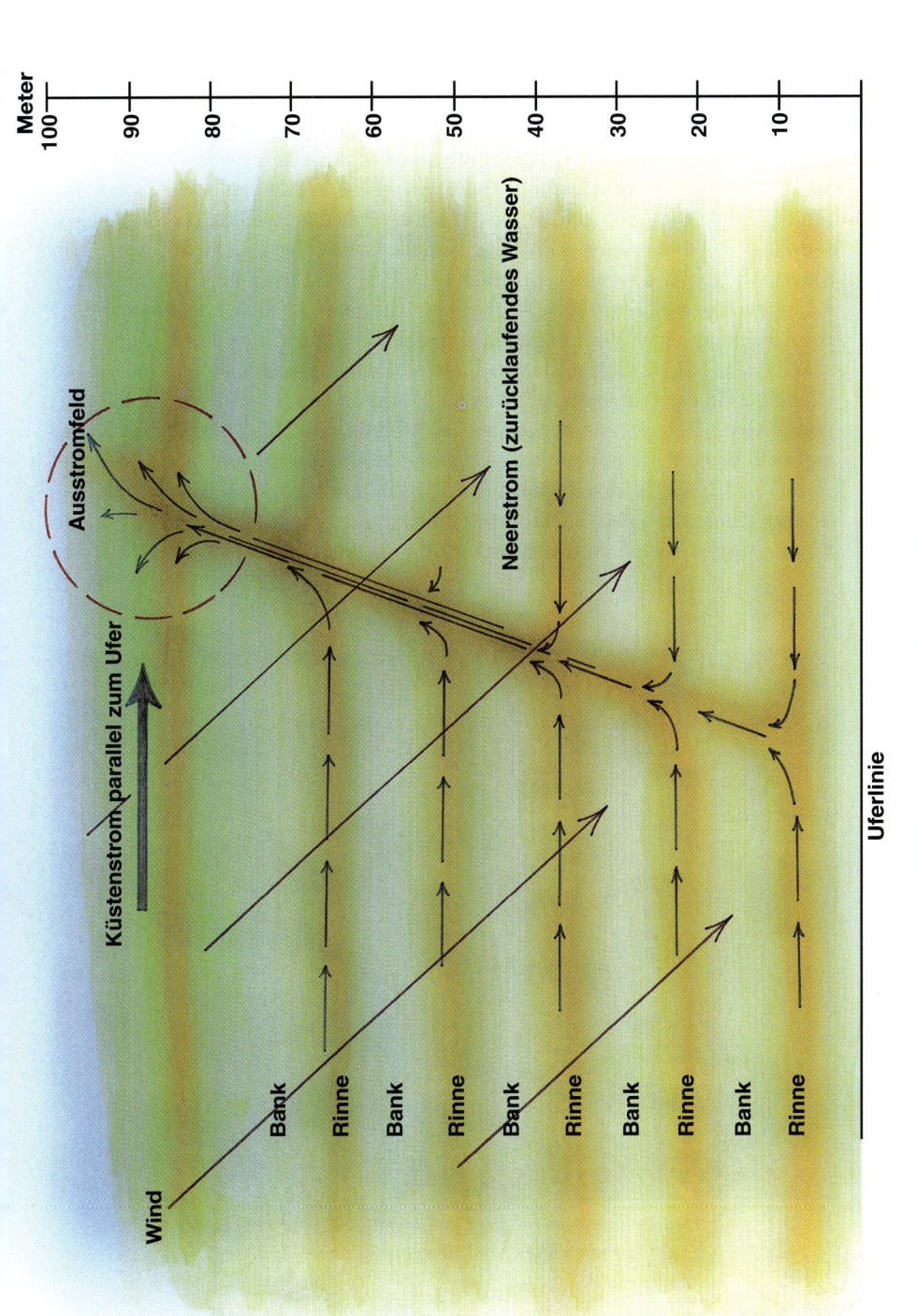

chen Windküsten suche man Angelplätze nach folgenden Kriterien:
• _Sandig-kiesige Zonen_ mit parallel zur Küste verlaufenden Bänken und Rinnen. Sie stellen die häufigste Küstenform dar, allerdings in unterschiedlicher Ausprägung. Dort läßt sich ohne Hänger angeln, erfolgreich aber nur, wenn die Brandung das schon beschriebene Zerreibsel, also Futter, in die Rinnen geschüttet hat. Ideal sind solche Küstenabschnitte nach einem Sturm oder bei anhaltendem, frischem Wind. Dort, wo sich die ersten hohen Brandungswogen brechen, liegen seewärts die besten Angelstellen. Die Fangchancen steigen nochmals, wenn man die Auslaufkanäle des zurücklaufenden Brandungswassers findet (Abb. S. 271).
• _Leopardengrund_. So nennen Angler Abschnitte mit deutlicher, leopardenfellartiger Fleckung unter Wasser, gebildet aus Sand, Steinen sowie Kraut- und Muschelinseln. Solche Gebiete bieten Fischen Deckung und Nahrung, auch ohne Brandung. In der Dämmerung ziehen die Fische in diese Zonen und suchen zwischen Algen, Tangen und Seegräsern nach Freßbarem. Man plaziert die Köder auf den bewuchsfreien Inseln. Um diese Stellen zu finden, nutzt man die „beißfreie" helle Tageszeit, um mit Polarisationsgläsern von hoher Warte das Wasser abzusuchen. Am Strand markiert man die gefundenen Stellen.
• _Steingrund_. Große Steinfelder sind häufig vor Steilküsten zu finden. Das sind

Idealbedingungen für das Plattfischangeln: Brandung nach abflauendem Starkwind, dazu kiesig-sandiger Boden.

Wenn es dunkel wird, kommen die Fische aus der Tiefe in die flachen Uferbereiche.

Wenn die See ruhig liegt, muß man auch nachts oft sehr weit werfen.

Lieblingsplätze für Dorsche, zuweilen auch für gute Plattfische und vor allem Meerforellen. Hier sind zwar die Watangler mit Fliege und Blinker im Vorteil. Aber auch der Brandungsangler kann solche Zonen mit dem Gleitfloß oder - bei ablandigem Wind - mit der Segelpose abfischen. Dorsche und auch Meerforellen wurden schon sehr oft mit dem in halber Wassertiefe angebotenen Wattwurm gefangen.

Geräte

Durch neue, verbesserte Geräte und raffiniertes Zubehör, unterstützt durch Erprobung bei zahlreichen Großveranstaltungen mit Hunderten von Anglern und Sponsoring durch die Angelgeräteindustrie, hat das Brandungsangeln bei uns einen großen Aufschwung erfahren.

An der Spitze dieser Entwicklung stand die Einführung neuer Weitwurfrollen, kombiniert mit knotenlosen Keulenschnüren und speziellen Brandungsruten. Ein guter Werfer erreicht damit Weiten von mehr als hundert Metern, Experten werfen die beköderte Angel 140 Meter und weiter. Diese extremen Wurfweiten sind zwar bei guten Angelbedingungen für den Fangerfolg nicht notwendig, bringen aber noch Fische an den Haken, wenn wegen schlechter Voraussetzungen (zum Beispiel bei ablandigem Wind oder Windstille) in früheren Zeiten das Angeln abgebrochen werden mußte.

Leopardengrund - grobsteinig, stark bewachsen, mit eingestreuten Sandzonen.

In sandig-kiesigen Uferbereichen mit kurzem Bewuchs wird der Saum zwischen Kraut und Sand beangelt.

So fischt ein Meister

Der 25fache Welt-, Vize- und Deutsche Meister im Brandungsangeln, Günter Großmann/Kiel, stellt in diesem Abschnitt seine Geräte vor, mit denen er in der Ostsee angelt. Seine Ausrüstung wird stellvertretend für viele weitere geeignete Produkte auf dem Gerätemarkt beschrieben. Erfolgsangler Großmann wirft mit dem nachfolgend beschriebenen Gerät ein beködertes Zweihakenvorfach 160 Meter weit.

- *Rute:* „World Champion Surf" heißt die Rute, die der Meisterangler selbst gebaut hat. Die Details: 4,20 m lang, Wurfgewicht 250 g, dreigeteilt, aus Carbonmaterial, mit Moosgummigriffteil, FUJI-Schraubrollenhalter und SIC-(Siliziumcarbid)Rutenringen. Die SIC-Ringe gewährleisten einen fast reibungslosen, geschmeidigen Schnurdurchlauf, was Schonung und mehr Wurfweite bedeutet. An der Rute sind neben dem Endring fünf Laufringe montiert, von mehr oder weniger Ringen hält der Weltmeister nichts.

Aus der Rutenlänge und der Größe des Weltmeisters von 1.86 m ergibt sich eine Längenformel für jede Körpergröße: Eigene Körpergröße x 2 + 13% = richtige, auf die eigenen Verhältnisse abgestimmte Brandungsrutenlänge.

- *Rolle:* „DAIWA Emblem-X-H-T-6000" (inzwischen modifiziert). Diese Rolle wird vom Meister wegen der großen, konisch geformten Spule, dem stabilen, nicht zu schweren Carbonmaterial benutzt. Und wegen weiterer Feinheiten, die alle nur einem Ziel dienen: weite Würfe. Dazu zählen: konisch geformtes, kugelgelagertes Schnurlaufröllchen, superglatter Spulenrand, Schnurverwicklungsschutz am Bügelchassis und exakte Schnurverlegung bis an die Spulenränder beim Einholen. Letzteres wird durch ein Worm-Shaft-Getriebe erreicht mit variablen Hubläufen nach oben und unten.

- *Schnur:* Beim Brandungsangeln müssen die ersten Meter der Schnur die extrem hohe Gewichtsbelastung beim Schleuderwurf aushalten. Dieser Teil der Schnur, die Schlagschnur, muß mindestens in doppelter Rutenlänge gefertigt sein und wird in die etwa 200 Meter lange Nachlaufschnur geknüpft. Die Knotenstelle aber ist ein Handicap, weil sie beim Durchlaufen der Rutenringe besonders hohen Reibungsverlust erzeugt, der wiederum Wurfweite kostet.

Der Meisterangler verwendet deshalb Keulenschnüre, die eigens fürs Brandungsangeln gefertigt werden. Solche Schnüre sollten auf den ersten zwölf Metern wenigstens 24 kg tragen und sich dann rasch auf etwa 8 kg Tragkraft verjüngen (ca.0,30 mm). Solche Keulenschnüre werden in Mindestlängen von 200 Metern benötigt. Für die Mundschnüre wird Amnesia-Schnur verwendet - siehe nächster Absatz: *Vorfächer.*

- *Vorfach:* Das Meistervorfach (s.Abb. S. 287 ff) ist einfach gebaut. Der Clou ist die Verwendung von Amnesia-Schnüren, die absolut knick- und verdrallungsfrei sind. Zusammen mit kleinen Seitenarmen - Meister Großmann verwendet *Swivel tees* - ist damit der weite, verwicklungsfreie Wurf möglich - ein Problem, das

Die Weitwurfrolle Daiwa Emblem 6000 des 25-fachen Meisters Günter Großmann - sie ist der Prototyp für weitere Rollen mit ähnlichen Eigenschaften

ganze Generationen von bastelnden Brandungsanglern beschäftigt hat.

Die *Swivel tees*, beispielhaft für eine ganze Reihe von Mini-Seitenarmen, bilden eine große Konkurrenz zu den früher gebräuchlichen, viel längeren Seitenarmkonstruktionen aus Metall und Kunststoff. Was früher nur mit mindestens fünf bis zehn Zentimeter langen, steif abstehenden Armen an Verwicklungen zu vermeiden war und viele, viele Meter Wurfweite kostete, erledigt sich durch die kleinen Miniseiteneinhänger.

Das Schnurstopperproblem löst der Weltmeister mit einem einfachen Doppelknoten in der Schlagschnur. Der Knoten bricht nicht, wenn die Schnur, wie empfohlen, 24 kg tragend gewählt wird, gleichgültig, ob monofil oder multifil. Nur bei einer Wurfgewichtserhöhung muß reißfestere Schnur gewählt werden.

• *Wurfgewichte:* Wie der Meister, so verwenden fast alle Experten 180 bis 190 g schwere, tropfenförmige Bleie, sechskantig geformt, damit sie fester auf dem Boden liegen bleiben. Krallbleie sind nur notwendig, wenn alle anderen Bleiformen von der Strömung verdriftet werden.

- *Haken:* Langschenkelige Öhrhaken, Gr. 1 bis 1/0, mit gespantem oder ungespantem Schaft eignen sich gut. Kleinere Haken werden zu tief verschluckt und sind nicht weidgerecht. Beim ständigen Schleifen über Sand und Geröll werden die Haken schnell stumpf; nur extra lasergeschärfte und gehärtete Haken sind zu empfehlen, denn alle Fische müssen sich beim Brandungsangeln selbst haken - das aber gelingt nur mit superspitzen Haken.
- *Teaser:* Teaser („Locker") verwendet der Meisterangler nur sehr sparsam. Seine Favoriten sind lumineszierende, acht bis zehn Millimeter große Kunststoffperlen in grün-gelblichen Farben. Sie leuchten in der Dämmerung nur schwach, locken die Fische, scheuchen sie aber nicht.

Abseits dieser Empfehlung gibt es die Erfahrungen anderer Angler, die Lockperlen in allen grellbunten Farben, auch größere und in gemischter Reihe hinter dem Haken montieren. Solche Montagen behindern zwar den Weitwurf, können aber beißfaule Plattfische an den Haken bringen. Die bunten Buttvorfächer werden vor allem tagsüber gebraucht, wenn die Plattfische bis zu den Augen im Sand vergraben ruhen. Auf glattgrundigen Abschnitten fischt man dann mit grellbunten

Die Dämmerung ist beste Angelzeit, wenn es auf Plattfische geht.

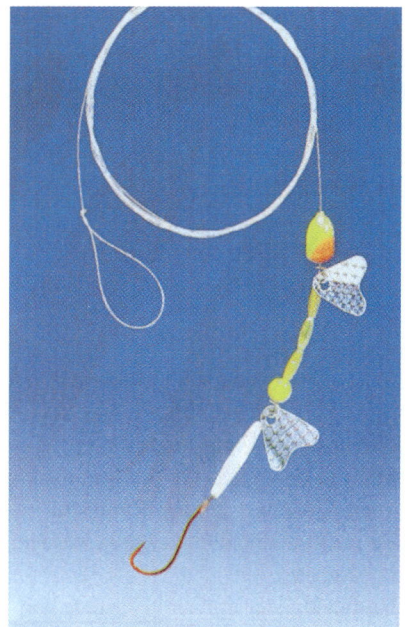

Buttvorfach mit Flossen und Perlen - das verführt auch am Tage Plattfische.

Auch ein kleiner, rotierender Spin-O-Glow lockt im Sand vergrabene „Platte" an.

Vorfächern zupfend zum Ufer zurück. Der Buttlöffel, ein kleines rotierendes Löffelblatt, und die Lockperlen reizen vergrabene Plattfische zum Sprung aus dem Versteck und zum vehementen Biß, die Erfolge damit sind verblüffend.

• <u>Lockessenzen</u>: Duftspender aus der Flasche sind für Günter Großmann unverzichtbar. Er selbst hat einen Aromaspender entwickelt; was am Süßwasser schon lange erprobt ist, wird an der Küste immer populärer. Die Aromastoffe werden kurz vor dem Auswerfen auf den Naturköder geträufelt oder gestrichen und erzeugen, ins Wasser getaucht, eine Duftfahne, die mit der Strömung in der Brandung weit fortgeschwemmt wird und die Fische zweifellos anlockt. Insbesondere Dorsche finden so nachts viel schneller die Köder.

• <u>Clips</u>: Vorfach-Clips sollen die beköderten Mundschnüre beim Auswerfen straff an der Wurfleine halten und damit das Pendeln der Mundschnüre während des Wurfs in der Luft verhindern. Beim Aufprall aufs Wasser sollen sich die beköderten Mundschnüre aus den Clips lösen. Der weitere Vorteil: Die empfindlichen Wurmköder reißen beim Schleuderwurf nicht ab. Das gilt vor allem für Clips mit einem „Windschutzschild" (Impact shield). Meister Großmann verzichtet fast immer auf Clips, weil sie seiner Meinung nach zu viele Meter Wurfweite kosten.

Zubehör

Zum unverzichtbaren Brandungsangel-Zubehör gehören:
- *Rutenhalter:* Sie müssen die langen Ruten hoch und auch bei Starkwind im Sand sicher halten. Dreibeinstative haben sich dafür gut bewährt.
- *Fisch- und Köderbehälter:* Solche Behälter sollten sparsam luftdurchlässig und gegen Regen abdeckbar sein. Im Sonnenlicht heizen sich dunkle Behälter stark auf, weiße sind besser geeignet.
- *Arbeitsplane:* Kunststoffplanen, abwaschbar, ca. 130 x 130 cm groß, eignen sich gut. Sie werden auf den Boden gelegt und seitlich beschwert. So verschafft man sich einen sandfreien, sauberen Arbeitsplatz.
- *Handtücher:* Je mehr man mitnimmt, desto besser.
- *Priest und Filetiermesser:* Zum Betäuben, Töten, Ausweiden und Filetieren. Das Messer mit Abgleitschutz.
- *Maßband oder Meßlatte:* Für die meisten Arten gelten Mindestmaße.
- *Knicklicht:* Das sind die unentbehrlichen Helfer in der Nacht. An der Rutenspitze angebracht, signalisieren sie jeden Biß. Auch phosphorisierende Rutenspitzen oder Leuchtdioden, die von einer Batterie im Rutenhandteil gespeist werden (mit Stromleitung im Innern der Rute), sind geeignet.
- *Vorfachspender:* Sie ersparen das heillose Durcheinander im Gerätekasten: Vorfächer werden daheim zusammengestellt, am Wasser nur noch eingehängt oder rasch gewechselt.
- *Kopflampe, Platzleuchte:* Akkuleuchten haben sich durchgesetzt. Nur weißes Licht verwenden, auf keinen Fall rotes und grünes Licht - das könnte Bootsführer auf See verwirren.

Oben: Mehrfachmeister Günter Großmann mit seiner Brandungsangel-Ausrüstung.
Rechts: Dreibein-Rutenhalter werden windsicher stabilisiert, indem man sandgefüllte Eimer oder Leinenbeutel einhängt.

*Oben links: Ein Beach-Buddy-Schutzzelt, Arbeitsplane und Meßlatte, kurze Gummistiefel und eine als Sitz dienende Transportkiste gehören zur Grundausrüstung.
Oben rechts: Vorfachspender.
Rechts: Vorfächer können auch sehr übersichtlich in Klarsichtmappen aufbewahrt werden.*

- <u>Gerätekasten</u>: Er muß wasserdicht und geräumig sein mit genügend Platz auch für das größte Zubehörteil.
- <u>Stiefel</u>: Normale Schaftstiefel genügen in der Regel. Bei stillem Wetter, wenn bei fehlender Brandung jeder Weitwurfmeter zählt, sind jedoch Wathosen vorteilhaft. Man durchwatet die ersten flachen Rinnen und Bänke, statt sie zu überwerfen, und setzt den Wurf weit draußen im Wasser an, watet dann mit offenem

Modernes Meeresangeln 281

Kopf- und Platzleuchte arbeiten mit Batterien.

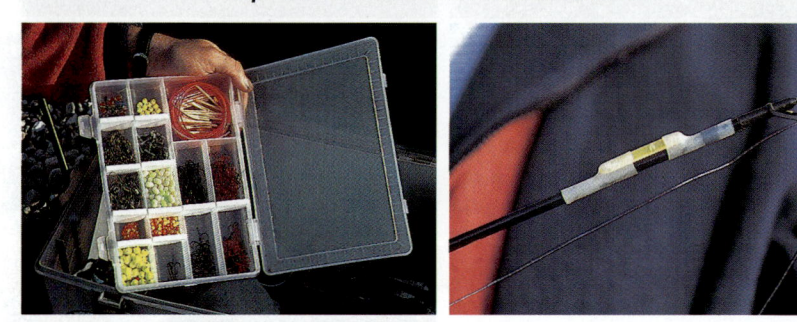

Links: Vorfach-Ersatzmaterial wird in Plastikschachteln aufbewahrt. Rechts: Das Knicklicht wird mit dehnbarem Kunststoffschlauch an der Rutenspitze befestigt.

Rollenbügel zurück und hat so viele Meter an Wurfweite gewonnen.
- *Bequemlichkeit:* Klappstuhl und Windschutz sind eine feine Sache. Der Fachhandel bietet sogar kleine Sitzschutzzelte an, einfach zusammenlegbar und wenig belastend.
- *Ausweistasche:* Der Jahresfischereischein und - nur in Mecklenburg-Vorpommern - der spezielle Küstenangelschein gehören mit ans Wasser. Im Auto liegt er zwar sicher, aber die Kontrolle findet am Wasser statt.

Der Großmann-Ködertisch ist ein Eigenbau. Immer dabei: eine Flasche mit Lockessenz.

Köder

Topköder fürs Brandungsangeln sind Würmer.
- <u>Wattwurm</u> - an erster Stelle der Meeresangelköder, alle Salzwasserfische mögen ihn, sogar die Meerforelle. Wattwürmer sind an der Ostsee nur spärlich zu finden, können an der Nordsee aber überall im Watt in Fülle gegraben werden (gesetzliche Regelung und Aufbewahrung siehe ab S. 335). Wattwürmer sind überall bei Angelhändlern vorrätig. Für einen Angeltag reichen etwa 100 Stück.

Zwei bis vier Wattwürmer auf die Ködernadel ziehen, dann Hakenspitze in das hohle Ende der Nadel stecken, straff halten und die Würmer auf Haken und Vorfach schieben.

- *Seeringelwurm*: - bei den Plattfischen noch beliebter. Sie lassen sich züchten und sind ebenfalls, von Farmen kommend, im Handel erhältlich. Es scheint so, daß Dorsche diese Würmer aber nicht so gern nehmen. Deshalb kombinieren erfahrene Angler je einen Watt- und Seeringelwurm auf dem Haken.
- *Tauwürmer*: - der beste Brackwasserköder in den Bodden und Wieken Mecklenburg-Vorpommerns. Aal, Barsch, Flunder und sogar der Hecht nehmen gern den kringelnden Wurm.
- *Sandspierlinge* - größere Exemplare, halbiert angeködert, sind eine weitere gute Alternative bei der Köderwahl. Sie müssen allerdings knackig frisch sein (bei Fischern in den Häfen), weil sie sonst die weiten Würfe nicht überstehen. Alle weiteren Fischchenköder, insbesondere die beim Bootsangeln so beliebten Fischfetzenköder, eignen sich nicht so gut fürs Brandungsangeln.

Fürs Anködern der Würmer benutzt man eine spezielle Ködernadel von etwa 40 cm Länge mit stumpfer Spitze und hohlem Ende. Mit solchen Nadeln gelingt es mühelos, mehrere Würmer hintereinander auf Haken und Mundschnur zu fädeln. Weltmeister Großmann fädelt beim Brandungsangeln stets bis zu vier Würmer auf Haken und Schnur. Sein Argument: Was beim Werfen wegfliegt, wird durch herabrutschende Würmer ersetzt.

Taktik

Brandungsangeln macht nur Sinn, wenn sich die Zielfische (Plattfische und Dorsche) in Ufernähe aufhalten. In der Einführung zum Brandungsangeln wurde bereits dargelegt, daß dafür an der Nordsee in erster Linie auflaufendes Wasser, an der Ostsee aber Brandung notwendig sind, überall sind Dämmerungszeiten die besten Zeiten. Zusammengefaßt ergibt dies folgende Regeln:

Nordsee
⇨ Mittags sinnlos.
⇨ Vor- und nachmittags nur bei auflaufendem Wasser gut.
⇨ Dämmerung und auflaufendes Wasser ergeben die beste Zeit.

Ostsee
⇨ Mittags sinnlos.
⇨ Vor- und nachmittags nur in der kalten Jahreshälfte gut. Bei Stillwasser ist es sinnlos.
⇨ Dämmerung ist bei Stillwasser gut, mit Brandung die allerbeste Angelzeit.

Der *Nordseeangler* muß an offenen Stränden, Buhnen und Stacks beweglich sein, ständig vor dem steigenden Wasser zurückweichen. Die Grundausrüstung muß auf dem hohen, trockenen Ufer bleiben, nur Rute, Köder und Fischbeutel gehen mit an die Wasserlinie. Rutenhalter müssen ständig landwärts verlegt werden, deshalb wird auch viel aus der Hand gefischt.

Der *Ostseeangler* hingegen kann sich auf eine sich wenig verändernde Wasserlinie verlassen und alle Geräte am Angelplatz zusammenstellen. Die Ruten werden nach dem Auswerfen hochaufgerichtet in die Halter gesteckt, die Schnur solange nachgespannt, bis das Blei zu rutschen beginnt. Dann wird der Schnurlauf blockiert und die Bremse hart eingestellt, aber nur so fest, daß die Schnur bei einem Anhieb nicht zerreißen kann. So vorbereitet beginnt man mit dem Angeln. Die Ruten sollen möglichst hoch gehalten werden, damit die Schnur weit über die heranrollenden Wellen hinweggreicht und jeder Biß durch wippenden Ausschlag der Rutenspitze zu sehen ist. Größere Fische machen kurzen Prozeß, reißen eine zu locker aufgestellte Rute glatt um und haken sich dabei selbst. Vorsichtige Bisse quittiert man schnurfühlend und mit kurzem, kräftigem Anschlag. In der Dämmerung erkennt man sehr gut alle Bisse an den Bewegungen der Knicklichter oder Leuchtdioden. Erfahrene Ostseeangler benutzen an der Ostsee nicht mehr als zwei Ruten, die sie eng zusammenstellen. Mit zwei Ruten ist man in der Dämmerung voll beschäftigt, wenn die Beißzeit richtig beginnt (gleich nach Sonnenuntergang). Fänge von 10, 20 und mehr mäßigen Fischen sind bei guten Bedingungen normal, da hat man alle Hände voll zu tun. Aber auch, wenn es nicht beißt, gilt es, spätestens alle zehn Minuten die Köder zu wechseln gegen frische, attraktiv duftende.

Montagen
Die mit Zeichnungen schematisiert dargestellten Montagen auf den folgenden Seiten sind Prototypen, mit denen ausgezeichnet geangelt werden kann. Sie können im Detail verändert werden. Das betrifft die Vorfachlängen, Hakengrößen und Montage von Lockern (Perlen, Fädchen, Blättchen usw.). Der Phantasie sind keine Grenzen gesetzt.

Beim Brandungsangeln gibt's viel zu schleppen...

286 Modernes Meeresangeln

24-kg-Leine

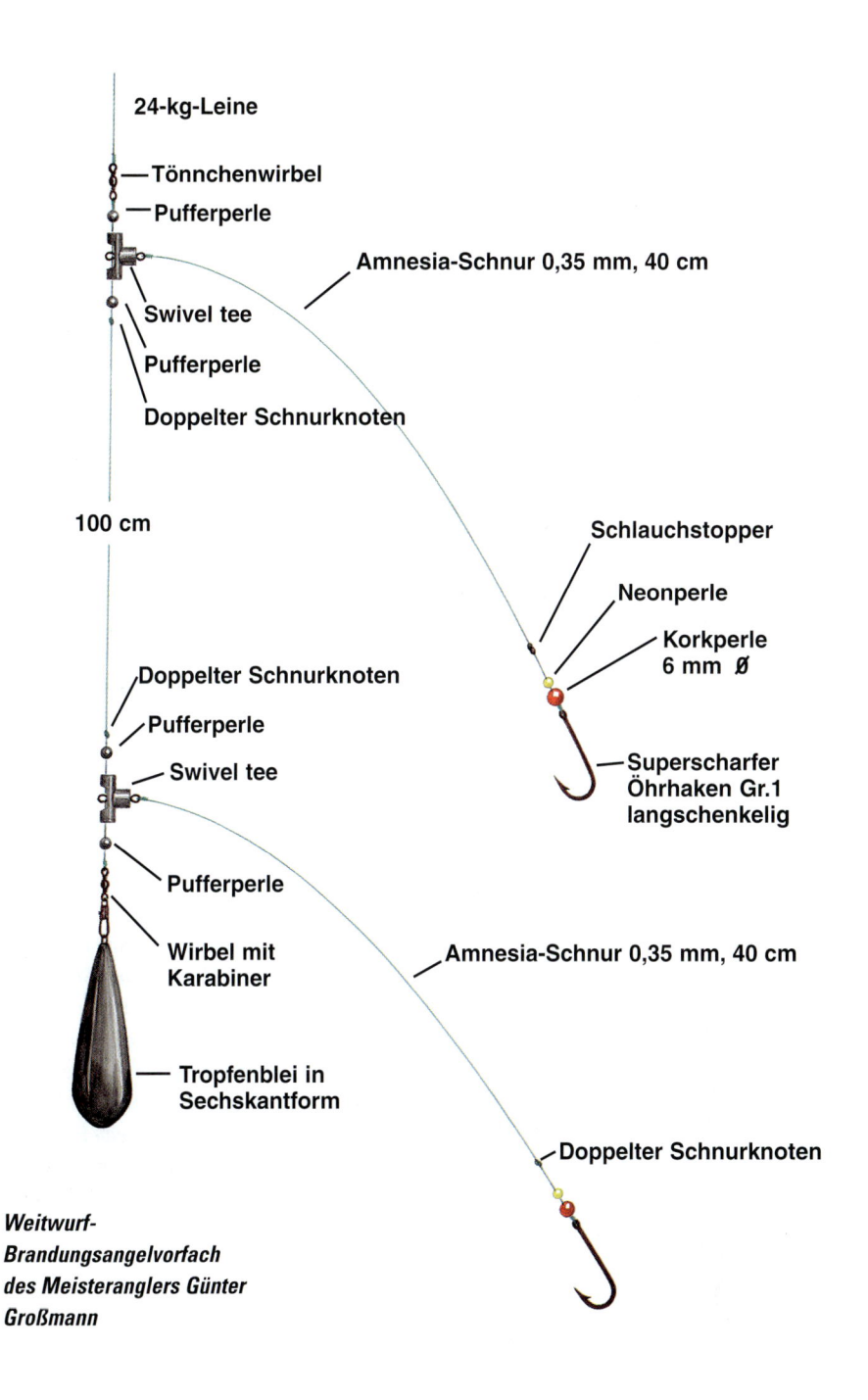

Tönnchenwirbel

Pufferperle

Amnesia-Schnur 0,35 mm, 40 cm

Swivel tee

Pufferperle

Doppelter Schnurknoten

100 cm

Schlauchstopper

Neonperle

Korkperle 6 mm Ø

Doppelter Schnurknoten

Pufferperle

Swivel tee

Superscharfer Öhrhaken Gr.1 langschenkelig

Pufferperle

Wirbel mit Karabiner

Amnesia-Schnur 0,35 mm, 40 cm

Tropfenblei in Sechskantform

Doppelter Schnurknoten

Weitwurf-Brandungsangelvorfach des Meisteranglers Günter Großmann

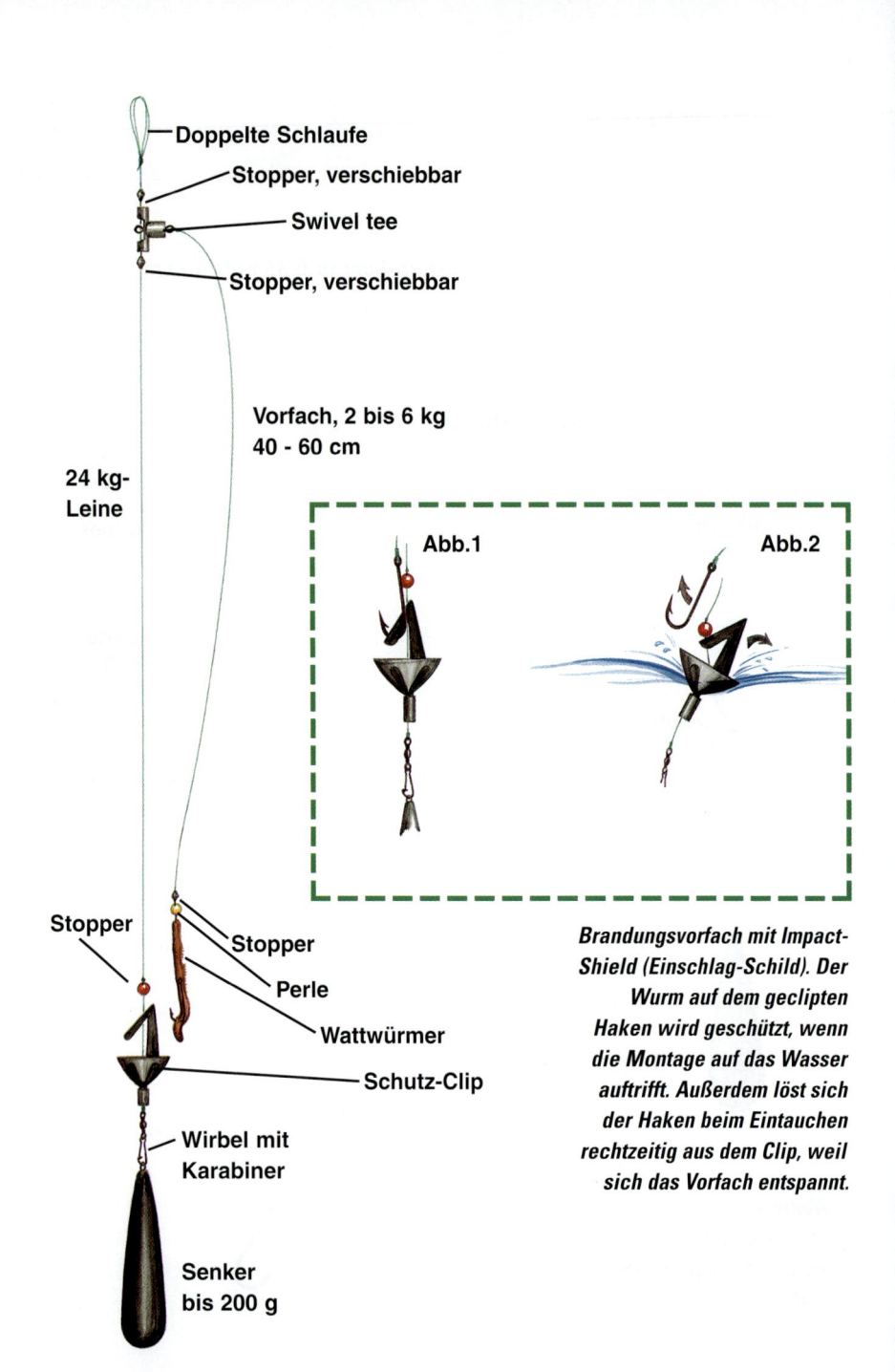

- Doppelte Schlaufe
- Stopper, verschiebbar
- Swivel tee
- Stopper, verschiebbar

Vorfach, 2 bis 6 kg
40 - 60 cm

24 kg-Leine

Abb.1   Abb.2

Stopper
Stopper
Perle
Wattwürmer
Schutz-Clip
Wirbel mit Karabiner
Senker bis 200 g

Brandungsvorfach mit Impact-Shield (Einschlag-Schild). Der Wurm auf dem geclipten Haken wird geschützt, wenn die Montage auf das Wasser auftrifft. Außerdem löst sich der Haken beim Eintauchen rechtzeitig aus dem Clip, weil sich das Vorfach entspannt.

Clip — Stopper, verschiebbar

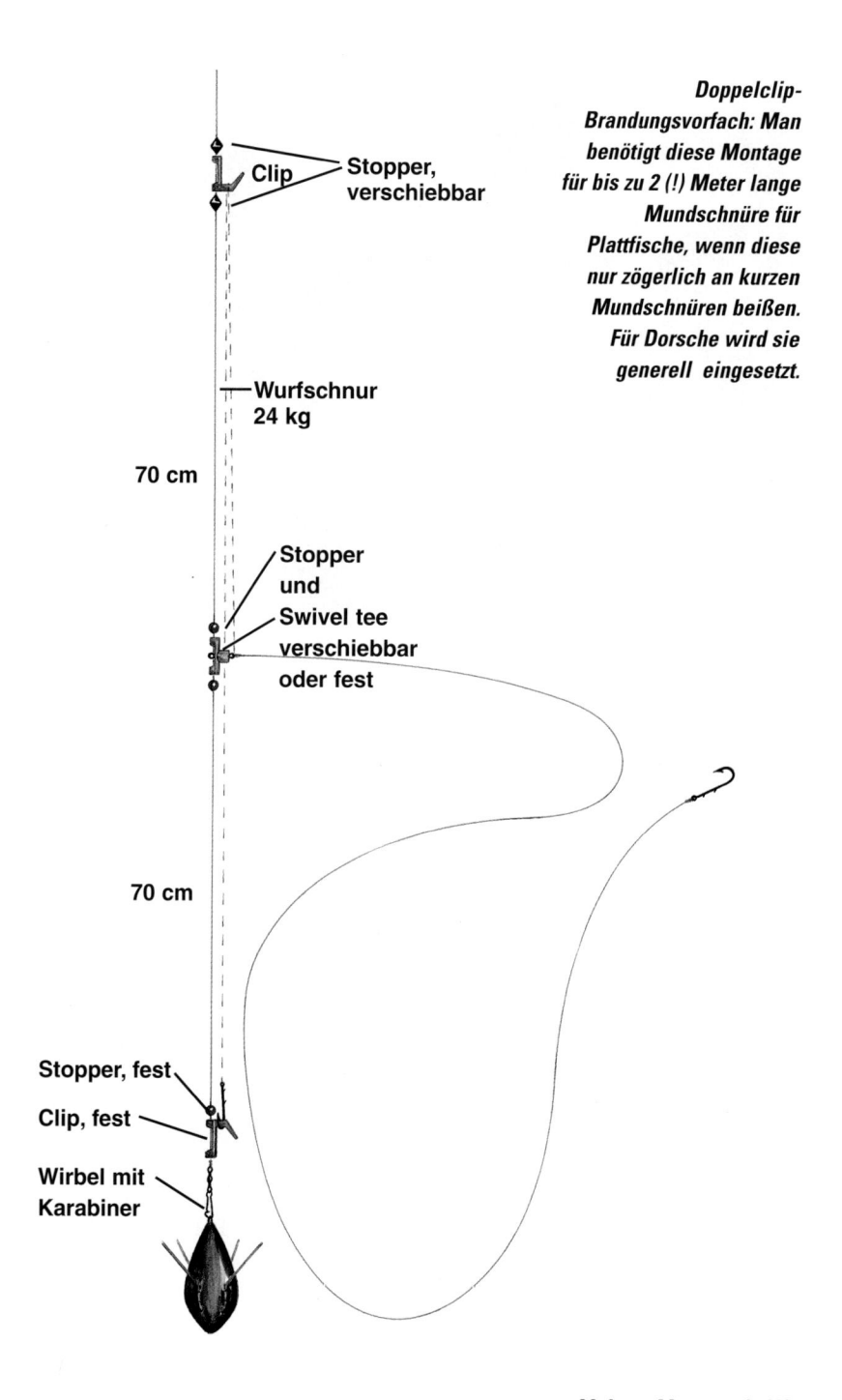

Wurfschnur 24 kg

70 cm

Stopper und Swivel tee verschiebbar oder fest

Doppelclip-Brandungsvorfach: Man benötigt diese Montage für bis zu 2 (!) Meter lange Mundschnüre für Plattfische, wenn diese nur zögerlich an kurzen Mundschnüren beißen. Für Dorsche wird sie generell eingesetzt.

70 cm

Stopper, fest
Clip, fest
Wirbel mit Karabiner

Pollack - der Fisch wurde beim Wrackangeln vor Dornumersiel gefangen.

Pollack (Pollachius pollachius)

Der Fisch kann über 10 kg schwer werden, IGFA-Rekord: 12,1 kg. Die Jungpollacks können beim ersten Hinsehen leicht mit Wittling, Dorsch und Köhler verwechselt werden. Dem Pollack fehlt aber die Tastbartel unter dem Kinn. Das stark unterständige Maul sowie die auffällig über den Brustflossen gebogenen Seitenlinien unterscheiden ihn deutlich.
Pollacks sind typische Bewohner von meterhohen Tangregionen im stark salzhaltigen Wasser. Solche Bedingungen finden sich bei uns jenseits der Trübwasserzone unserer Nordseewatten bei den Wracks und auf dem Helgoländer Felssockel. Auf beiden Plätzen wird der Pollack regelmäßig als Beifang beim Dorschangeln erbeutet.
Über das Kattegat gelangen auch Trupps (ein Pollack schwimmt nie allein) in die westliche Ostsee, und dort verweilen sie in den Zuckertangregionen auf Steinfeldern.
Solche Gebiete sind bei uns leider rar und örtlich klein begrenzt, so daß sich die Fische nie regelmäßig und lange in der Ostsee aufhalten. Pollacks werden bei uns selten schwerer als 2 kg. Sie sind begehrte Küchenfische, auf Fischmärkten weit besser bezahlt als Dorsch und Köhler.

Regenbogenforelle (Salmo gairdneri)

Sie wird bis 70 cm lang und über 8 kg schwer. In unseren Küstengewässern genießt sie keinerlei Schutz. Die Art wird entlang der mecklenburg-vorpommerschen Küste zeitweilig häufiger gefangen als die Meerforelle. Sie unterscheidet sich von der Meerforelle und dem Lachs durch ein meist schwach erkennbares, breites, rötliches Band („Regenbogen") auf bläulich-silbern schimmernden Flanken. Die zahlreichen schwarzen Punkte (nicht kreuzförmig) ziehen sich bei diesem Fisch bis auf die Fett-und Schwanzflosse hin.

Regenbogenforelle - der Koloß von über 14 Pfund wurde von der Fährdorfer Brücke zur Insel Poel gefangen.

Der kampfstarke, schöne Fisch ist an der nordamerikanischen Pazifikküste heimisch. Er wurde 1880 in Europa eingeführt und wird seitdem in Netzkäfigen (Meer) und Teichwirtschaften gehalten. Seit 1972 wurde diese Forelle regelmäßig in die Wismarbucht eingesetzt; zu Beginn waren es jährlich viele zehntausend Setzlinge. Fortan wurden die Fische dort in Mengen gefangen; sie sind auch heute noch etwa im Verhältnis 1:1 zur Meerforelle präsent. Die Fische werden groß. Ein „Regenbogener" von 7,1 kg wurde 1994 an der Fährdorfer Brücke bei der Insel Poel geangelt.

Die Fische wandern im Salz-, noch lieber im Brackwasser der Küste umher und werden oft vor Süßwassereinläufen auf der Suche nach Laichmöglichkeiten getroffen. In Nordamerika sind das dieselben Flußregionen, die auch vom Lachs bevorzugt werden, also kaltes, klares und kiesreiches Wasser. Ob die Regenbogenforellen bei uns jemals erfolgreich in freier Wildbahn gelaicht haben, ist zweifelhaft. Denkbar wäre dies für die Laichbäche der Meerforelle im Warnow-Gebiet Mecklenburgs.

Die Regenbogenforelle ist für die Meeresangelei eine große, attraktive Bereicherung und wird an denselben Plätzen und mit denselben Methoden gefangen, wie im Abschnitt *Meerforelle*, S. 249, beschrieben.

Scholle

siehe *Plattfische*, S. 263

Seehase (Cyclopterus lumpus)

Die bis höchstens 5 kg schwer werdenden Fische (Milchner bleiben kleiner) sind streng an harten, steinigen Grund mit Bewuchs gebunden. Solche Regionen sind vor unseren Küsten selten. Deshalb werden die Fische auch nur gelegentlich auf dem Helgoländer Felssockel und in der westlichen Ostsee vor allem querab Falshöft/Schlei-Mündung erbeutet.

Milchner und Rogener sind völlig verschieden gefärbt und ernähren sich von Weichtieren. Quallen gehören offenbar zur Lieblingsspeise der Seehasen. Der Fisch ist nur zufälliger Beifang beim Naturköderangeln in den Wintermonaten vom Boot. Er sollte sofort zurückgesetzt werden, denn das Fleisch des Fisches wird wenig geschätzt. Die Berufsfischer fangen die Art hauptsächlich wegen des Rogens, aus dem „Deutscher Kaviar" hergestellt wird.

Seehasen - oben ein Milchner mit der deutlich sichtbaren Saugscheibe, darunter der stets wesentlich größere Rogner.

Seeskorpion (Myoxocephalus scorpius)

Er wird bei uns höchstens 0,5 kg schwer bei etwa 35 cm Länge; die meisten Fische sind jedoch kleiner. Leicht kann er verwechselt werden mit dem Seebull. Letzterer besitzt zur Unterscheidung auf der „Nase" und den Vorkiemendeckeln je einen kräftigen, spitzen Stachel.

Seeskorpion - ein Milchner, erkennbar an den weißen Bauchflecken.

Die kleinen Seeskorpione - mit ihrer Vorliebe für Verstecke und die gesellige Lebensweise - sind an unserer Küste allgegenwärtig, wenn nur das Wasser einigermaßen salzig ist. Die Fische gelten als aggressiv und gefräßig, sogar Pilker bis zur eigenen Körpergröße werden attackiert. Aus dem dichten Algenbewuchs an Spundwänden in Häfen kann man auf Sicht oder mit der Pose mit Wurm-, Muschel- oder Fetzenköder schnell einen kleinen Eimer voller Seeskorpione fangen - aber Vorsicht! Die vielen Stacheln können Anglerhände zerstechen. Die Fische sollte man nur mit der behandschuhten Hand abködern.

Die vielen Stacheln erschweren auch die weitere Verarbeitung, auf die man aber nicht verzichten sollte. Denn der Fisch ergibt ein schmackhaftes Gericht, wenn man den Kopf abtrennt, die Körperseiten gedünstet oder gebraten verwertet und aus den Köpfen eine Fischsuppe herstellt (s. Kapitel *Praxis*, Abschnitt *Verwertung*, S. 302).

Seezunge

siehe *Plattfische*, S. 263

Sprotte

siehe *Hering*, S. 223

Steinbutt

siehe *Plattfische*, S. 263

Stinte - sie sind besonders in der Deutschen Bucht sehr häufig.

Stint (Osmerus eperlanus)

Seit geraumer Zeit ist der kleine Verwandte des Lachses in der Deutschen Bucht wieder häufig. Der größte Beifanganteil der Garnelenfischer in den Watten besteht zuweilen aus Stinten, und große Laichzüge dieses streng nach Gurken riechenden Fisches ziehen alljährlich in die Unterläufe der Ströme. Im März/April wandern die Fische beispielsweise die Elbe über hundert Kilometer aufwärts. Dort haben sie wieder eine saisonale Berufsfischerei begründet. Gebratener Stint mit „Köm" und Bratkartoffeln ist wieder zu einem beliebten Saisonessen hinter den Deichen geworden.
Die Küstenangler haben sich darauf eingestellt und fangen Stinte mit dem Paternoster. Goldene oder rote Haken, Gr.12 bis 14, werden mit einer Made oder einem Stückchen eines frisch gefangenen Stintes beködert und zu einem Acht- bis Zehnhakenpaternoster gebunden. Damit angelt man unmittelbar vor Kais und Molen zupfend in allen Wassertiefen. Die Außenmolen der Ströme, z. B. in Cux-

haven, aber auch die Stillwasserbezirke in küstennahen Häfen mit genügend tiefem Wasser auch bei Ebbe können von Ende Februar bis in den Mai hinein voller Stinte sein. Bekannte Angelplätze: Wilhelmshaven (Hafen und Molen), Miele-Schleuse, Hafen (bei Meldorf); Büsum-Hafen; Holmer Siel; Schlüttsiel.
Entlang der Ostseeküste machen sich Stinte rar. Eine eigenständige Angelei existiert nirgendwo.

Stöcker - auch „Bastardmakrele" genannt, beim Makrelenangeln häufiger Beifang.

Stöcker (Trachurus trachurus)

Ein Sommergast unserer Nordseeküste, kommt in die Ostsee nur sporadisch. Der Fisch erscheint und geht mit den Makrelen. Er wird selten mehr als 0,8kg schwer. Die Fische ziehen aus der Biskaya, möglicherweise auch aus der nördlichen Nordsee kommend in die Deutsche Bucht. Dort werden sie als Beifang beim Makrelenangeln von Mai bis September erwischt. Gewöhnlich beträgt ihr Anteil am Makrelenfang 20%, manchmal aber auch mehr.

Vorsicht beim Anfassen, der Fisch besitzt eine spitzstachelige Rückenflosse und Stacheln am Bauch. Das macht auch die Verarbeitung in der Küche schwierig. Während der Laichzeit im Mai/Juni eignet er sich nicht besonders gut für die Küchenverwertung. Die fetteren August/September-Fische ergeben jedoch eine Räucherdelikatesse.

Wittlinge - in der Ostsee mit Gleitfloß und Fetzenköder in 20 Metern Tiefe gefangen.

Wittling (Merlangius merlangus)

Er ist nach dem Hering der häufigste Fisch der Ostsee und auch in der Nordsee überall fangbar. Fische von etwa 1 kg gehören nicht zu den Seltenheiten, mei-

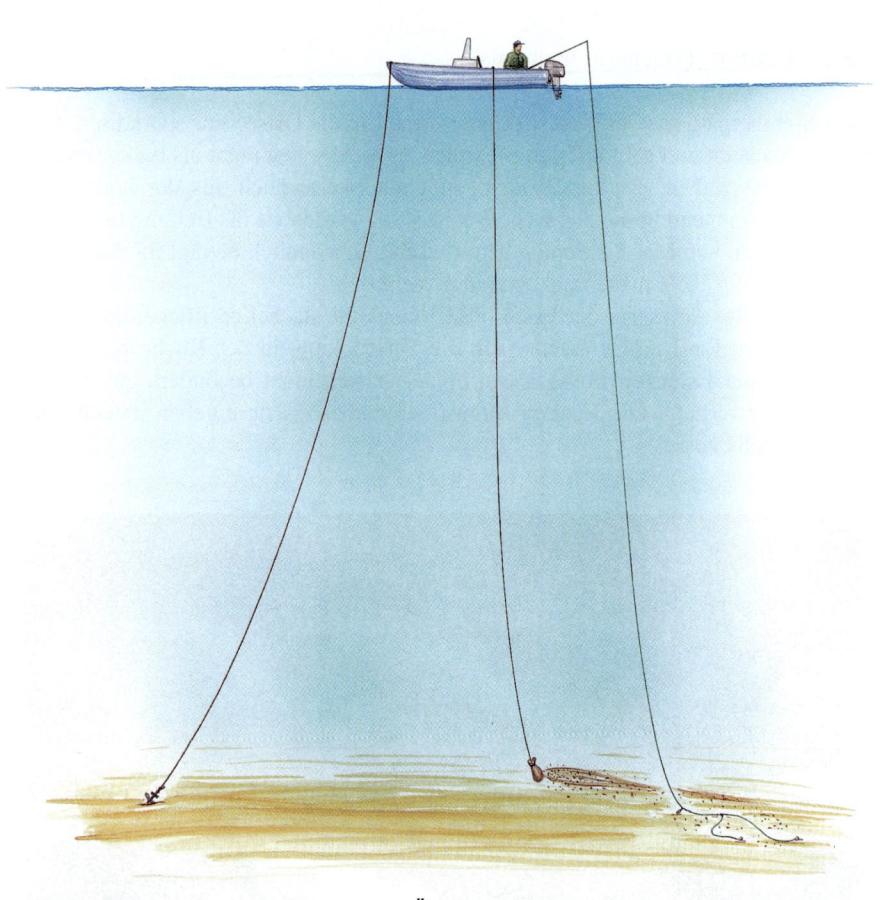

Wittlingsangeln vom verankerten Boot: Über etwa 20 Meter tiefem Wasser wird geankert. Aus dem knapp über Grund gehaltenen Rubby-Dubby-Sack tritt Futter aus, und im Lockfutterstrom wird mit der Laufblei-Montage auf Grund geangelt.

stens bleiben sie im Gewicht aber - leider - etwas darunter. Mindestmaß: 23 cm. Noch junge Wittlinge können bei flüchtigem Hinsehen mit anderen Dorscharten verwechselt werden (Pollack, Dorsch). Das wichtigste Unterscheidungsmerkmal ist ein großer, schwarzer Fleck auf dem „Hals", zwischen Brustflossenansatz und Kiemendeckelrand.

Angelmethoden
Wittlinge fängt man unmittelbar auf dem Grund. Dort sucht der Fisch mit spitzen Zähnen nach Weichtieren und auch Kleinfischen. Köder von mehr als fünf Zentimeter Länge sind ihm offenbar fremd, deshalb wird er auch ganz selten beim Pil-

ken erbeutet. Beim Naturköderangeln vom Boot (s. Abschnitt *Dorsch*, S. 197) steht er aber mengenmäßig ganz oben.
Der Fisch schätzt Schlickboden, bei uns an der Ostseeküste ab etwa 20 Meter Tiefe, an der Nordsee schon am Wattenrand, meidet dort aber das trübe Wattenwasser. Die beste Angelmöglichkeit besteht vor unserer Ostseeküste vom verankerten Boot über Schlickgrund. Solche Bezirke mit etwa 20 Meter tiefem Wasser finden sich überall am Ausgang der Förden und Buchten, so vor der Lübecker und der Eckernförder Bucht sowie im Fehmarnbelt. Am Ankerplatz wird tüchtig angefüttert. Das Lockfutter (Rubby dubby) aus zerstampften frischen Fettfischen packt man in ein feinmaschiges Netz, senkt es mit einer Beschwerung zum Grund und schüttelt es in Abständen, damit sich die Lockstoffe lösen und eine Duftspur bilden. Die beköderten Haken (Wattwürmer, Seeringelwürmer, Heringsstückchen, Spierlingsfilets) läßt man am Gleitfloß an der Duftspur entlang treiben oder legt sie mit einem Laufblei am Anfütterungsplatz fest und fühlt dann die Bisse mit der Hand. Wittlinge beißen nicht stürmisch, sie knabbern und zerren am Köder, schlucken aber willig, wenn man ihnen Zeit läßt. An manchen Tagen, namentlich im Sommer, dann auch in der heißen, hochsommerlichen Mittagszeit, wenn auf hoher See nichts so recht beißen will, lassen sich so Wittlinge leicht im Dutzend und mehr erbeuten.
Die räuberischen Eigenschaften des Fisches macht man sich auch mit Kunstködern beim Angeln vom treibenden Boot zunutze. Der Fachhandel bietet eine ganze Reihe von phantasievollen Wittlingsvorfächern an, die allesamt am gleitenden Schleppblei (s. *Dorsch*) direkt auf dem Grund geführt werden. Solche Kunstköder fangen am besten, wenn man die Haken zusätzlich mit Wattwürmern bestückt. Zweihakenmontagen ergeben dabei sehr oft Doubletten, denn Wittlinge stehen nie allein, schwimmen immer in größeren Schwärmen umher.
In der Küche wird der Fisch von Feinschmeckern hochgeschätzt und dem Dorsch vorgezogen. Voraussetzung für den Wohlgeschmack ist allerdings die absolute Frische und Unversehrtheit des Fisches, denn Wittlinge werden sehr schnell weich, verlieren rasch die Totenstarre, und der Fisch wird bei unsachgemäßer Lagerung leicht zerdrückt. Sofortiges Töten und Ausweiden nach dem Fang und vor allem eisgekühlte Lagerung wirken dem entgegen.

W o l f s b a r s c h (Dicentrarchus labrax)

Seit geraumer Zeit wird dieser Fisch vereinzelt in der Deutschen Bucht auf den Watten und den küstennahen Häfen (namentlich den der Inseln) gefangen. Er ist einer der Zuwanderer aus dem lusitanischen Fischereich und gelangt aus der Biskaya durch den Ärmelkanal zu uns. Bei unseren britischen und französischen

Wolfsbarsch - ein heimlicher Einzelgänger an unserer Nordseeküste.

Angelfreunden ist der Fisch so begehrt, daß Clubs gegründet wurden, die sich nur der Wolfsbarschangelei verschrieben haben. Auch unsere holländischen Nachbarn kennen den „Zeebaars" und fangen ihn regelmäßig. In der Ostsee fehlt der Fisch. Das Mindestmaß vor der niedersächsischen Küste beträgt 36 cm.

Der bis zu fast einen Meter Länge und rund 10 kg Gewicht heranwachsende Fisch (im Schnitt 1,5 kg) bewohnt das ganze Sommerhalbjahr die Küsten, dringt in die seichtesten Buchten und Buhnenfelder vor und stört sich nicht am Brackwasser. Die großen Fische leben als Einzelgänger, kleinere jagen in Rudeln und verraten sich durch panisch aus dem Wasser spritzende Kleinfische. Auch ruhige Hafenbecken ohne viel Schiffsverkehr und mit Fischbrut ziehen die Wolfsbarsche an. Im Hochsommer patrouillieren die mausgrauen Jäger auch in Wurfweite vor den Sandstränden der Inseln.

Gleich Makrelen und Hornhechten sind Wolfsbarsche „Schönwetterfische", die sich auch sehr gut im Hochsommer bei hellstem Sonnenschein und ruhiger See fangen lassen. Hat man einen Jagdplatz ausgemacht, fischt man mit der Spinnrute und schlanken, flachlaufenden Blinkern, aber auch mit spinnend geführten Fetzenködern (s. *Hornhecht*, S. 226). Wolfsbarsche gelten als scheu, sie kommen nie direkt an die Uferbauten heran, lauern und jagen lieber in der Mitte von Fahrwassern und Hafenbecken, Buhnenfeldern und Kehrwassern. Dort fängt man sie sogar mit Wurmködern am treibenden Floß. Der Fisch zählt mit zum Besten, was man für die Küche erbeuten kann und erzielt Höchstpreise auf den Fischmärkten.

Solch ein Brocken von Wolfbarsch ist nicht alltäglich.

III. Kapitel P r a x i s

▶ Verwertung

Gleich nach dem Fang

Die sachgemäße Fangverwertung beginnt unmittelbar nach dem Landen des Fisches. Sofortiges Betäuben und Töten ist nicht nur gesetzlich vorgeschrieben, sondern ist weidgerecht und bringt für die weitere Verwertung des Fanges nur Vorteile, weil Geschmack und Lagerfähigkeit beträchtlich verbessert werden.

Das sofortige Betäuben und Töten nach dem Fang vermindert biochemische Vorgänge im Gewebe und verlängert den Zeitpunkt der Totenstarrelösung, beides Vorgänge, die den Geschmack und die Haltbarkeit erheblich beeinflussen. Man tötet Seefische durch einen Kehlschnitt, der die Hauptschlagader zwischen Kiemen und Herz durchtrennt. Dadurch kann das noch intakte Herz das Blut aus dem Gewebe herauspumpen. Ausgeblutete Fische besitzen fleckenloses, weißes Gewebe von bestem Wohlgeschmack.

Untermaßige Fische werden schonend kopfvoran ins Wasser zurückgesetzt, nicht im hohen Bogen ins Wasser geworfen - dabei könnte die Schwimmblase zerplatzen. Zu kleine Dorsche, die kieloben an die Oberfläche kommen, sind lediglich durch die Schwimmblasendehnung kurzzeitig betäubt; auch sie können unbeschadet sofort zurückgesetzt werden. Sichtbar kranke Fische sollten auf Rat von Wissenschaftlern ebenfalls lebend zurückgesetzt werden, damit sie eine Chance auf Selbstheilung bekommen und Resistenz entwickeln können.

Das Ausweiden muß ebenfalls so schnell wie möglich nach dem Fang erfolgen. Dabei werden nicht nur alle Innereien, sondern auch die Kiemen und die Nierensubstanz entfernt. Diese liegt bei vielen Fischen hinter einem Häutchen verborgen unter dem Rückgrat. Mit einer kräftigen Zahn- oder speziellen Nierenbürste läßt sich die Substanz restlos entfernen.

Einige Fische müssen geschuppt werden, z. B. Hering, Hornhecht, Wittling, Meeräsche, Wolfsbarsch, Barsch und Hecht. Das gelingt unmittelbar nach dem Fang am leichtesten, dann kann man bei Heringen und Hornhechten durch kräftiges Reiben mit rauhen Tüchern sämtliche Schuppen einfach entfernen.

Aus großen Fischen schneidet man am besten gleich Filets und überläßt die Fischreste dem Meer. Filets und geschlachtete Fische spült man im klaren Seewasser, trocknet sie mit Tüchern und lagert sie fortan so kühl wie möglich. Brucheis in wasserdichten Tüten oder Beuteln eignet sich sehr gut, ebenso auch Kühlelemente, alles in Verbindung mit isolierenden Behältern (Kühltaschen, Styroporkisten). Nicht vollständig gefüllte Behälter füllt man mit zerknülltem Papier, Kühlmittel werden immer zuoberst auf die Fische gelegt.

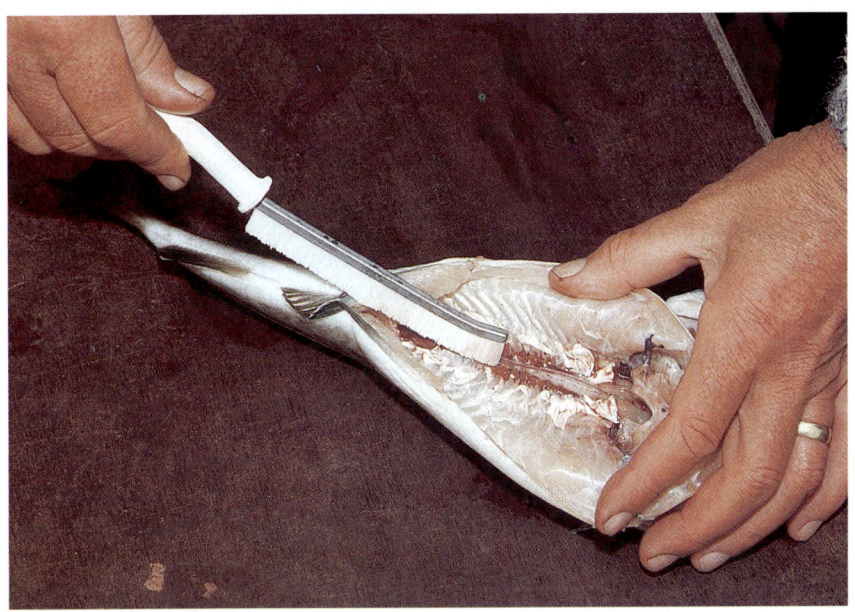

Spezielle Bürste für das Entfernen der Nierensubstanz.

Lagerung

Fettfische, z. B. Makrelen, Sommer-Hornhechte, Heringe, sollten noch am Fangtag „endgelagert" werden. Bei Magerfischen (Dorsch, Hecht) kann man sich auch eine Nacht Zeit lassen. Die auf See gereinigten, abgetrockneten Fische werden daheim noch einmal gereinigt und getrocknet und dann in Gefrierbeuteln oder Gefrierschläuchen absolut luftdicht verpackt. Überschüssige Luft saugt oder drückt man vor dem Verschließen ab. Die mit Fangdatum gekennzeichneten Verpackungen müssen sodann schockgefroren werden bei mindestens -18 bis -20°C.

Lagerzeit	Kühlschrank +2° bis +4°C	Gefrierschrank ab -18°C
Magerfisch, roh	1 Tag	bis 5 Monate *)
Fettfisch, roh	-	bis 2 Monate *)
Fisch, gegart	2 Tage	bis 5 Monate *)
Fisch, heiß geräuchert	1 Tag	bis 2 Monate *)

*) luftdicht verpackt (Schutz gegen Austrocknen)

Aufwendig, aber besonders sicher und geschmackserhaltend ist das Vereisen. Man taucht die zunächst steif gefrorenen Fische oder Filets in sauberstes, eiskaltes Wasser, läßt abtropfen, gefriert nochmals und wiederholt das Prozedere solange, bis sich ein Eispanzer um den ganzen Fischkörper gebildet hat. Erst dann erfolgt das luftdichte Verpacken und Lagern nach dem Schockgefrieren.

Auftauen von tiefgefrorenem Fisch: Man spült unter fließendem Wasser den Fisch eisfrei, trocknet ihn und läßt ihn im Kühlschrank (+ 4°) auf saugfähigem Papier auftauen. Auftauen in Mikrowellenherden ist ebenfalls möglich. Die Weiterverarbeitung sollte aber immer zügig nach dem Auftauen oder auch schon kurz davor erfolgen. Auftauende Fische nie im eigenen Schmelzwasser liegenlassen.

Tip

Halte Fische beim Autotransport abseits von Kraftstoffen. Ein Tropfen Dieselöl verdirbt den Geschmack des ganzen Fanges.

Verarbeitung von Überfängen

<u>Dorsche:</u> Filetieren, portionsweise luftdicht in Beuteln oder Schläuchen verschweißen und schockgefrieren.

<u>Heringe:</u> Marinieren. Der saure Sud (die Marinade) wird hergestellt aus je einem Drittel Kräuteressig (5%ig), trockenem Weißwein und Wasser. Das Gemisch wird ergänzt durch Kräuter der Saison, Gemüsesorten nach Geschmack (vor allem Zwiebeln, Schalotten, Mohrrüben, Petersilienwurzeln) und zusammen mit Gewürzen (Lorbeer, Pfeffer, Salz, Wachholderbeeren, Thymian, Mayoran, Knoblauch) aufgekocht bis zum Garen. Dann läßt man den Sud erkalten.

Die Heringe werden ausgenommen, Kopf und Schwanz entfernt, gewaschen und getrocknet, mit Zitronensaft beträufelt, in Paniermehl gewendet, in Öl gebraten und schichtweise in ein hohes, säurefestes Gefäß gelegt. Zwischen jede Lage streut man etwas von den festen Bestandteilen des kalten Sudgemüses und den Gewürzen. Schließlich gießt man den kalten Sud über die Fische, bis sie davon vollständig bedeckt sind. Kühl im Keller aufbewahrt, sind die Fische so mindestens eine Woche haltbar, bei Kühlschranklagerung noch wesentlich länger.

<u>Makrelen und Hornhechte:</u> Aspik. Die nach der 3-S-Methode (siehe nächster Abschnitt) vorbereiteten Fische werden in gut hühnereigroße Stücke geschnitten (aus Makrelen schneidet man Karbonadenstücke) und in einem Topf mit verdünnter Fleischbrühe oder anderer Gewürzbrühe bei schwacher Hitze gegart. Die gegarten Fische werden entgrätet und in einem vorbereiteten Sud (siehe vorher bei *Heringe*) gelegt. Dem Sud fügt man Salz, etwas Zucker und Gelier-

pulver (Herstellerangaben beachten) hinzu und kocht ihn einmal kurz auf. Inzwischen gart man Eier, Mohrrüben und weiteres, kleingeschnittenes Gemüse nach Geschmack, läßt alles erkalten, zerteilt die hartgekochten Eier und füllt alles in vorbereitete, dicht schließende Gläser, immer schichtweise Fisch, Ei und Gemüse mit Gewürzen, füllt mit dem Sud solange auf, bis alles bedeckt ist und läßt die luftdicht verschlossenen Gläser erkalten. Die etwa zweiwöchige Haltbarkeit läßt sich beträchtlich erhöhen, wenn man die Gläser samt Fischaspik bei etwa 80 Grad sterilisiert und beim Erkalten wiederum für absolut luftdichten Verschluß sorgt.

Räuchern

Alle Fettfische eignen sich zum Räuchern, besonders Aal und Makrele, aber auch Hornhechte, was wenig bekannt ist. Bei den Hornhechten entfernt man alle Schuppen und Eingeweide, die Fische werden in der Mitte geteilt, Kopf und Schwanz abgetrennt. Das Vorderteil verarbeitet man zu Fischaspik (siehe zuvor), die Schwanzhälften werden an der Schwanzwurzel aufgehängt und geräuchert. Zuvor aber werden sie etwa sechs Stunden in eine milde Salzlake gelegt (etwa 300 g Salz auf 10 Ltr. Wasser). Die Fische werden tropfnaß in die Räuchertonne gehängt, darunter ein Erlen- und Buchenholzfeuer entfacht, nach rund 15 Minuten der Luftzug durch Deckelauflegen gedrosselt und mit der Feuerklappe die Flammen reguliert. Auf zu

Eine Delikatesse: geräucherte Hornhechtschwänze.

hohes Feuer werden frische, grüne Brennesseln gelegt. Nach etwa 45 bis 60 Minuten sollten die Fische gar sein, große Makrelen benötigen etwas mehr Zeit.

Kleinfische und Reste in die Suppe

Kleinfische, insbesondere der häufige Seeskorpion, gerade mäßige Plattfische, alle Fischreste von Magerfischen (Dorsch, Hecht), aber auch Reste von anderen Fischen eignen sich für die Herstellung von Fischsuppen. Mindestens fünf Fischarten oder ersatzweise Muscheln und Garnelen werden benötigt.

Suppenbasis ist ein Sud, zubereitet aus frischen Gemüsesorten wie Fenchel, Porree, Staudensellerie, Petersilienwurzeln usw. mit Gewürzen nach Wahl. Man schmeckt mit Fleischbrühe, Jodsalz oder einem Fischfond ab und läßt alles sanft köcheln. Separat gart man gewürfelte Kartoffeln oder kleine Nudeln sowie entgrätete, verwertbare Fischstückchen.

Den Sud passiert man nach dem Garen durch ein feinmaschiges Sieb, schmeckt nochmals, z. B. mit etwas Creme fraiche ab, fügt die gegarten Fischstücke, Kartoffeln oder Nudeln hinzu - fertig.

Keine Gerüche in der Küche

Die „3-S-Methode" ist eherner Bestandteil aller Zubereitungen, ob Fisch nun gebraten, gedünstet oder gekocht werden soll:

Säubern: Ob frisch aus der See oder aufgetaut aus dem Kühlschrank - jeder Fisch muß gründlich „endgereinigt" werden, zum Schluß noch einmal abgespült und mit Haushaltspapier oder in Tüchern abgetrocknet werden.

Säuern: Danach wird der Fisch von allen Seiten mit Zitronensaft oder Essig (5%) beträufelt, im Lösungsüberschuß kurz auf dem Teller gewendet und auf eine trockene Unterlage gelegt. Der Fisch soll nicht im Säurebad liegen. Ganze Fische werden auch innen gesäuert. Fünf Minuten einwirken lassen; die Säure bindet den Fischgeruch.

Salzen: Danach den Fisch abermals abtrocknen und dann von allen Seiten salzen; kleine, dünne Stücke sparsam, größere Partien und ganze Fische reichlicher. Unmittelbar nach dem Salzen kann die Weiterverarbeitung beginnen.

Würmer im Fisch

Nematoden - kleine weiße Fadenwürmer - kommen in vielen Fischen vor. Sie schmarotzen hauptsächlich in den Eingeweiden und Bauchlappen der Fische. Deshalb entfernt man Eingeweide vollständig und schneidet die Bauchlappen weg. Gegen eine sehr helle Lichtquelle gehaltene Bauchlappen lassen im Durchlicht Nematoden klar erkennen.

Weil lebende Nematoden für Menschen gefährlich sein können, sollte man keinen rohen Fisch essen. Aber durch Marinieren, Säuern, Salzen, Erhitzen auf mindestens 70° oder Tieffrost von mindestens -18° (über 24 Stunden) tötet man die Schmarotzer sicher.

Trophäenfische

Ungewöhnlich große, schwere oder seltene Fische sollten nicht sogleich unters Filetiermesser kommen, sondern nach dem Betäuben und Töten gewogen und vermessen werden. Wiegen muß man an Land; Gewichtsermittlungen auf See werden nicht anerkannt. Fürs Wiegen benötigt man eine geeichte Waage (Post, Einzelhandel) und zwei Zeugen, die nicht mit dem Fänger verwandt sind. Auch für den Fang braucht man einen Zeugen. Ganz unverzichtbar sind Fotos, möglichst vor neutralem Hintergrund und von allen Seiten, auch mit dem Fänger zum Größenvergleich. Danach gefriert man den Fang und verwahrt ihn, bis alle Rückfragen geklärt sind. Denn Rückfragen können kommen von all jenen, denen man den ungewöhnlichen Fang anzeigt. Das sind vor allem die Angelfachzeitschriften *Blinker* und *AngelWoche* oder Organisationen wie die EFSA oder IGFA (siehe Anschriften unter *Organisationen* in diesem Kapitel). Auch fischereiliche Institute interessieren sich sehr für solche Fische, insbesondere für seltene Fische oder „Irrläufer". Die Rückfragen all dieser Interessenten betreffen häufig die genaue Artbestimmung oder Altersfeststellung; da macht es Sinn, den Fisch noch eine Weile zu verwahren.

Auch Gerätehersteller oder die lokale Presse mögen Meldungen und Bilder von solchen Fischen. Oftmals gibt es für den Fänger neben der Ehre auch Pokale und Urkunden oder ein Honorar bei der werblichen Nutzung.

Wer seinen Fisch präparieren lassen will (Angebote in *Blinker* und *AngelWoche* beachten), muß seinen Fisch vor dem Versand wie folgt behandeln:

- ❖ Gleich nach dem Fang Fotos machen (wegen der Farbgebung).
- ❖ Bei Nur-Kopf-Präparationen Kopf mit Körperstück
  (in doppelter Länge des Kopfes) liefern.
- ❖ Ganze Fische luftdicht in einem Schlauch oder Sack
  verpacken und mindestens 24 Stunden tieffrosten.
- ❖ Versand am besten in einem Styroporkarton.
  Fisch mehrfach in Zeitungspapier wickeln, Leerraum
  mit zerknülltem Papier ausfüllen.
- ❖ Versand nur zu Wochenbeginn, damit unnötige
  Feiertagslagerung ohne Kühlung entfällt. Expressversand
  wählen. Fische können auch gekrümmt verschickt werden.

Markierte Fische

Hin und wieder werden markierte Fische gefangen - zur großen Freude der Wissenschaftler, wenn sie diese Markierungen auch von den Anglern zugeschickt bekommen. Aber nicht nur die Markierung interessiert die Forscher, sondern auch der dazugehörige Fisch; dazu wird das Tier mindestens 24 Stunden vorher tiefgefrostet. Ist ein Fischversand nicht möglich, so sollte man den Fisch wiegen, messen, scharfe Fotos von allen Seiten herstellen und einen genauen Bericht mit Fundort, Fangtag und einige Schuppen beifügen.

Frisches Miesmuschelfleisch ist bei Fischen heißbegehrt. Um den Topköder anködern zu können, stellt man eine sogenannte „Muschelwurst" her (siehe Seite 309/310).

▶ Köder

Natürliche Köder

<u>Wattwurm</u>: Das ist der mit Abstand am meisten verwendete Köder. Abgepackt zu 50 Stück kommt er in den Handel und stammt zumeist aus dänischen Importen. Man achte beim Kauf auf Frische. Wattwürmer müssen auf Berührungen reagieren. Frisch sind sie der absolute Top-Universalköder für alle Seefische bei allen Angelarten; sogar beim Pilken kann man ihn verwenden und damit noch Fische fangen, wenn auf den Pilker selbst nichts mehr beißen will.

Aufbewahrung: Wattwürmer verwahrt man kühl, luftig und dunkel, am besten in Zeitungspapier eingewickelt. Darin halten sich frische Würmer bei 4°bis 6°C (Kühlschrank) etwa eine Woche. Allerdings müssen die Würmer etwa alle acht Stunden umgelegt, kranke oder abgestorbene Tiere aussortiert werden. Dazu packt man die Würmer einzeln und der Länge nach auf frisches Papier und vermeidet die gegenseitige Berührung der Tiere, rollt das Papier ein und verwahrt kühl.

Topköder fürs Meeresangeln: Seeringelwurm (oben) und Wattwurm. Viele Angler bieten beide Wurmarten auf einem Haken als „Cocktail" an.

Frisch gegrabene Würmer kann man auch in Seewasser hältern. Es muß aber ständig belüftet (Pumpe) und alle zwölf Stunden erneuert werden. Ist das Wasser frisch und kühl, gelingt die Hälterung in Tanks (ohne Schlick und Sand) mindestens 14 Tage.

<u>Seeringelwürmer</u>: Gezüchtete Seeringelwürmer werden in stattlicher Größe im Fachhandel angeboten und eignen sich vorzüglich für den Fang aller Seefische, oft besser als der wohlfeile Wattwurm, aber mit einer Ausnahme: Dorsche fressen diesen Wurm offenbar nicht so gern. Für Plattfische und Aale sind diese Würmer beim Brandungsangeln der absolute Topköder, der überdies auch viel besser auf dem Haken hält als Wattwürmer.

Die Würmer hältert man genauso wie Wattwürmer; die Verwahrung in belüfteten Behältern mit Seewasser gelingt am besten mit Pumpe oder mit ständigem Wasserwechsel.

Große Seeringelwürmer können mit ihrem kräftigen Kopfzangenpaar schmerzhaft zubeißen. Der Biß ist harmlos.

<u>Miesmuschel</u>: Diese Muschelart ist überall häufig und wird im Wattenmeer sogar gezüchtet. In der Ostsee bildet die Muschel auf hartem Substrat große Bänke. Muschelfleisch zählt bei allen Fischen mit zu den unwiderstehlichen Ködern. Das

Oben: Sandspierlinge (auch: Sandaal, Tobiasfisch) von 10 bis 15 Zentimetern Länge sind hervorragende Köder für alle Raubfische. Größere Spierlinge werden zerteilt angeködert (rechts).

frisch entschalte Muschelfleisch wird in Gummigewebeschläuche (als Fingerverbandsschutz in Apotheken erhältlich) gefüllt.
Von diesen „Köderwürsten" schneidet man kleinfingerlange Köderstücke ab; das Schlauchgewebe verschließt sofort die Schnittstellen, die Stücke lassen sich gut auf den Haken stecken und bleiben auch beim Auswerfen daran hängen.
Muschelfleisch verdirbt außerordentlich schnell. Die „Köderwür-

ste" sollten erst kurz vor dem Angeln präpariert und sehr kalt (2 °C) gelagert werden; auch am Fischwasser kühlt man die Muschelschläuche mit Eis. Gegartes Muschelfleisch hat alle Duftstoffe und damit den Reiz für Seefische verloren.

Sammeln von Ködern

Muscheln, Watt- und Seeringelwürmer kann jeder Angler für den „Eigenbedarf im Handstichverfahren" sammeln. Ausgenommen sind Naturschutz- oder *Zone-I-*Gebiete im Nationalpark Wattenmeer. Vor der Nordfriesischen Küste im schleswig-holsteinischen Wattenmeer benötigt man im Einzelfall eine Grabe-Sondergenehmigung des Landesamtes für Früh- und Vorgeschichte in 24837 Schleswig, denn wer außerhalb der Badestrände buddelt, könnte auf eine frühgeschichtliche Tonscherbe stoßen. Im Zweifelsfalle frage man bei der einer Grabestelle am nächsten liegenden Gemeindeverwaltung nach.

Fische als Köder

Große Fische haben kleine Fische zum Fressen gern. Darauf gründet sich die Verwendung von Fischen aller Art als Köder. An der Spitze stehen Klein- und Jungfische, die millionenfach die Küstenstreifen bevölkern und ständig von den Großen verfolgt und gefressen werden.

Heringe, nach einem Jahr ungefähr 8 cm lang (*Blieksche, Spitze*), werden unzerteilt als Köder beim Angeln mit dem Gleitfloß von Molen und Buhnen, mit der Segelpose vom offenen Strand und bei ablandigem Wind verwendet. Zielfische: Hornhechte, Makrelen, Meerforellen, Wolfsbarsche; knapp über dem Grund angeboten: Dorsche und Plattfische. Heringe gelten unter allen Köderfischen zwar als Topköder, aber sie sind sehr zart und werden schnell weich. Nur absolut frische und gut gekühlte Heringe kommen in Betracht.

Etwas haltbarer und zäher sind Sandspierlinge (*Tobs, Tobiasfisch*). Man verwendet sie zerteilt und unzerteilt. Sie eignen sich, anders als Heringe, im frischen Zustand auch zum Auswerfen beim Brandungsangeln und fangen Dorsche und große Plattfische. Oder man fischt mit einem Einzelhaken, der durch das Fischauge geführt wird, montiert eine Bleiolive als Vorblei und führt das Fischchen zupfend oder schleppend. Sandspierlinge gehören zu den wenigen Ködern, die auf die scharfsichtigen Meerforellen überzeugend wirken und sofort genommen werden.

In den Boddengewässern werden überdies Kaulbarsche und Rotaugen für den Fang von Hechten verwendet. Beide Köderfische findet man in Mengen an den Fangplätzen, können dort auch mit der Senke gefangen werden. Dabei erwischt man auch den häufigen Stichling, der sich vorzüglich für die Barschangelei eignet und am wirkungsvollsten schwebend am Kniehaken angeboten wird.

Fetzenköder schneidet man aus allen größeren Fischen, vorzugsweise aus Hornhechten, Plattfischen, Makrelen oder großen Heringen. Die Bauchseite und die

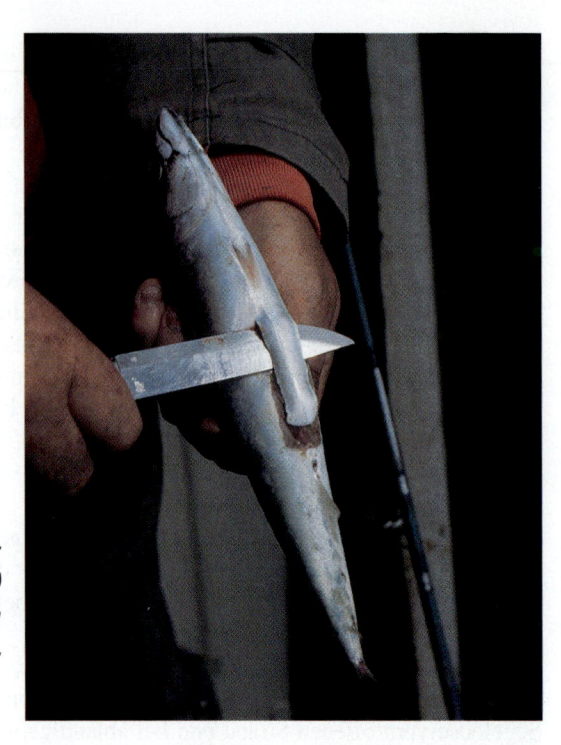

Fetzenköder werden aus der Bauchseite (hier eine Makrele) oder aus den hellen Flanken von Fischen geschnitten.

hellen Flanken dieser Fische eignen sich am besten. Man formt schneidend einen fischchenähnlichen Körper aus Haut und Gewebe, schabt ein Ende bis auf die Haut ganz dünn, damit sich der Köder beim Schleppen oder beim Auf- und Abtanzen am Gleitfloß bewegt und Lebendigkeit vortäuscht.

Alle Fischköder müssen absolut frisch und fest beschaffen sein; die beste Ware gibt es am Kutter im Hafen von den Fischern. Auch beim Angeln ist die dauernde Kühlung mit Eisbeuteln in einer Köderbox sehr zu empfehlen. Fetzenköder wirken in erster Linie durch ihre Duftnote. Deshalb wechselt man sie beim Angeln alle zehn Minuten.

Rubby dubby: Siehe nächsten Abschnitt unter *Lockköder.*

Künstliche Köder

Ungefähr zwei Drittel aller Seefische werden bei uns mit Kunstködern geangelt. Das gilt besonders für den Fang von Schwarmfischen wie Makrele, Hering und auch Dorsch. Im Fischschwarm spielt der Futterneid eine große Rolle, läßt die Fische alle Vorsicht vergessen und ohne Mißtrauen an den Köder gehen. Wieviel

Beim Hängerlösen Schnur über den Rollenfuß legen - das schont den Schnurfangbügel.

Zwei praktische Lösungen zur Aufbewahrung von Pilkern: links für komplette Pilker mit Haken, rechts für Pilker mit ausgehängten Haken.

einfacher ist es, aus einem Makrelenschwarm gleich drei oder vier Fische mit künstlichen Fliegen zu fangen als eine allein jagende Meerforelle mit einer solchen Fliege zu überlisten!
In die Köderbox eines Meeresanglers gehören:
<u>Pilker:</u> Man verwendet sie in allen Formen und Farben in Gewichten von 75 bis 400 g für das Dorschangeln (s. S. 197) und für das Hechtangeln in den Tiefstbereichen der Bodden (ca. acht Meter) und dann 30 bis 60 g schwer in hellen Farben. Pilker werden mit Drillingshaken bestückt; Einzelhaken verwendet man nur,

wenn zusätzlich ein Wattwurm oder ein Twister aufgesteckt werden soll. Pilker sind teuer. Man pflegt sie nach einem Angeltag mit Süßwasserspülung, Trocknung und Sprühöl.

Hänger, verursacht durch festsitzende Pilker, löst man nicht mit der zum Flitzbogen gespannten Rute, sondern man wickelt die Schnur um den Rollenfuß und läßt die Leine gerade durch die Rutenringe laufen, hält die Rutenspitze also in Richtung Hänger. Geht das nicht, weil die Schnur beispielsweise unterm Boot läuft, öffnet man den Schnurfangbügel, stellt die Rute beiseite und wickelt die Schnur mehrfach um ein Schlagholz, notfalls um eine Flasche und blockiert den Schnurlauf von Hand. Drei von vier Hängern lassen sich so lösen, ohne Rute und Rolle strapaziert zu haben.

Blinker benötigt man fürs Meerforellenangeln (s. S. 249) und für den Hechtfang. Während schlanke, kleinere Formen bei der Salmonidenangelei bevorzugt werden, verwendet man beim Hechtangeln in den Bodden auffällig gefärbte, ab 12 cm lange Muster, auch in Löffelform.

Wobbler werden in Größen bis 25 cm für das Hechtangeln auf den Bodden verwendet, schleppend (dann nicht tauchend) oder werfend, dann tieftauchend beim Angeln vom Boot oder nur mäßig tauchend, aber schwänzelnd, beim Watfischen über Krautfeldern. Auch auf Meerforellen können Wobbler bisweilen verlockend wirken, die scharfsichtigen Salmoniden lassen sich aber nur von den hölzernen, mit Bleikernen versehenen Imitationen täuschen bei unruhiger See und flirrendem Licht.

Weichplastikköder werden zunehmend beim Hechtfang verwendet. In den vorpommerschen Bodden gelangen besonders „Wackelschwanz"-Köder zur Anwendung. Manche Angler verwenden zusätzlich Lockstoffe und kleine Rasseln, die in die Plastikköder eingebracht werden. Weichplastiknachbildungen von Krebsen, Garnelen und Würmern, getränkt mit Aromalockstoffen, gelangen zur Anwendung, wenn lebendfrische Köder nicht verfügbar sind oder bei rauher See solche natürlichen Köder ständig vom Haken fallen. All diese Köder müssen im Wasser geschickt in Bewegung gehalten werden.

Twister haben sich wie kein anderer Weichplastikköder beim Meeresangeln bewährt. In den Farben Rot, Gelb und Schwarz und etwa 5 bis 7 cm lang werden sie fürs Dorschangeln, kleinere fürs Barschangeln in den Bodden benutzt. Twister montiert man auf Spezialhaken mit angelötetem Haltedorn, der das Verrutschen des Köders verhindern soll. Muster mit einem Bleikopf, dessen „Auge" bemalt ist, haben sich gut bewährt; sie neigen weniger zum Verheddern als Twister ohne Kopf, wenn sie als Beifänger beim Dorschpilken (s. S. 197) verwendet werden. Der sichelförmige Twisterschwanz und die Hakenspitze müssen stets gegenständig montiert werden, damit sich die scharfe Spitze nicht ständig im Twisterschwanz verhakt.

Paternoster sind unentbehrliche Meeresangelköder und dienen dem Fang mehrerer Fische aus einem rasch vorbeiziehenden Schwarm. Sie werden in verwirrender Vielfalt vom Handel angeboten und nach folgender Maßgabe in der Tacklebox verstaut:

Twister sind beliebte Beifänger und neuerdings auch Hauptköder beim Dorschangeln. Damit die Weichplastikköder (rechts) auf dem Haken nicht verrutschen, haben deren Schäfte einen Dorn (Widerhaken) oder eine ringförmige Wulst (links).

Stint	⊃ Blanke Goldhaken Gr. 12 - 14, zum Bestücken mit Maden oder Fischstückchen oder Schuppen
Hering	⊃ Goldhaken Gr. 10 - 12, blank oder verkleidet mit kleinen „Phantasie-Planktern"
Makrelen	⊃ Stabile Haken Gr. 1 bis 1/0, verkleidet mit bis zu 5 cm langen, vielfarbigen Planktern und Fischchenimitationen
Köhler	⊃ Sehr stabile Haken Gr. 3/0, verkleidet mit bunten Plastikschläuchen

Die Hakenzahl wird begrenzt durch die sichere Handhabung; etwa fünf bis sechs Haken sind das Maximum, weitere Haken würden das Angeln erschweren. In wenigen, nur mit einem Sonderangelschein beangelbaren inneren Küstengewässern wird die Zahl der Paternosterhaken beim Angeln vorgeschrieben. Das gesamte Paternoster sollte die halbe Rutenlänge nicht überschreiten.

Fliegen werden beim Meerforellenangeln (s. S. 249) verwendet, lassen sich aber auch für den Makrelenfang gebrauchen. Allerdings sind die scharfsichtigen, allein jagenden Meerforellen wesentlich kritischer bei der Beutewahl. Während die vom Futterneid geplagten Makrelen sich beinahe auf alles stürzen, was sich im Wasser bewegt, müssen Meerforellen mit überzeugenden Mustern einer Garnelen- oder Fischchenimitation überlistet werden.

Lockköder: Kleine, auf der Schnur vor dem Haken rotierende Löffelchen („Buttlöffel", s. *Plattfische*, S. 263) oder Turbinen sind außerordentlich wirkungsvolle, lockende, den Fisch zum Anbiß reizende Beigaben.

Beim Schleppen werden zum Anlocken „Flasher" eingesetzt. Sie sind 10 bis 25 cm lang, dünne, stabile Bleche mit gleißenden, farbigen Reflexen und werden etwa 50 bis 70 cm vor dem Schleppköder in die Angelleine montiert. Sie sollen sich beim langsamen Schleppen um die eigene Achse drehen und durch die weit-

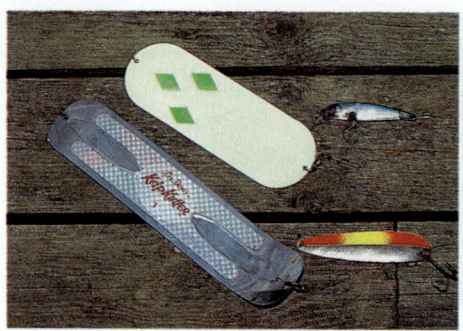

Oben: Flasher (Lockköder) für das Schleppangeln mit Wobblern und Blinkern.
Rechts: Rubby dubby wird in durchlässige Säcke gefüllt und mit einer geeigneten Beschwerung in die gewünschte Tiefe hinabgelassen.

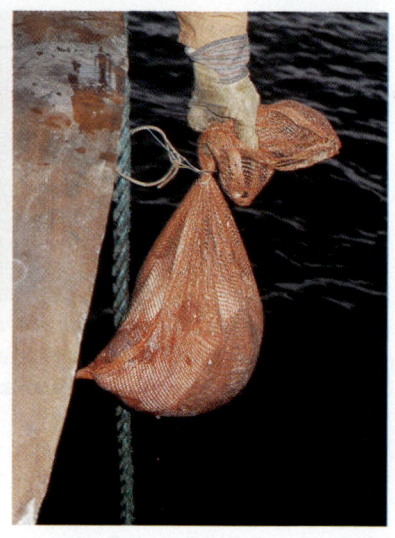

hin sichtbaren Reflexreize und Bewegungsdruckwellen die Raubfische anlocken. Lockessenzen sind längst unentbehrlicher Bestandteil des Ködermix von Meisteranglern. Man beträufelt mit den stark „duftenden" Lösungen aus kleinen Fläschchen nicht nur lebende Wurmköder oder Fischfetzen, sondern auch Weichplastikköder oder Pilker, die dafür einen Befüllstutzen besitzen. Insbesondere beim Brandungsangeln sind Lockstoffe viel im Gebrauch, Wurmköder werden darin kurz vor dem Auswerfen regelrecht „gebadet".

Rubby dubby, mehrfach erwähnt (Hai, Wittling, Meeräsche), besteht aus feinzerstampften Fettfischen wie Heringen, Makrelen, Sardinen (samt Öl aus der Dose), Hornhechten, auch Wittlingen. Fische, die wegen ihres fortgeschrittenen Zerfalls nicht mehr für den Verzehr geeignet erscheinen, sind fürs *Rubby dubby* gerade richtig.

Den Fischbrei füllt man samt Flossen, Gräten, zerkleinerten Köpfen in ein feinmaschiges Netz oder einen Sack und fügt eine Beschwerung hinzu. Den Sack hält man außenbords knapp unter der Wasserlinie, wenn man Fische im Mittelwasser hinter dem verankerten Boot fangen will (Makrelen, Stöcker, Hornhechte). Oder man hängt den Futtersack beim Angeln von Grundfischen (Haie, Wittlinge, auch Dorsche und Plattfische) so knapp über dem Grund, daß die austretenden Lockstoffe und Kleinpartikel direkt zu den ausgelegten Ködern treiben.

Meeräschen in Häfen lockt man durch nußgroße, aus dem Fischbrei geformte Kügelchen, die man behutsam von Zeit zu Zeit, ohne die Fische zu scheuchen, einwirft.

▶ Gerätetips

Bewährte, fangfertig zusammengestellte Gerätekombinationen sind im Kapitel II, *Fische, Fang und Verwertung* (S. 186) beschrieben.

Meeresangelgeräte sollten aus salzwasserbeständigem Material gefertigt sein. Das gilt nicht nur für die teuren Rollen, sondern auch für alle Kleinigkeiten vom Rutenring bis zum Springring am Pilker. Solche Materialien kosten etwas mehr, machen sich aber auf Dauer bezahlt, vor allem bei guter Pflege.

Ruten - Zusammenfassung (WG = Wurfgewicht)
Teleskopruten werden nur beim leichten Bootsangeln verwendet bis zur WG-Klasse 150 g. Von den meisten Anglern werden Steckruten bevorzugt, insbesondere beim Brandungsangeln, weil solche Ruten unempfindlicher gegen Versandung sind.
Brandungsruten wählt man dreiteilig mit WG bis 300 g. Die Länge errechnet sich nach der Formel Körpergröße x 2 + 13%, das ergibt Ruten um vier Meter Länge. Das Griffteil muß sich gut umfassen lassen und die Rute in sich steif sein mit guter Spitzenaktion (Bißanzeige!). Rutenringe wähle man vom Besten, denn je reibungsloser die Schnur durchlaufen kann, desto mehr Wurfdistanz gewinnt man.
Makrelenruten für das Angeln vom Boot mit dem Paternoster sollten etwa 3,7 m lang sein. Im Prinzip ließe sich eine Brandungsrute dazu verwenden, jedoch achte man auf das Gesamtgewicht, es darf die Handgelenke während eines langen Angeltages nicht ermüden.
Naturköderruten für das Angeln mit Schlepparmen vom driftenden Boot wählt man aus dem Brandungs- und/oder Makrelenangelrutenbestand. Beim Naturköderangeln vom verankerten Boot können auch kürzere Ruten ausreichen, jedoch sollte die Rute mindestens doppelt so lang wie das gesamte Vorfach sein. Das WG solcher Ruten muß dem Bleigewicht angepaßt sein. Das kann bei schneller Drift und tiefem Wasser bis zu 400 g betragen. In der Regel reichen jedoch etwa 200 g.
Wrackruten müssen die stabilsten aller Ruten sein (wegen der Hänger bei harter Drift). Gleichzeitig soll die Rute nicht die Handgelenke ermüden, eine gute Spitzenaktion besitzen und mindestens doppelt so lang wie das Vorfach sein. Dazu bieten sich Ruten aus Vollglasmaterial an. Bei unseren angelsächsischen Nachbarn sind solche Ruten als *Ugly stick* („häßlicher Knüppel") sehr populär. Solche Ruten sind praktisch unzerbrechlich. Ein stabiler Schraubrollenhalter und ein Rollerendring sind vorteilhaft.
Pilkruten sollten fürs Leeangeln (Auswerfen) etwa drei Meter lang sein bei WG 150 g. Fürs Luvangeln (Nachschleppen) benötigt man 2,7- bis 3-Meter-Ruten mit WG bis 250 g.

Schleppruten für Downrigger müssen besonders viele Rutenringe (bis zu 10 auf drei Meter Länge) besitzen und über eine gute parabolische Aktion verfügen. Der Handel bietet spezielle Downriggerruten, namentlich aus den USA, an. Für Schergeräte müssen stabile Ruten gewählt werden, denn gehakte Fische müssen mitsamt Schergerät gedrillt werden. In Frage kommen Ruten mit WGs von 100 bis 300 g, je nach Größe (Wasserdruck) des Schergerätes. Ruten mit Schnurlängenzähler sind sehr vorteilhaft.

Wat- und Spinnruten für Meerforellen, Hecht und Barsch können leichter für WGs bis 60 g gewählt werden, aber von so guter Qualität, daß sie im glücklichen Fall eine Meerforelle von über 10 kg oder einen Hecht von mehr als 20 kg besiegen können. Länge etwa 2,7 Meter.

Fliegenruten fürs Meeresangeln: Siehe Kapitel II Abschnitt *Meerforelle* (S. 249).

Rollen - Zusammenfassung
Die Frage, ob man eine Stationär- oder Multiplikatorrolle verwendet, entscheidet die Angelmethode:
Multirollen benötigt man für das Wrackangeln und für alle Schleppangelmethoden; Stationärrollen sind für diese Angeldisziplinen lediglich Behelfsrollen. Multirollen müssen absolut verwindungsfrei sein, Stahl und Kunststoffe modernster Prägung erfüllen diese Forderung. Die Spule muß ebenfalls absolut verwindungsfrei und unzerbrechlich sein, denn der häufigste Ausfall bei Multirollen betrifft bei harter Beanspruchung gebrochene Achsen. Für die Angelbedingungen vor unserer Küste reichen Rollengrößen mit einem Fassungsvermögen von etwa 250 Meter 15-kg-Leine.
Stationärrollen werden für alle übrigen Angelmethoden bevorzugt. Das gilt ganz besonders für die Brandungsangelei, bei der sehr weite Würfe gefordert werden. Konisch geformte, groß dimensionierte Spulen sind das Kernstück solcher Weitwurfrollen. Möglichst reibungsloser Schnurlauf über den Spulenrand, Drallvermeidung beim Einholen durch konisch geformte, kugelgelagerte Schnurlaufröllchen und exakte Schnuraufwicklung ohne verklemmende Schnurwicklungen auf der Spule sind weitere Qualitätskriterien für Brandungsangelrollen.
Leicht und leistungsfähig müssen alle Stationärrollen beim Watfischen sein, damit die Handgelenke nicht ermüden. Typen mit einem Fassungsvermögen von etwa 200 m 8-kg-Schnur sind gefragt; umschaltbares Getriebe für veränderbare Einholgeschwindigkeit ist vorteilhaft.
Für alle anderen Angelarten eignen sich Stationärrollen mit einem Fassungsvermögen von 150 bis 200 Meter 15-kg-Leine. Spezialisten verwenden zum Leeangeln beim Dorschpilken in der Ostsee noch kleinere Rollen für dünnere Schnüre, aber wehe, wenn ein Monsterfisch damit vom Grund hochgepumpt werden muß! Je eine Stationär- und Multirolle sind im Kapitel I unter *Dorsch, Luv- u. Leeangeln* (S. 197 ff) abgebildet.

Schnur

Meeresangelschnüre sollen salzwasser- und lichtbeständig sowie wenig dehnbar sein. Je nach Zielfisch wählt man die Tragkraftklasse; sie schwankt zwischen 8 und 15 kg, beim Haiangeln benötigt man 24-kg-Schnur. Und nur zum Hecht- und Haifang werden Stahlvorfächer der 10- bis 36-kg-Klasse benötigt.
In der ausgewählten Klasse sollte immer die dünnste aller Schnüre verwendet werden, damit der Reibungswiderstand im Wasser gering bleibt - was bei großen Tiefen für das gefühlvolle Angeln von Bedeutung ist. Fürs Angeln zwischen dicht gedrängt stehenden Mitanglern auf Kuttern sind farbige und damit gut sichtbare Schnüre vorteilhaft - aber nicht für das Vorfach.
Da fast immer mehr als 100 m Schnurlänge für die Befüllung von Spulen benötigt werden, wähle man Schnüre, die unzerschnitten 200 oder mehr Meter lang angeboten werden. So wird das riskante Zusammenknoten vermieden. Geflochtene Schnüre mit sehr hoher Tragkgkraft haben den großen Nachteil, daß sich die meisten gebräuchlichen damit gebundenen Knoten wieder aufziehen lassen - große Vorsicht ist geboten.
Zur Herstellung von Mundschnüren, die besonders zum Verdrehen und Verheddern neigen, haben sich knick- und drallfreie Schnüre vom Typ *Amnesia* bewährt. Ihrer etwas geringeren Tragkraft steht die absolute Formtreue gegenüber; sie verdrallen nie, knicken und knittern nicht und sind selbst steifdrähtigen herkömmlichen Monoleinen von 0,60 mm aufwärts bei weitem überlegen.

Wirbel

Meereswirbel sind in erster Linie mit Karabinerhaken im Gebrauch. Man wählt sie immer eine Klasse höher tragend, als die Tragkraft der verwendeten Schnur. Wirbel dürfen nicht rosten und durch Sand in den Lagerkammern zerstörbar sein. Der Karabinerhaken darf nicht zu leicht zu öffnen sein. Nicht rostende, kugelgelagerte Modelle sind zwar teuer, aber bei guter Pflege dauerhaft benutzbar.

Springringe

Leider rosten manche im Salzwasser schon nach kurzem Gebrauch. Man ersetze sie durch salzwasserbeständige, stramm federnde und entgratete Muster, also ohne scharfe Ecken. Bei der Montage von beispielsweise Haken und Pilkern wähle man Springringe nicht zu klein, damit das freie Spiel der Geräte erhalten bleibt.

Posen

Sie werden als Gleitfloß beim Hornhecht-, Makrelen- und Wittlingsangeln mit Naturködern und als Wasserkugel beim Meeräschen- und Meerforellenfang benutzt.
Wasserkugeln wählt man farblos oder weiß, also möglichst unauffällig und mög-

Endstopper

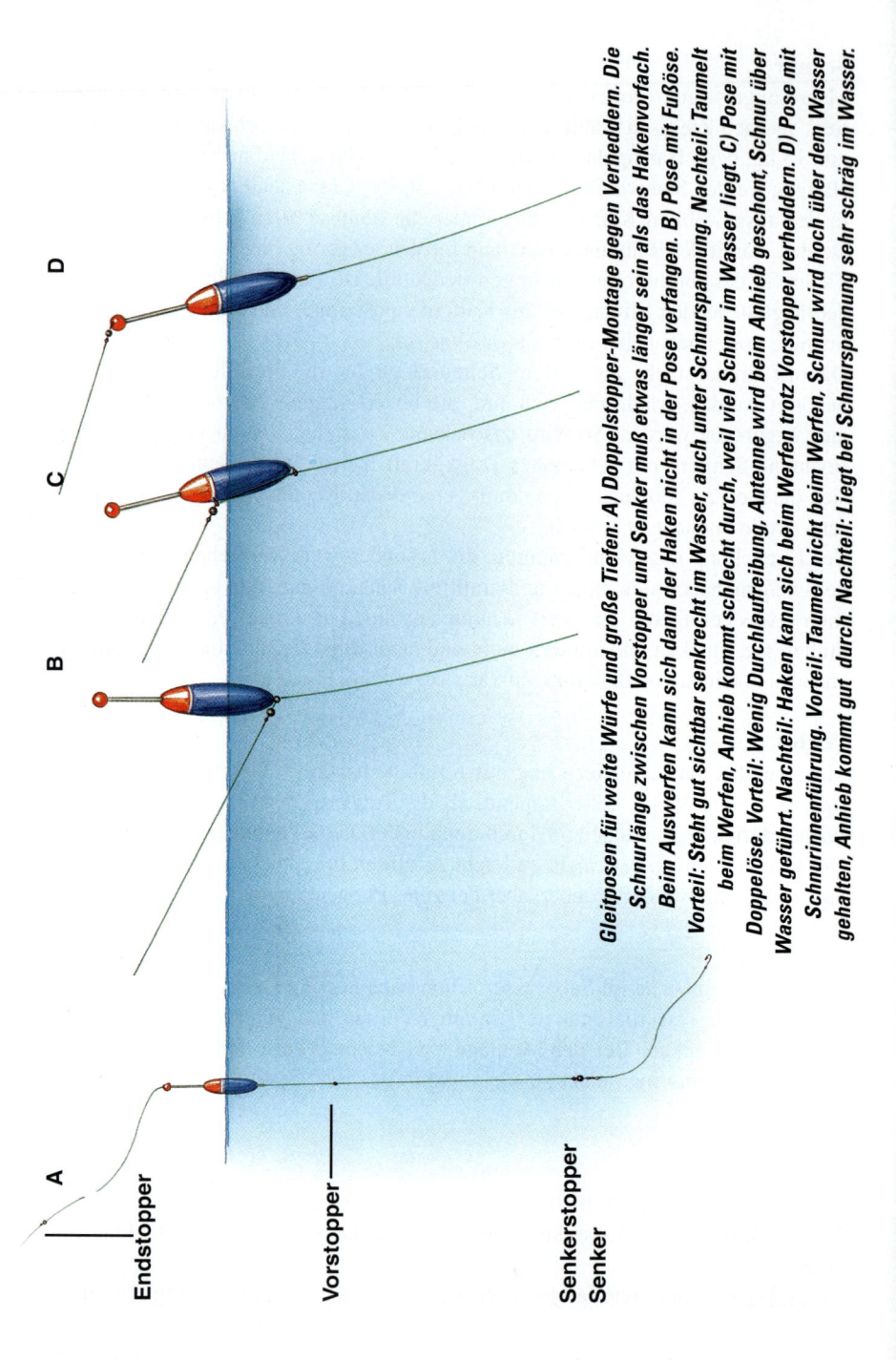

Vorstopper

Senkerstopper
Senker

Gleitposen für weite Würfe und große Tiefen: A) Doppelstopper-Montage gegen Verheddern. Die Schnurlänge zwischen Vorstopper und Senker muß etwas länger sein als das Hakenvorfach. Beim Auswerfen kann sich dann der Haken nicht in der Pose verfangen. B) Pose mit Fußöse. Vorteil: Steht gut sichtbar senkrecht im Wasser, auch unter Schnurspannung. Nachteil: Taumelt beim Werfen, Anhieb kommt schlecht durch, weil viel Schnur im Wasser liegt. C) Pose mit Doppelöse. Vorteil: Wenig Durchlaufreibung. Antenne wird beim Anhieb geschont. Schnur über Wasser geführt. Nachteil: Haken kann sich beim Werfen trotz Vorstopper verheddern. D) Pose mit Schnurinnenführung. Vorteil: Taumelt nicht beim Werfen, Schnur wird hoch über dem Wasser gehalten, Anhieb kommt gut durch. Nachteil: Liegt bei Schnurspannung sehr schräg im Wasser.

320 Modernes Meeresangeln

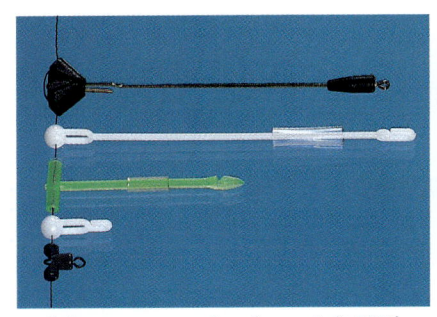

Seitenarme, von oben (s. auch S. 322!): Tobermory-boom; Pivot-boom - läßt sich anklappen und clippen; Kunststoffarm; Pivot bead - wie Pivot-boom; Swivel tee.

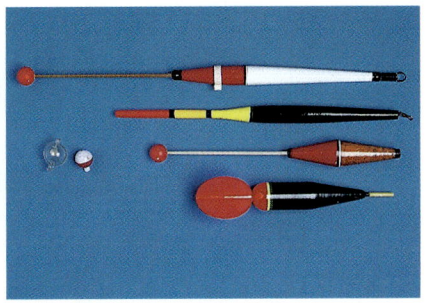

Posen fürs Meer, von oben: Makrelenpose; Hornhechtpose; Hornhechtpose mit Innenführung; Segelpose mit Innenführung; links im Bild zwei Wasserkugeln.

lichst klein. Sie dienen nur dem verbesserten Auswerfen von kleinen Ködern an der unbebleiten Montage beim Meeräschenangeln von Kaimauern und Molen. Beim Meerforellenangeln dienen sie dem weiteren Auswerfen von Fliegen.
Gleitposen verwendet man für das Angeln mit Naturködern in halber Wassertiefe. Bis zu 40 cm lange und grell bemalte Muster benötigt man für das Driftangeln von Molen und Buhnen, wenn es gilt, den Köder mit Wind und Strömung weit aufs Meer treiben zu lassen. Gleitposen von etwa 12 bis 30 cm Länge verwendet man, wenn weites Driften nicht notwendig ist (Bootsangelei, Häfen). Die Tragkraft der Posen schwankt je nach Größe zwischen 10 und 40 g. Gleitposen mit durchlaufender Schnur müssen zweimal auf der Schnur gestoppt werden, damit sich der Haken beim Auswerfen nicht im Posenkopf verfängt (siehe Zeichnung). Posen mit Fußring lassen sich dagegen weiter werfen, der Haken kann nicht verhängen, aber die Bisse werden nicht so präzise angezeigt.
Segelposen werden für das Driftangeln von Molen und Buhnen verwendet, wenn zwar ablandiger Wind, aber kaum Strömung herrscht.

Seitenarme

Sie werden in immer neuen Variationen und Konstruktionen im Handel angeboten. Ihre Aufgaben: Verdrehungen der Mundschnüre in die Hauptleine vermeiden und schnelles Auswechseln der Mundschnüre ermöglichen. Man wählt aus der Fülle der angebotenen Arme nach folgenden Kriterien:
• Lange Arme bis 15 cm fürs Naturköderangeln vom Boot.
• Arme bis etwa 8 cm fürs Hafen- und Molenangeln und das Brandungsangeln über kurze Distanzen.
• Kurze Arme bis etwa 2 cm fürs Weitwurfbrandungsangeln und für die Beihakenmontage beim Pilken, für Blinker-Fliegenkombinationen beim Meerforellenangeln usw.

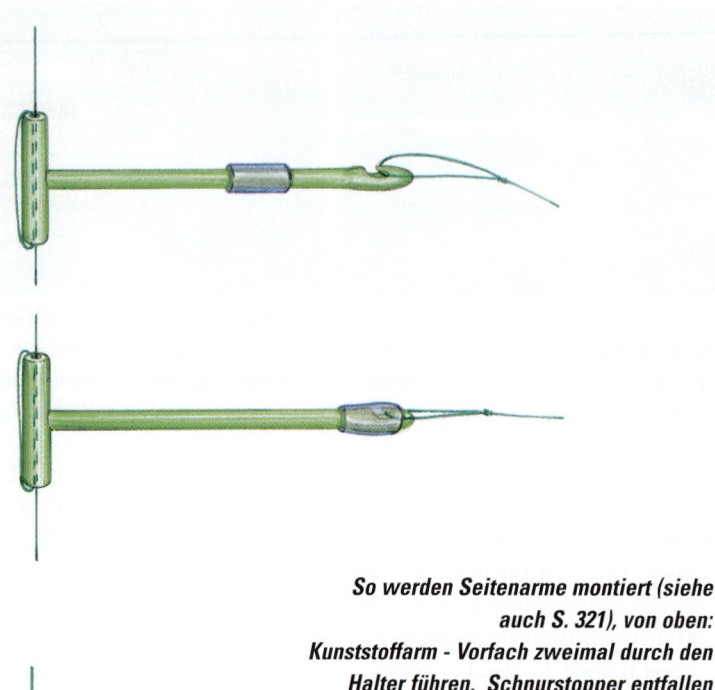

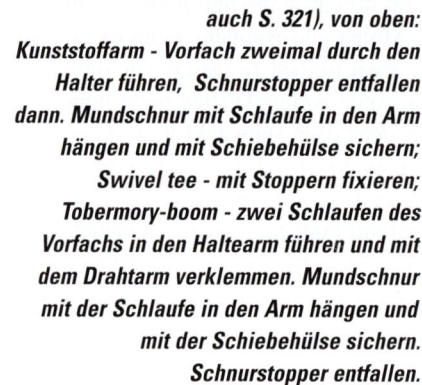

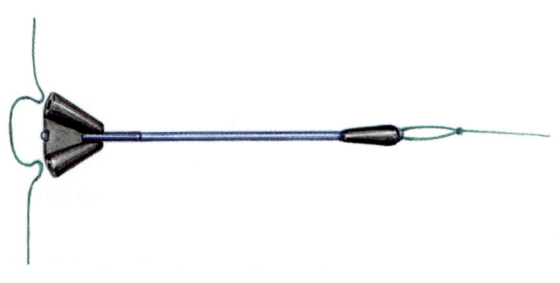

So werden Seitenarme montiert (siehe auch S. 321), von oben: Kunststoffarm - Vorfach zweimal durch den Halter führen, Schnurstopper entfallen dann. Mundschnur mit Schlaufe in den Arm hängen und mit Schiebehülse sichern; Swivel tee - mit Stoppern fixieren; Tobermory-boom - zwei Schlaufen des Vorfachs in den Haltearm führen und mit dem Drahtarm verklemmen. Mundschnur mit der Schlaufe in den Arm hängen und mit der Schiebehülse sichern. Schnurstopper entfallen.

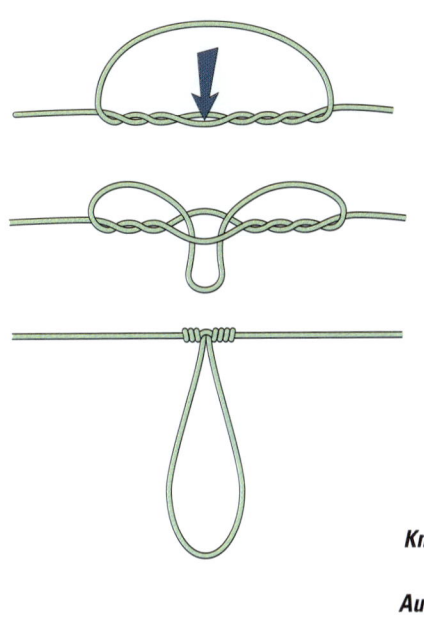

Beifängerknoten: Die Zeichnungen zeigen, wie der Knoten in die Schnur gebunden werden muß. Beim Aufschneiden der Schlaufe darauf achten, daß die Mundschnur unter Last (im Drill) nicht gegen den Knoten abgeknickt wird.

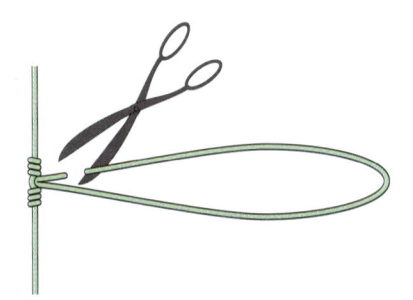

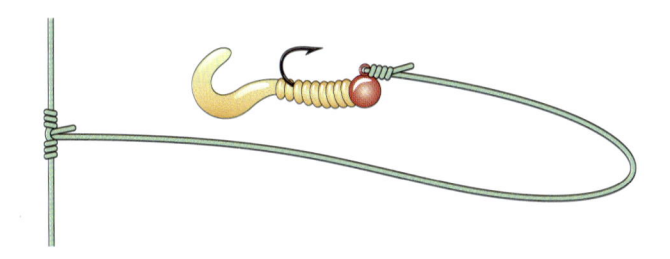

Senker fürs Meeresangeln. Wurfbleie - obere Reihe, von links: Tropfenblei, glatt; Tropfenblei, sechskantig; Krallenblei; Heringsblei. Mitte: Schlepprohr. Darunter Schleppbleie, von links: zwei Birnenbleie; Top-Dynamic-Blei; Schlittenblei (rot); Linsenblei mit Steuerflosse

- Offene Ösen zum blitzschnellen Einhängen der Mundschnurschlaufen und Sichern der Verbindung durch Schlauchhülsen haben sich gut bewährt.
- Bemerkenswert sind Arme, die sich ohne Verknotungen in die Rollenschnur ein- und aushängen lassen (*Tobermory*-System), und Arme, die sich beim Auswerfen eng an die Schlagschnur anlegen lassen und sich unter Wasser wieder aufspreizen (*Pivot*-Boom).

Schlepparme

Sie sind unentbehrlicher Bestandteil beim Naturköderangeln vom treibenden Boot. Geknickte Messingrohre von 15 bis 40 cm Länge mit Schnurinnenführung haben sich neben vielen weiteren Konstruktionen durchgesetzt. Zu bevorzugen sind Rohre mit angelötetem Karabinerhaken zum raschen Wechseln der Schleppbleie und glatt geschliffene Rohreintrittsöffnungen zur Schnurschonung.

Die Schlepparme haben die Aufgabe, das beköderte Vorfach verwicklungsfrei hinter dem geschleppten Blei zu führen. Da das Messingrohr samt Blei auf der Schnur frei rutschen kann, spürt der Fisch beim Anbiß nicht das Bleigewicht, sondern nur den sanften Schnurwiderstand. Über die in der Hand gehaltenen Rute läßt sich so jeder Biß auch über 20, 30 und mehr Meter Distanz fühlen.

Stopper

Der kleine Helfer soll Seitenarme oder rotierende Reizköder (Blättchen, Turbinen, Perlen) auf der Schnur stoppen oder Gleitposen in der gewünschten Wassertiefe halten. An Stelle der käuflichen Stopper kann man mit einem Stückchen Gummiband Stopper selbst an jeder beliebigen Stelle in die Schnur binden. Mei-

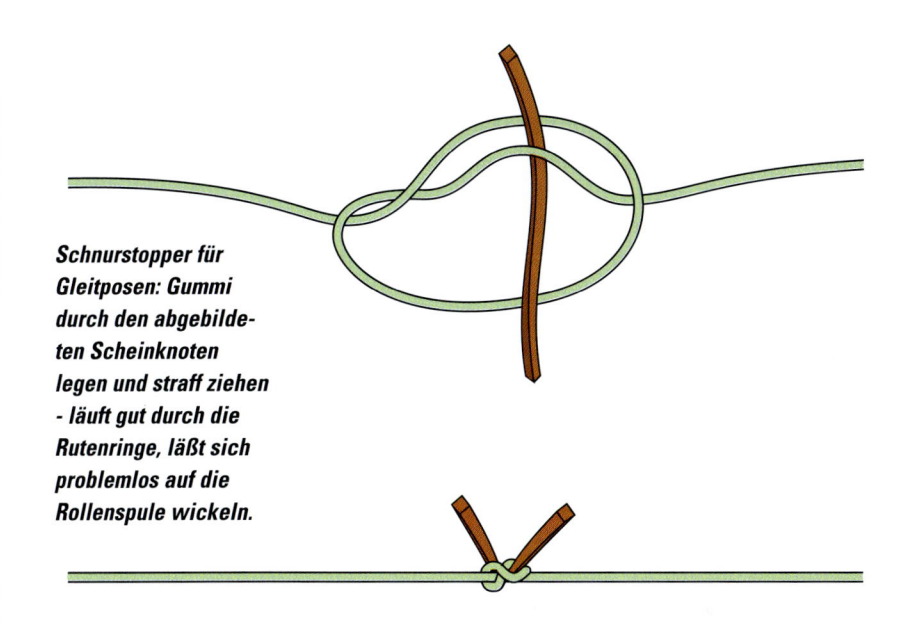

***Schnurstopper für Gleitposen:** Gummi durch den abgebildeten Scheinknoten legen und straff ziehen - läuft gut durch die Rutenringe, läßt sich problemlos auf die Rollenspule wickeln.*

sterangler verzichten auf solche Stopper und binden statt dessen einen einfachen Knoten in die Schnur - aber Vorsicht! Dadurch wird die Schnurtragkraft vermindert.

Perlen

Sie dienen in erster Linie als Puffer zwischen gleitenden Montagen, so beim Brandungsangeln oder Naturköderangeln vom Boot, auch bei der Gleitfloßmontage. Aber auch als Locker in vielen Farben, sogar fluoreszierend beim nächtlichen Angeln, gelangen sie zur Anwendung.

Man wählt Perlen aus Glas, wenn Härte gewünscht ist, oder aus Kunststoff, wenn Elastizität gefragt ist. Aus Schaumstoff und Kork wählt man Perlen, wenn sie als Auftriebskörper dienen sollen, zum Beispiel beim Brandungsangeln an Süßwassereinläufen während der Wollhandkrabbenplage von Mai bis August.

Werkzeug

Am einsamen Strand oder im Boot weit draußen auf dem Meer kann geeignetes Werkzeug einen ganzen Angeltag retten. Bewährt haben sich:
- Kneifzange oder Drahtschere. Damit kneift man ins eigene Fleisch eingedrungene Haken am Schenkel ab, führt die Spitze durchs Fleisch, bis sie wieder herauskommt und zieht den abgekniffenen Schenkel nach - fertig.

- ❖ Erste-Hilfe-Set. Wenigstens Pflaster und ein Antiseptikum sollte man mitnehmen.
- ❖ Lochabdichter für Stiefel und Watanzüge.
- ❖ Hakenlöser für tiefsitzende Haken - erspart von Fischzähnen zerkratzte Finger.
- ❖ 2-Komponenten-Kleber - damit läßt sich eine abgebrochene Rutenspitze in kurzer Zeit wieder gebrauchsfertig herrichten.
- ❖ Polarisationsbrille - sie erspart brennende Augen und zeigt, wo Kraut wächst und Steine liegen.
- ❖ Maßband oder Meßlatte. Fast alle Fische haben Mindestmaße.
- ❖ Mehrzweckmesser, Typ „Schweizer Armeemesser", mit Schere und - Flaschenöffner.
- ❖ Hakenschärfer, Priest (Totholz), Filetiermesser und Fischtransportbehälter mit Eis oder Kühlelementen sowie einige Meter Paketband für diverse Zwecke vervollständigen die Ausrüstung für einen langen Tag am Meer.

Pflege

Die sorgfältige Pflege des teuren, wertvollen Meeresangelmaterials aus hochwertigen Metallen und Kunststoffen bedeutet Werterhaltung über viele Jahre, auch bei dauerndem Gebrauch.

Alles, was am Meer mit dem Salzwasser in Berührung gekommen ist (auch die Luft kann „salzgeschwängert" sein!), wird nach einem Angeltag mit warmem Süßwasser geduscht. Sodann befreit man die Geräte mit Tüchern oder Preßluft vom Wasser und läßt sie 24 Stunden offen nachtrocknen. Danach wird alles mit einem superfeinen Kriechöl aus einer Pumpsprayflasche eingesprüht, das überschüssige Öl abgetrocknet. Rollenbremsen werden gelockert, damit sie beim Lagern nicht deformieren.

Schließlich wird alles verpackt, aber nichts darf luftdicht verschlossen werden.

Links: Nach jedem Angeltag am Meer muß das Angelgerät mit Süßwasser abgespült werden. Danach alle korrosionsgefährdeten Teile mit feinstem Kriechöl einsprühen.

Rollen steckt man in Stoff- oder Lederbeutel, ebenso Ruten. Zubehörschachteln müssen mit Luftlöchern versehen sein. Die großen Transportbehälter fürs Meeresangeln wählt man zwar regen- und wasserdicht, zu Hause aber bleiben sie ein paar Tage geöffnet stehen, damit alles austrocknen kann.
Vorsicht mit Kriechöl: Ein paar Tropfen davon auf die gefangenen Fische, und der Geschmack des Fanges ist gründlich und unrettbar verdorben.

▶ Kleidung

An und auf dem Meer ist es immer feucht-frischer als am Land. Ausreichender Schutz vor Wind, Nässe und Kälte gewährt angepaßte Kleidung, die von erfahrenen Meeresanglern fürs Brandungs- oder Hochseeangeln wie folgt ausgewählt wird:

★ <u>Unterzeug und Strümpfe</u> werden im Sommer aus Baumwolle, im Winterhalbjahr nach dem 2-Lagen-Prinzip getragen: Auf dem Körper trägt man ein feines, wärmendes Mischgewebe aus Kunstfaser, darüber Baumwolle. Der Effekt: Was man auf dem Körper trägt, bleibt trocken, Körperfeuchtigkeit zieht in die darüberliegende Baumwolle.

★ <u>Hemden</u> wählt man aus derber Baumwolle und weit über die Lenden reichend. Aufgenähte Brusttaschen sind vorteilhaft.

★ <u>Rollkragenpullover</u>, die bei Bedarf auch per Reißverschluß geöffnet werden können, sind eine Wohltat am Wasser. Bei den Seemannsausrüstern in den Hafenstädten findet man die richtigen Seemannspullover.

★ <u>Derbe Hosen (Blue Jeans)</u> sind zu jeder Jahreszeit angebracht.

★ <u>Windjacken</u> benötigt man nur an Stelle des Ölzeugs bei windiger, aber warmer Wetterlage.

★ <u>Ölzeug</u> ist unverzichtbar. Am besten hat es sich zweiteilig aus einer Latzhose und einer Jacke bewährt. Zur Jacke gehören eine angeschweißte Kapuze, enge Ärmelbündchen und durch Klappen geschützte Taschen. Ölzeug wählt man in den Farben Gelb oder Orange - bei „Mann über Bord!" auf hoher See wird man schneller gefunden. Ölzeug ist auch ein guter Schutz gegen Schleim, Blut und Kot der Fische. Nach einem Angeltörn läßt sich alles wieder abspülen und zu Hause trocknen; gespült wird natürlich daheim noch einmal mit Süßwasser, damit sich keine Salzkruste bilden kann. Ölzeug darf nicht rauh und knitterig werden; man achte beim Kauf auf gute Qualität, die sich durch lange Tragbarkeit bezahlt macht.

★ <u>Filetierhandschuhe</u> aus Stahlgewebe und <u>Schutzhandschuhe</u> beim winterlichen Angeln, im Sommer beim Angeln von stacheligen Fischen, eine „windsichere" <u>Kopfbedeckung</u> und eine <u>Schutzbrille</u> sind weitere nützliche Accessoires beim

Bei Wind, Kälte und Regen bewährt sich Ölzeug mit angeschweißter Kapuze.

Die persönliche Note: Ein selbstgestrickter Pullover mit Fischmotiv.

> ### Hilf Dir selbst
> Trockene Reserveunterkleidung im Rucksack oder im nahe abgestellten Auto rettet Deine Gesundheit nach einem Sturz ins Wasser!

Meeresangeln. Brillen sollen vor der intensiven Lichtreflexion auf dem Wasser und vor umherfliegenden Pilkern und Beihaken an Bord der Angelkutter schützen.

★ *Kniestiefel* mit rutschsicherer Profilsohle benutzt man an Bord und beim Brandungsangeln. Kniestiefel wählt man stets eine Nummer zu groß, damit die Luft darin beim Tragen besser zirkulieren kann. Watstiefel benötigt man nur beim rauhen Brandungsangeln.

★ *Watanzüge und Wathosen* aus geschmeidigen, wärmeisolierenden Kunststoffen haben die winterliche Watangelei im eiskalten Wasser erst möglich gemacht. Im Sommer mögen Wathosen ausreichen; man trägt sie stets mit einem eng schließenden Gürtel, damit sie bei einem Sturz ins Wasser nicht sogleich vollaufen.

★ *Sportschuhe* - leichte, bis über die Knöchel reichende Sportschuhe mit rutschsicherer Sohle sind nur im Hochsommer an Bord angebracht.

Gefährlicher Leichtsinn: Überladen, zu wenig Freibord, keine Rettungswesten.

▶ Sportbootangelei

Das Angebot an mietbaren, kleineren Booten für Selbstfahrer wächst an der Küste, besonders in geschützten Bereichen (Fehmarn, Rügen). Darüber hinaus erfüllen sich immer mehr Angler den Traum vom eigenen Angelboot, um auf eigene Faust das Meer zu erkunden und Fische zu fangen. Voraussetzung ist der Motorbootführerschein See. Er ist für alle Boote mit über 5-PS-Motorisierung vorgeschrieben, und nur Boote mit stärkerer Motorisierung kommen für das Meeresangeln in Frage.

Geeignete Boote sind mindestens vier Meter lang und mit einer Halbkajüte ausgerüstet (Spritz- und Windschutz, auch zum Trockenhalten der Ausrüstung). Wer Benzinmotoren als Außen- oder Innenborder bevorzugt, ist zwar schneller als mit einer unverwüstlichen Dieselmaschine, aber auch anfälliger; der kluge Mann hat deshalb eine Hilfsmaschine an Bord. Meeresangelboote sollten unsinkbar und selbstlenzend konstruiert sein. Zur übrigen Ausrüstung gehören eine Handpumpe, Anker mit Kettenvorschlag und genügend langer Leine, ein Echolot, Radio und Seekarte sowie reichlich Trinkwasser. Von größter Bedeutung ist das Sicherheitszubehör. Auf hoher See können kleine Schwierigkeiten, die daheim am Stadtsee durch Winken, Rufen oder Anlandschwimmen zu beheben sind, zu großen Pro-

Boote wie der „Orkney-Day-Angler 19" bieten Schutz und Sicherheit auf See.

blemen werden. Man verzichte deshalb niemals auf die Sicherheits-Mindestausrüstung, wie sie von Fachleuten und der Seeberufsgenossenschaft empfohlen wird. Unverzichtbar sind ein Treibanker, Verbandszeug, weißes Reservelicht, Schwimmwesten, Radarreflektor, Signalpistole und Fackeln sowie - ein *Pinkelpott*. Der wird benutzt, statt über Bord zu urinieren, denn die Hälfte aller tödlichen Sportbootunfälle von Alleinfahrern auf See entstanden durch Überbordfallen beim Wasserlassen! Meistens fuhr das Boot allein weiter, und auch die beste Schwimmweste nützte dem im Wasser treibenden Angler nichts, denn der Unterkühlungstod im kalten Wasser kommt schnell.

Genügend große Boote, die auf einem Trailer mitgeführt werden können, sind ideal. Slipanlagen sind überall entlang der Küste zu finden (und im Kapitel I unter *Angelplätze* erwähnt). Der Trailer spart den Liegeplatz mitsamt Gebühren. Trailer und Boote fürs Meeresangeln werden vom Fachhandel an der Küste reichlich angeboten; man beachte die Anzeigen in *Blinker* und *AngelWoche*.

Die Sportbootangelei auf dem Meer erfordert Umsicht und Verantwortungsbewußtsein - erst die Sicherheit, dann das Angeln. Kleine Ruder- und Gummiboote oder gar Schwimmringe (*Belly boats*) haben beim Küstenangeln absolut nichts zu suchen!

Sportbootangler!
Vergiß nie, Dich vor einem Törn bei einer verläßlichen Person abzumelden und einen Rückkehrtermin zu vereinbaren! Nur so können Suche und Hilfe im Havariefall alsbald eingeleitet werden!

▶ S e e k a r t e n - Schatzkarten für Angler

Wer mehr fangen will am Meer, der benötigt Seekarten. Das sind wahre „Schatzkarten" für das punktgenaue Auffinden der guten Angelstellen inmitten der blauen Wasserwüste der See oder am kilometerlangen Strand.
Auf über 50 Karten sind alle Einzelheiten unserer Küste haarklein eingezeichnet, vom Peilpunkt auf dem Land bis zur Warntonne für ein Schießgebiet. Noch aufschlußreicher sind die Tiefenangaben, die genaue Einzeichnung von Wracks,

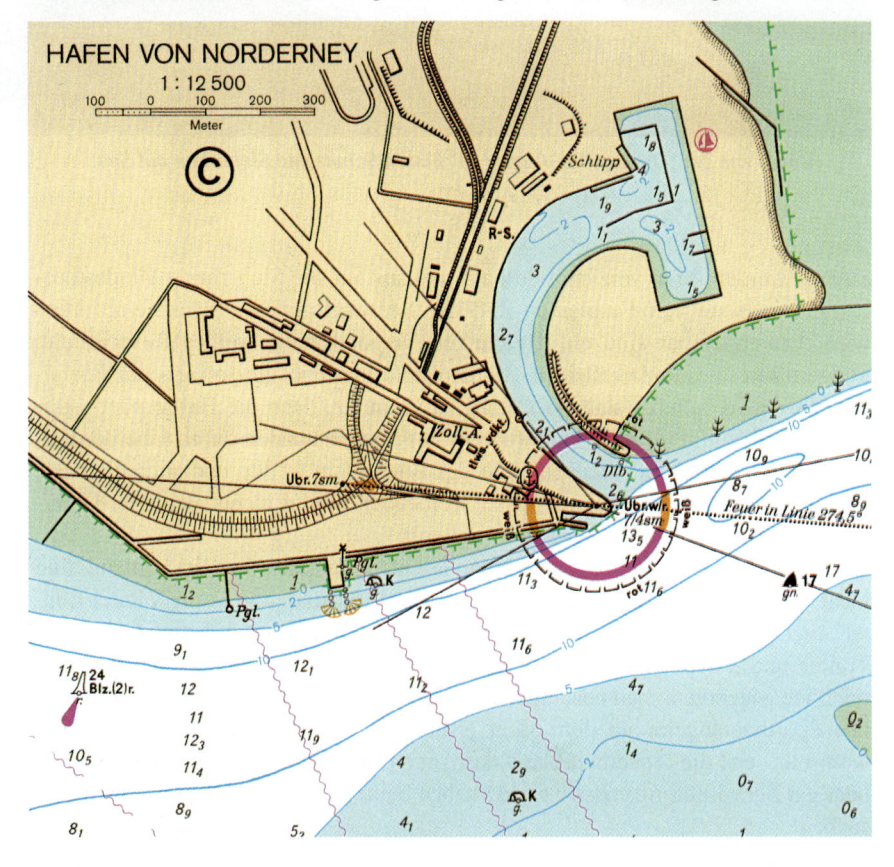

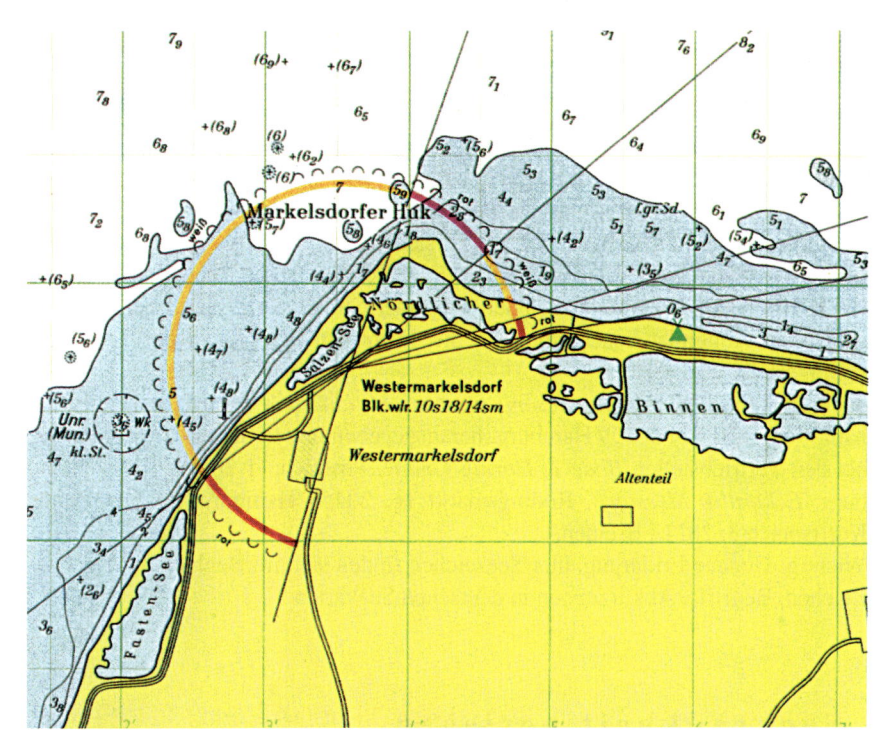

Oben: Insel Fehmarn, Seekarte 31, Ausschnitt. Westermarkelsdorf ist ein vielbesuchter, sehr guter Brandungsangelplatz. Die Karte verrät, warum: Vor dem Ort Westermarkelsdorf verläuft die 2- bis 4-m-Tiefenlinie sehr nahe am Ufer, tiefes Wasser ist selbst für ungeübte Werfer leicht anzuwerfen. Südlicher, vor dem Fastensee, erkennt man ein ausgedehntes Steinfeld mit abwechslungsreicher Tiefe - Revier der Dorsche und Meerforellen. An der Hukspitze erkennt man, daß die 16-m-Tiefenlinie der Küste dort am nächsten kommt - hier lassen die Fische nicht lange auf sich warten. Weiter östlich, vor dem Dorf Altenteil, findet man vor dem Binnensee im Meer eine drei Meter tiefe, lange Rinne, zur offenen See von einer flachen Bank gesäumt - ein ideales Aal- und Plattfisch-Loch!

Links: Insel Norderney, Westseite. Seekarte 89. Die 10-m-Linie verläuft direkt an der Hafenmole, und selbst von den weiter links liegenden Buhnen erreicht man mit 100-m-Würfen noch 5 bis 10 m tiefes Wasser. Die Kante der tiefen Strömungsrinne ist ein idealer Angelplatz für alle Nordseefische. Der Strömungsverlauf ist typisch für alle buhnenbewehrten Westküsten der Ostfriesischen Inseln von Juist bis Wangerooge.

Steinfeldern und der Bodenbeschaffenheit, das alles ist wichtig für den Bootsangler.

Aber auch der Küstenangler blickt mit einer Seekarte grundtief und wundert sich nicht mehr, warum an bestimmten Stellen besser als in der Umgebung gefangen wird. Denn Seekarten enthalten auch Angaben über die Uferbeschaffenheit, zeigen auf, in welcher Entfernung die Zwei-, Sechs- oder Zehnmetertiefenlinie verläuft, wo Bäche einlaufen, Schöpfwerke stehen, Tang wächst, große Steine liegen, wo Buhnen, Schleusen, Molen und Kais sich ins Wasser recken. Die Karten verraten, ob das Ufer gedeicht oder von einer Steilküste gesäumt ist. Deshalb sind allen Angelplatzbeschreibungen die Nummern der geeigneten Seekarten vorangestellt.

Seekarten werden vom *Bundesamt für Seeschiffahrt und Hydrographie,* Bernhard-Nocht-Str. 78, 20359 Hamburg, herausgegeben und können bezogen werden bei den Vertriebstellen *Bade & Hornig GmbH,* Postfach 11 20 45, 20459 Hamburg; *Eckardt& Messtorff,* Rödingsmarkt 16, 20459 Hamburg; *A. Dammeyer,* Korffsdeich 3, 28217 Bremen.

Wichtig: Genaue Erklärung aller Seezeichen finden sich im Begleitheft „Karte 1, Zeichen, Begriffe, Abkürzungen in deutschen Seekarten".

▶ Seekrankheit besiegen

Gleichgewichtsstörungen können zur Seekrankheit führen. Wer leicht „bewegungskrank" wird, muß deshalb dem Meeresangeln nicht abschwören. Bis auf ganz wenige Ausnahmen lassen sich aufkommende Übelkeit, Brechreiz und Schwindelgefühl unterdrücken oder sogar gänzlich vermeiden, wenn man sich richtig vorbereitet. Dazu gehören die folgenden Regeln:

- ☆ Striktes Trinkverbot für Alkohol, Kaffee und Tee 48 Stunden vor Fahrtantritt. Alle das Nervensystem reizenden Stoffe vermeiden.
- ☆ Die Gedanken an die mögliche Krankheit muß man verdrängen. Das Wetter wird gut sein, die See wird sich ruhig verhalten, das Schiff kaum schaukeln, und es wird bestimmt bombig gefangen - solche Gedanken motivieren den Organismus.
- ☆ Vor Fahrtantritt gut ausschlafen, nicht gestreßt und müde an Bord gehen.
- ☆ An Bord mittschiffs angeln, denn dort ist der Drehpunkt des Schiffes und die Schaukelbewegungen am geringsten.
- ☆ An Bord frische Luft suchen, Tabak- und Dieselabgase meiden. Die Horizontlinie mit dem Auge suchen, nicht ständig schwankende Teile beobachten. Deshalb sollte die Fanggerätevorbereitung bereits bei Abfahrt im Hafen beendet sein; die fertig montierten Angeln bindet man an der Reling sicher fest.

- ☆ Ist man dennoch krank geworden, dann suche man sich einen warmen, geschützten Platz, möglichst mittschiffs und lege sich hin; eine individuell unterschiedliche Seitenlage verschafft oft Schlaf und verblüffend schnell Erholung.
- ☆ Und man achte auf das Fanggeschrei der Mitangler: Wenn die Fische erst einmal beißen und die Angler aus dem Häuschen geraten, ist oft alles Ungemach vergessen.
- ☆ Wer darüber hinaus Medikamente anwenden will, sollte unbedingt den Rat seines Arztes oder Apothekers einholen.

▶ Recht

Abkürzungen:
MV ➡ Mecklenburg-Vorpommern
N   ➡ Niedersachsen
SH ➡ Schleswig-Holstein

Das deutsche Fischereirecht ist Ländersache. Für die Gesetze und Verordnungen sind zuständig: das Land Niedersachsen von der holländischen Grenze bis zur Elbmündung; das Land Hamburg für einen kleinen Bereich von Cuxhaven bis zur Insel Neuwerk; das Land Schleswig-Holstein von der Elbmündung bis zur dänischen Grenze und im Osten bis zur Trave-Mündung; das Land Mecklenburg-Vorpommern von der Trave-Mündung bis zur polnischen Grenze.
Jedes Bundesland hat neben seinem Fischereigesetz auch Küstenfischereiordnungen (Küfo) erlassen. Gesetze und Verordnungen gelten bundeseinheitlich von der Land-/Wasserlinie bis zu 12 sm (22,224 km) weit auf See. Die Landlinien in Mündungen, Buchten, Förden sind amtlich festgelegt. Küstengewässer reichen, wenn sie für große Schiffe befahrbar sind, zuweilen weit ins Land hinein, so z. B. in der Ems bis Leer, in der Elbe bis Hamburg oder in der Peene bis Anklam.
Außerhalb der 12-sm-Zone gilt EU-Fischereirecht auf dem EU-Meer. Die außerhalb der 12-sm-Zone liegenden Nordseegewässer gehören zur EU-Meereszone IV-b; die Ostseegewässer bis zur Höhe Rostock zur Zone III-c und östlich davon zur Zone III-d. Für jede Zone gelten unterschiedliche fischereiliche Regelungen.
Seebrücken, Kais, Hafenanlagen, Molen unterstehen in der Regel den örtlichen Behörden, in Ausnahmen dem Bund. Die örtlichen Behörden erlassen häufig Sondervorschriften für die Benutzung ihrer Anlagen (Angelscheine, Betretungseinschränkungen). Soweit bekannt, sind diese im Kapitel I beschrieben.
Die Ausübung jeglicher Fischerei ist in den verschiedenen Fischereigesetzen und Verordnungen geregelt; dazu gehören auch das Angeln, das Fischen mit feststehenden Geräten (Netzen, Reusen usw.) und die gewerbsmäßige Küstenfischerei

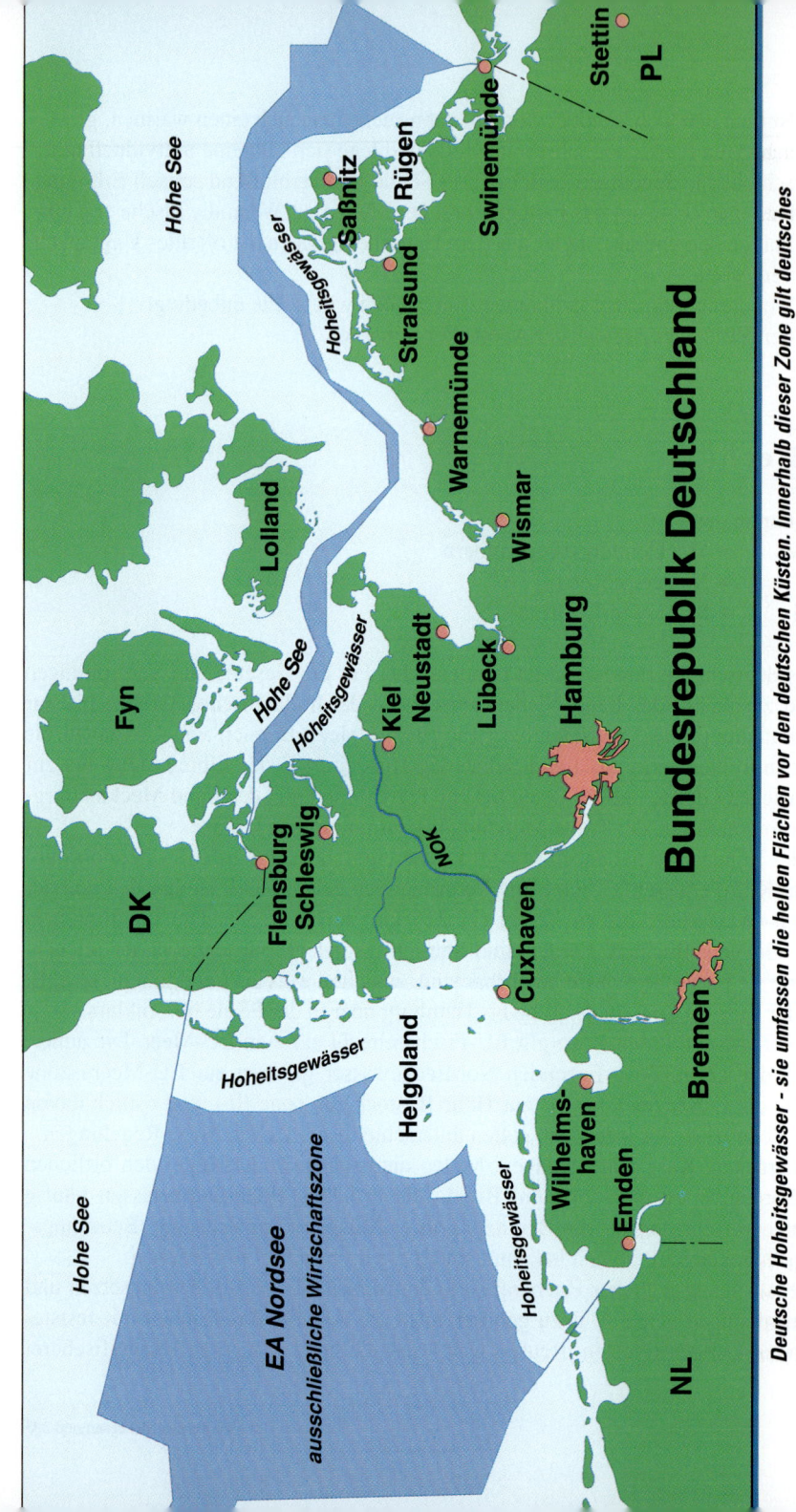

Deutsche Hoheitsgewässer - sie umfassen die hellen Flächen vor den deutschen Küsten. Innerhalb dieser Zone gilt deutsches Fischereirecht. Die dunkelblauen Flächen bezeichnen internationale Gewässer, in denen die Fischereivorschriften der EU gelten.

innerhalb der 12-sm-Zone. Die wichtigsten Vorschriften für die Angelei in Küstengewässern sind:

Angelerlaubnis
MV ⇒ Staatlicher Fischereischein und Küstenangelkarte sind erforderlich. Die Küstenangelkarte wird als Tages-, Wochen- und Monatskarte, erhältlich im Landesamt für Fischerei in Rostock und dessen Außenstellen sowie in vielen Angelgeräteläden und Touristinformationsstellen.
N ⇒ keinerlei Erlaubnisscheine notwendig.
SH ⇒ Staatlicher Fischereischein ist erforderlich oder ein 40-Tage-Urlaubsangelschein (Kurverwaltungen und Ordnungsämter).

Angelerlaubnis für Ausländer
MV ⇒ nicht erforderlich
N ⇒ nicht erforderlich
SH ⇒ 40-Tage-Urlaubsschein (s. oben) erforderlich

Geräte, zugelassene
MV ⇒ Senken erlaubt. Schleppen in offenen Küstengewässern erlaubt, aber verboten in den inneren Gewässern (Sund, Bodden, Wieken, Haffe, Buchten, Achterwasser und Peenestrom). Nur drei Handangeln erlaubt.
N ⇒ keine Beschränkungen, Schleppen und Senken erlaubt.
SH ⇒ keine Beschränkungen, Schleppen und Senken erlaubt.

Ködersammeln
MV ⇒ im Handstichverfahren erlaubt.
N ⇒ im Handstichverfahren erlaubt - außer in Zone-I-Gebieten des Nationalparks.
SH ⇒ im Handstich erlaubt außerhalb der Zone-I-Gebiete des Nationalparks. In weiteren, bestimmten Gebieten bestehen Grabungsverbote, solange nicht eine Sondererlaubnis vorliegt (s. Kapitel III *Sammeln von Ködern,* S. 308 ff).

Mindestmaße, Schonzeiten
Sie sind nicht einheitlich geregelt. Die Einzelheiten findet man im Kapitel II bei den Fischbeschreibungen. Für die Fische außerhalb der 12-sm-Zone gelten die EU-Vorschriften zum Schutz der Fischbestände (Fangquotenregelungen, Fanggerätevorschriften). Auch die Mindestmaße können andere als in den Küstengewässern sein.

Verbotszonen
Fürs Angeln verbotene Uferzonen sind durch Tafeln gekennzeichnet. Solche Verbotsgebiete gründen sich auf die jeweiligen Küstenfischereiordnungen, auf das Naturschutzgesetz oder auf militärische Sperrvorschriften. Offene Gewässer der Küstenzone, in der jeglicher Fischfang, manchmal zeitweilig begrenzt, verboten ist, sind in Seekarten eingezeichnet. Eine besonders großräumige Verbotszone besteht durch den Nationalpark Wattenmeer, in dessen Zone-I-Gebieten jeglicher Fischfang verboten ist, oder durch das Naturschutzgebiet Helgoländer Felssockel rund um Helgoland oder durch Schießgebiete der Bundeswehr (mit zeitweiliger Sperrung, zB Hohwachter Bucht). Großräumig wurden auch Sperrgebiete im Bereich „Nationalpark Vorpommersche Boddenlandschaft" eingerichtet.

Angelwettbewerbe
Wettangeln sind in Mecklenburg-Vorpommern laut § 15 des Landesfischereigesetzes verboten. Auch das neue schleswig-holsteinische Fischereigesetz verbietet das Wettangeln (§ 39).

Verwendung feststehender Geräte
Reusen und Netze an Pfählen und Bojen dürfen von jedermann aufgestellt werden. Die Vorschriften dazu finden sich in den jeweiligen Landes-Küstenfischereiordnungen.

Töten und Verwerten von Fischen
Das Tierschutzgesetz schreibt für das Töten von Wirbeltieren zwingend den „vernünftigen Grund" vor. Die Art des Tötens ist in Verordnungen über das Schlachten von Tieren geregelt. Für Fische gilt, daß sie unmittelbar nach dem Fang einzeln betäubt und mit Durchschneiden der Hauptschlagader zu töten sind. Erst dann ist der Haken zu lösen. Wer gefangene Fische abhakt und ersticken läßt, macht sich strafbar (Geldstrafe; in schweren und wiederholten Fällen Gefängnis).

Weitere Informationen
Insbesondere Küstenfischereiordnungen ändern sich in Einzelheiten. Wer sich genau über den jeweiligen Sachstand informieren möchte, wende sich wegen der fischereilichen Gesetz- und Verordnungsgebung an die Landesfischereiämter (Adressen s. nächste Seite).

> *Der rücksichtsvolle und weidgerechte Meeresangler*
> - angelt keine Fische, die er nicht verwerten kann;
> - tötet seine Fische immer weidgerecht;
> - wechselt den Angelplatz, wenn untermaßige oder nicht gewünschte Fische überhand nehmen;
> - ändert die Methode, wenn Fische von außen gehakt werden;
> - nimmt Rücksicht auf Surfer, Badende und Strandwanderer;
> - macht sein Boot nie an Seezeichen fest;
> - hält seine Schnüre von Schiffsschrauben fern;
> - macht keine Seitenwürfe, wenn Menschen in der Nähe sind;
> - zertrampelt keine Dünenpflanzen, gräbt nicht in Deichen nach Würmern;
> - und entsorgt seinen Müll selbst und richtig.

Adressen

Landesfischereiverbände der Anglerschaft
- Mecklenburg-Vorpommern: Landesanglerverband, Siedlung 18 A, 19065 Görslow; Deutscher Anglerverband Mecklenburg-Vorpommern, Hans-Fallada-Str. 9, 18435 Stralsund
- Niedersachsen: Landes-Sportfischer-Verband, Calenberger-Str. 41, 30169 Hannover
- Schleswig-Holstein: Landessportfischerverband, Papenkamp 52, 24114 Kiel
- Weser-Ems: Landessportfischerverband, Mars-la-Tour-Str.6, 26121 Oldenburg

Meeresangler-Verbände
- Deutscher Meeresangler Verband (DMV), Präsident Kurt Muskat, Borner Stieg 11, 22417 Hamburg
- European Federation of Sea Anglers (EFSA), Deutsche Sektion: 1. Vors. Hans Mehlhop, Hessenstr. 25, 65824 Schwalbach
- International Game Fish Association (IGFA), Vertreter Deutschland: Michael Werner, c/o Jahr Verlag, Redaktion BLINKER, Jessenstr. l, 22767 Hamburg

Fischereiämter
- Mecklenburg-Vorpommern: Landesamt f. Fischerei, Justus-von-Liebig-Weg 2, 18059 Rostock
- Niedersachsen: Staatliches Fischereiamt, Fischkai, 27572 Bremerhaven

○ Schleswig-Holstein: Fischereiamt, Wischhofstr. 1 - 3, 24148 Kiel

Wissenschaft
○ Bundesforschungsanstalt für Fischerei, Palmaille 9, 22767 Hamburg
○ Biologische Anstalt Helgoland, Notkestr. 31, 22607 Hamburg
○ Institut für Meereskunde, Düsternbrooker Weg 20, 24105 Kiel
○ Institut für Ostseefischerei, An der Jägerbäk 2, 18069 Rostock
○ Institut für Küsten- u. Binnenfischerei, Palmaille 9, 22767 Hamburg

Literatur-Empfehlungen

Weiterführende Literatur zum Thema „Meeresfische und Fang" ist in deutscher Sprache leider nicht umfangreich zu erhalten.
Unsere europäischen Nachbarn sind, soweit deren Länder ans Meer grenzen, mit Meeresangelbüchern viel besser versorgt. Deshalb werden nachfolgend auch einige besonders erwähnenswerte fremdsprachige Titel genannt.

Fischbestimmung
✖ MEERESFISCHE und SÜSSWASSERFISCHE (je ein Band), B. J. Muus und P. Dahlström, BLV-Verlag, München
✖ FISHES of the NORTH-EASTERN ATLANTIC and the MEDITERRANEAN (3 Bände), UNESCO, Paris
✖ NATURGESCHICHTE und WIRTSCHAFTLICHE BEDEUTUNG der SEE-FISCHE EUROPAS, E. Ehrenbaum; Schweizerbartsche Verlagsbuchhandlung, Stuttgart (1936)
✖ Die FISCHE der NORDMARK, Georg Dunker/Werner Ladiges; Verlag Cram, de Gruyter & Co, Hamburg
✖ DATEN zur BIOLOGIE der ELBFISCHE; Heino-Möller-Verlag, Kiel
✖ FISCHBILDER-LEXIKON / MEERESFISCHE; C. W. Schmidt-Luchs; Jahr Verlag, Hamburg
✖ The FISHES of the BRITISH ISLES and NORTH WEST EUROPE; A. Wheeler; McMillan & Co, London (in englischer Sprache)

Meeresangeln, Praxis
✦ Sonderhefte des BLINKERS / Jahr Verlag, Hamburg: 1. Meeresangeln, 2. Dorsch, 3. Meerforelle, 4. Plattfische
✦ ANGELN von BORD; C. W. Schmidt-Luchs; Klasing & Co-Verlag, Bielefeld
✦ PRAKTIJKBOEK ZEEVISSEN; Peter Loobs; Trendbook International, Am-

sterdam (in holländischer Sprache)
✦ HAVFISKER; Jens Plough Hansen; Skarv Nature Publications, DK-Holte (in dänischer Sprache)

Fische und Leben im Meer
✦ Die FISCHE der NORDSEE; J. Möller Christensen, Franckh'sche Verlagshandlung, Stuttgart
✦ DÜNE, STRAND und MEER; Janke/Kremer; Kosmos-Naturführer, Franckh-Kosmos-Verlag, Stuttgart

Copyrights

Der Abdruck der Kartenausschnitte *Ostfriesland/Sielhäfen und Inseln* sowie *Rügen/Ostseite* und *Rügen/Westseite* erfolgte mit der freundlichen Genehmigung © by RV Verlag, München-Stuttgart, Ausschnitte aus Deutschland 1:200.000.

Der Abdruck der anderen Kartenausschnitte mit Ausnahme der Seekarten erfolgte mit der freundlichen Genehmigung von C/Mairs Geographischer Verlag / ADAC Verlag GmbH.

Fotos: S. 18 Jens Plough Hansen, S. 41 Georg Quedens, S. 91 J. Schäfer, S. 123 Fahrgastschiffahrt Schneider, S. 161 B. Rozemeijer, S. 165 P. Steensen, S. 211 Exori-Katalog, S. 214 beide Eisele-Katalog, S. 218 N. Giles, S. 223 oben: Zebco/Snap-Katalog; unten: Eisele-Katalog, S. 239 rechts unten: Cormoran-Katalog; die drei anderen: DAM-Katalog, S. 278 H. Jagusch, S. 301 V. Haigh.
Alle anderen Fotos sind vom Autor.